BEI GRIN MACHT SICH IHR WISSEN BEZAHLT

- Wir veröffentlichen Ihre Hausarbeit,
  Bachelor- und Masterarbeit

- Ihr eigenes eBook und Buch -
  weltweit in allen wichtigen Shops

- Verdienen Sie an jedem Verkauf

Jetzt bei www.GRIN.com hochladen
und kostenlos publizieren

Ernst Probst

Sieben berühmte Indianerinnen

Malinche – Pocahontas – Cockacoeske – Katerí Tekakwitha – Sacajawea – Mohongo – Lozen

GRIN Verlag

Bibliografische Information der Deutschen Nationalbibliothek:

Die Deutsche Bibliothek verzeichnet diese Publikation in der Deutschen National-
bibliografie; detaillierte bibliografische Daten sind im Internet über http://dnb.d-
nb.de/ abrufbar.

Impressum:

Copyright © 2014 GRIN Verlag GmbH
Druck und Bindung: Books on Demand GmbH, Norderstedt Germany
ISBN: 978-3-656-68532-6

Dieses Buch bei GRIN:

http://www.grin.com/de/e-book/275982/sieben-beruehmte-indianerinnen

GRIN - Your knowledge has value

Der GRIN Verlag publiziert seit 1998 wissenschaftliche Arbeiten von Studenten, Hochschullehrern und anderen Akademikern als eBook und gedrucktes Buch. Die Verlagswebsite www.grin.com ist die ideale Plattform zur Veröffentlichung von Hausarbeiten, Abschlussarbeiten, wissenschaftlichen Aufsätzen, Dissertationen und Fachbüchern.

Besuchen Sie uns im Internet:

http://www.grin.com/

http://www.facebook.com/grincom

http://www.twitter.com/grin_com

Ernst Probst

Sieben berühmte Indianerinnen

Malinche – Pocahontas –
Cockacoeske – Kateri Tekakwitha – Sacajawea –
Mohongo – Lozen

Bild auf der vorhergehenden Seite:

Apachen-Kriegerin Lozen.
Zeichnung von Antje Püpke, Berlin
www.fixebilder.der

Coverbild:
Zeichnung: Antje Püpke, Berlin, www.fixebilder.de
Bildbearbeitung: Marta Czerwinski

Allen heute lebenden Indianerinnen
gewidmet

„Indianer-Prinzessin"
Pocahontas
bzw. Rebecca Rolfe
(1595–1617)
in englischer Tracht.
Kupferstich von
Simon van de Passe
(um 1595–1647)
aus dem Jahre 1616,
erstmals
gedruckt 1624

4

Inhalt

Vorwort
Sieben berühmte Indianerinnen / Seite 7

Malinche
Die Gefährtin des spanischen Eroberers / Seite 9

Pocahontas
Die Indianer-Prinzessin aus Virginia / Seite 51

Cockacoeske
Die „Königin der Pamunkey" / Seite 87

Katerí Tekakwitha
Die erste selige Indianerin in Nordamerika / Seite 103

Sacajawea
Die indianische Volksheldin / Seite 137

Mohongo
Die Indianerin, die in Europa tanzte / Seite 335

Lozen
Die tapfere Kriegerin der Apachen / Seite 369

Der Autor / Seite 399

Bücher von Ernst Probst / Seite 401

Shoshonen-Indianerin
Sacajawea (1787–1812).
Zeichnung von Antje Püpke,
Berlin,
www.fixebilder.der

Vorwort

Sieben berühmte Indianerinnen

Ungewöhnliche Ureinwohnerinnen aus Amerika werden in dem Taschenbuch „Sieben berühmte Indianerinnen" vorgestellt. Die Aztekin Malinche (1505–um 1529) gelangte als Gefährtin und Dolmetscherin des spanischen Eroberers Cortés in Mexiko zu umstrittener Berühmtheit. Pocahontas (um 1595–1618) von den Powhatan rührte als Indianer-Prinzessin aus Virginia die Herzen und tut dies heute noch. Cockacoeske (um 1634–1686) ging als „Königin von Pamunkey" ebenfalls in die Geschichte von Virginia ein. Katerí Tekakwitha (1656–1680) von den Mohawks gebührt die Ehre, die erste selige Indianerin von Nordamerika geworden zu sein. Die Soshonin Sacajawea (um 1787–1884) genießt als mutige Teilnehmerin an der legendären „Lewis-und-Clark-Expedition" den Ruf einer indianischen Volksheldin. Die 1809 geborene Mohongo, Ehefrau eines Osage-Häuptlings von den westlichen Sioux, erlebte als Tänzerin in Europa eine schwere Zeit. Die Apachin Lozen (1825–1880) tat sich bei den erbitterten Kämpfen ihres Bruders Victorio gegen die Weißen als tapfere Kriegerin, weise Seherin und tüchtige Medizinfrau hervor. Verfasser des Taschenbuches „Sieben berühmte Indianerinnen" ist der Wiesbadener Autor Ernst Probst. Eine von dessen Spezialitäten sind Biografien über berühmte Frauen.

Malinche (1505–um 1529)
auf einem Wandgemälde im Palacio de Gobierno
in Tlaxcala-Stadt (Mexiko)

Malinche

Die indianische Geliebte des spanischen Eroberers

Zur berühmtesten Ureinwohnerin Lateinamerikas im 16. Jahrhundert entwickelte sich die Indianerin Malinche (1505–um 1529), indianisch Malintzin Tenepal oder Malinalli genannt und von den Spaniern auf den Namen Doña Marina getauft. Die kluge Aztekin stieg von der Sklavin der Maya-Indianer zur Geliebten des spanischen Eroberers Hernán Cortés (1485–1547) auf. Ohne ihre Hilfe hätte Cortés Mexiko nicht so leicht in seine Gewalt bringen können. Denn sie lieferte ihm wichtige Informationen und gewann die Feinde der Azteken als Verbündete für die Spanier.

Hernán Cortés kam 1485 in Medellin im Königreich Kastilien und León zur Welt. Seine Eltern gehörten dem niederen spanischen Adel an und waren nicht mit Reichtümern gesegnet. Seine Mutter war entfernt mit dem spanischen Konquistador Francisco Pizarro (1478–1541) verwandt, der ab 1531 das Inkareich in Peru eroberte und 1535 Lima gründete.

Ab dem Alter von 14 Jahren studierte Cortés an der Universität Salamanca Rechtswissenschaft. Aber nach zwei Jahren brach er dieses Studium ab und kehrte nach Medellin zurück. Die zwei Jahre in Salamanca und seine späteren Erfahrungen als Notar machten ihn mit der kastilischen Rechtsordnung vertraut. Danach trat er in den Kriegsdienst und schiffte sich 1504 nach Westindien ein. Dort arbeitete er bei dem mit ihm verwandten Statthalter von Hispaniola, Nicolás de Ovando.

Malinche wurde 1505 bei Coatzacoalcos an der Golfküste des Isthmus von Tehuantepec geboren. Ihr Vater gehörte offenbar dem indianischen Adel an. Er soll als Kazike (Häuptling) über Paynala und weitere Ortschaften geherrscht haben.

Bereits im Kindesalter nahm das Leben von Malinche eine tragische Wende. Ihr Vater starb, ihre Mutter heiratete wieder und brachte einen Sohn zur Welt. Um ihrem Sohn statt der erstgeborenen Malinche das Anrecht auf das Erbe der Familie zu sichern, verkaufte die Mutter ihre Tochter an Sklavenhändler der Maya aus dem weiter östlich gelegenen Xicalango. In ihrer Heimat verbreitete die Mutter das Gerücht, ihre Tochter sei gestorben. Später wurde Malinche weiter nach Tabasco verkauft oder verschleppt. Über ihre Zeit in Tabasco weiß man nichts.

1511 nahm Hernán Cortés unter dem Kommando von Diego Velázquez de Cuéllar (um 1465–um 1524) an der Eroberung von Kuba teil. Cortés wurde dank seiner Tüchtigkeit der Sekretär von Velázquez, nachdem jener zum Gouverneur (Statthalter) von Kuba aufgestiegen war. Velázquez teilte Cortés auf Kuba ein Repartimiento in Cuavanacan am Río Duaba zu. Als Repartimiento bezeichnete man die Zuteilung von Indios an Eroberer. Dies war mit dem Auftrag verbunden, Missionierung und Akkulturation der Eingeborenen zu gewährleisten sowie militärische Bereitschaft zu zeigen. Dafür erhiel-

ten die Eroberer das Privileg, die von den Indios ge-
schuldeten Tribute und Arbeitsleistungen (Zwangsarbeit
auf den Landgütern und in den Bergwerken) für sich
zu nutzen. Cortés ließ die ihm anvertrauten Taino-
Indianer nach Gold suchen und kam zu einem
Vermögen. Außerdem arbeitete er als Notar, verdiente
Geld mit Viehzucht und berechnete den königlichen
Anteil der Goldproduktion auf Kuba. Damals nahmen
andere Kolonisten Cortés nicht ernst, weil er sich noch
nicht als Eroberer hervorgetan hatte. Spötter nannten
ihn „Cortesillo", den „kleinen Cortés".
1515 verlegte Diego Velázquez de Cuéllar die kubanische
Hauptstadt von Baracoa nach Santiago. Cortés begleitete
ihn dorthin und wurde als Alcalde zum Ober-
befehlshaber und Friedensrichter der neuen Hauptstadt.
Ungeachtet dessen hatte Cortés immer wieder Dif-
ferenzen mit dem Gouverneur. Velázquez ließ Cortés
sogar für kurze Zeit ins Gefängnis einsperren, weil dieser
Catalina Suarez nicht heiraten wollte, der er die Ehe
versprochen hatte. Cortés gelang der Ausbruch, geriet
aber erneut in Gefangenschaft. Unter dem Druck des
Gouverneurs heiratete Cortés schließlich Catalina,
versöhnte sich mit Velázquez und der Familie seiner
Frau. Aus der Ehe gingen keine Kinder hervor.
Zweimal unternahm Gouverneur Velázquez den Versuch, seinen Machtbereich zu vergrößern. Aus diesem
Grund schickte er 1517 eine Expedition unter Francisco
Hernández de Córdoba (gestorben 1517) an die
unbekannte Küste von Mittelamerika. Córdoba erlag
nach der Rückkehr in Kuba seinen schweren Ver-

11

Hernán Cortés (1485–1547).
Gemälde aus dem 16. Jahrhundert,
Original im Museo de América, Madrid

letzungen durch Pfeile der Maya. 1518 folgte eine Expedition unter Juan de Grijalva (1490–1527). Durch diese beiden Expeditionen erfuhr Velázquez vom Goldreichtum der Indios.

Anschließend rüstete Gouverneur Velázquez eine dritte Expedition aus und ernannte Cortés zum Kommandanten. Als Velázquez durch Freunde vor dem Ehrgeiz von Cortés gewarnt wurde, nahm er seinen Auftrag zurück. Aber der reiche Cortés hatte schon seine ganze Habe verkauft und auf eigene Kosten eine Expedition ausgerüstet.

Am 18. Februar 1519 segelte Hernán Cortés mit einer Flottille von insgesamt elf Schiffen von Havanna auf Kuba zur Küste von Mittelamerika. Zur Flottille zählten neben dem Flagschiff „Santa Maria de la Concepción" von Cortés drei weitere Karavellen und sieben kleinere Brigantinen. Die Mannschaft bestand aus insgesamt 670 Mann, überwiegend jungen Männern aus Spanien, Genua, Neapel, Portugal und Frankreich. Davon waren rund 100 Matronen und mehr als 500 Soldaten. Zur Ausrüstung gehörten zehn Kanonen und 16 Pferde.

Auf der Insel Cozumel befreite die Expedition von Cortés den Spanier Gerónimo de Aguilar aus der Gefangenschaft der dortigen Indios. Aguilar war acht Jahre zuvor an der Küste dieser Insel gestrandet, hatte bei den Maya als Sklave gelebt und in dieser Zeit ihre Sprache gelernt.

Cortés segelte um die östliche Spitze von Yucatán und in nördlicher Richtung an der Küste entlang. Dann fuhr er in den Fluss Tabasco und wollte nahe der indianischen Stadt Tabasco an Land gehen, um Trinkwasser zu beschaffen. Weil die dortigen Maya-Indianer die Landung der Spanier nicht zulassen wollten, griffen sie an. Nach heftigem Kampf besiegte Cortés die Eingeborenen, die durch die Pferde der Konquistadoren eingeschüchtert wurden, weil sie solche Tiere noch nie gesehen hatten. Die bezwungenen und verängstigten Indios unterwarfen sich Cortés und dem König von Spanien. Sie erklärten sich bereit, Tribut zu entrichten und schenkten Cortés am 15. März 1519 goldene Schmuckstücke, Truthühner und 20 Sklavinnen, unter denen sich Malinche befand.

Anschließend erklärten die Spanier den indianischen Sklavinnen die Grundsätze der christlichen Religion. Man taufte die Indianerinnen und gab ihnen spanische Namen. Malinche trug fortan den christlichen Taufnamen Doña Marina. Bei diesen Feierlichkeiten erhielt die Stadt Tabasco den neuen Namen Santa Maria de la Victoria.

Nach der Taufe verteilte man die Sklavinnen an spanische Offiziere. Erster Herr von Doña Marina bzw. Malinche, wie sie heute genannt wird, wurde Alonso Hernández Portocarrero, einer der Begleiter von Cortés. Cortés und seine Männer setzten ihre Fahrt in nordwestlicher Richtung fort. Am 21. April 1519 landeten sie bei San Juan de Ulúa. Die dort lebenden Azteken, die sich selbst Mexica nannten, empfingen die weißen Fremden freundlich und überreichten ihnen Gold, Edelsteine, Kleidung und prächtigen Federschmuck als

14

Geschenke. So reich hatte der Herrscher der Azteken, Moctezuma II. Xocoyotzin (1467–1519), dessen Name „zorniger Herr" bedeutete, vorher noch niemand beschenkt. Damit verstärkte Moctezuma die geheimnisvolle Aura, die Cortés umgab. Möglicherweise hielt der Aztekenherrscher Moctezuma den Eroberer Cortés für einen Gott.

Ungeachtet dessen lehnte Moctezuma den Wunsch von Cortés ab, ihn in Tenochtitlán besuchen zu dürfen. Moctezuma wollte mit seinen großzügigen Goldgeschenken die Fremden besänftigen und sie dazu bewegen, sein Land zu verlassen. Doch die prachtvollen Goldgeschenke steigerten die Habgier der Spanier.

Als die Konquistadoren das Herrschaftsgebiet der Azteken betraten, wo man nicht mehr die Sprache der Maya, sondern Nahuatl sprach, schienen die Dolmetscherdienste von Gerónimo de Aguilar nutzlos zu werden. Damals erfuhr Cortés, dass Malinche außer ihrer Muttersprache Nahuatl auch die Sprache der Maya beherrschte, deren Sklavin sie lange gewesen war. Für Cortés war dies ein großer Glücksfall. Denn Malinche ermöglichte die Kommunikation mit den Azteken und ihren Vasallen. Malinche war mit der Denkweise der Völker in Mesoamerika vertraut, übersetzte, was Cortés sagte, und ergänzte dies oft mit eigenen, hinzugefügten Erklärungen.

Sobald Cortés mit seiner Expedition auf Azteken oder andere Nahuatl sprechende Völker stieß, übersetzten Malinche und Aguilar das Nahuatl aztekischer oder

15

tlaxcaltekischer Gesandter zunächst in die Maya-Sprache und dann ins Spanische. Dank ihrer Intelligenz lernte Malinche schnell selbst Spanisch und die Dienste von Aguilar wurden überflüssig.

Als Dolmetscherin hielt sich Malinche immer in Nähe von Cortés auf. Aus diesem Grund wurde der Konquistador von den Indianern bald „Capitán Malinche" genannt. Frei übersetzt hieß dies etwa „Herr der Malinche".

Um vom Statthalter Diego Velázquez de Cuéllar unabhängig zu werden, gründete Cortés in Namen des Königs und unter königlicher Autorität eine selbstständige Kolonie nach dem Vorbild der spanischen Korporationen. Dieser Kolonie verlieh er den Namen Villa Rica de la Vera Cruz (Veracruz). Dem spanischen König Karl I. (1500–1558), der ab dem 28. Juni 1519 als Karl V. Römischer König und künftiger Kaiser des „Heiligen Römischen Reiches Deutscher Nation" war, schickte Cortés ein Rechtfertigungsschreiben mit Geschenken der Azteken.

Im April 1519 ließ Cortés seine Schiffe zerstören, nachdem Segel, Anker, Kompasse und andere bewegliche Teile an Land gebracht worden waren. Damit nahm er sich und seinen Männern bewusst die Möglichkeit zur Rückkehr und setzte alles auf eine Karte. Cortés überschritt seine Vollmachten, machte hohe Schulden und ging ein großes Risiko ein. Bei einem Scheitern hätte man ihn auf Kuba abgeurteilt oder als Verräter in Ketten nach Spanien gebracht. Nur bei einem Erfolg konnte er sich gegen den kubanischen Gouverneur

Velázquez wehren, seine Gläubiger zufriedenstellen und vor dem spanischen König als Held erscheinen.

Bevor Cortés mit 452 Soldaten, 6 leichten Geschützen sowie Hunderten von indianischen Lastenträgern dem Marsch nach Tenochtitlán antrat, ließ er in Villa Rica de la Vera Cruz eine kleine Truppe unter dem Kommando von Juan de Escalante zurück. Die meisten dieser zurückgelassenen Männer waren für den Marsch zu alt, krank oder bei den ersten Kämpfen in Tabasco verletzt worden und noch nicht wieder genesen.

Cortés hatte von dem „Dicken Kaziken" der Totonaken wertvolle Informationen über Land und Leute sowie eine Einladung nach Cempoala erhalten. Die von den Azteken wenige Jahre zuvor unterworfenen Totonaken beklagten sich bei Cortés über den Aztekenherrscher Moctezuma II. und die erdrückende Last der Tributzahlungen.

Durch seine Dolmetscherin Malinche erfuhr Cortés viel Wissenswertes über das Aztekenreich. Dort gab es kein klar umrissenes Staatsgebiet, keine einheitliche Sprache, wenngleich Nahuatl fast überall verstanden wurde, keine einheitliche Verwaltung, kein einheitliches Rechtssystem und kein stehendes Heer. Der Vielvölkerstaat wurde nur durch die enorme militärische Macht der Azteken zusammengehalten. Weil das aztekische Heer nur für Kriegszüge aufgestellt wurde, existierte keine militärische Sicherung des Reiches. Falls die Azteken ein Volk unterworfen hatten, mussten die Kaziken Tribut an den Herrscher in Tenochtitlán in Form von Edelmetallen, Kunsthandwerk, Nahrungsmitteln und

*Verhandlungen zwischen
den Tlaxcalteken
und dem spanischen Conquistador
Hernán Cortes,
in der Bildmitte
die Dolmetscherin Malinche.
Wandgemälde im Palacio de Gobierno
in Tlaxcala-Stadt (Mexiko)*

18

Menschen entrichten. Letztere wurden von den Azteken versklavt oder auf Altären den Göttern geopfert. Wenn Tributforderungen nicht erfüllt wurden, löste dies einen weiteren Kriegszug aus. Durch jeden Sieg der Azteken wuchs die Zahl ihrer Feinde noch mehr.

Die Totonaken erhofften sich von Cortés ihre Freiheit. Deswegen baten sie ihn um seine militärische Unterstützung gegen die Azteken. Cortes sagte den Totonaken zu, sie vor den Azteken zu schützen. Außerdem überredete er den Kaziken, die damals zufällig anwesenden aztekischen Tributeintreiber gefangenzunehmen. Zudem drängte er die Totonaken, ihr erzwungenes Bündnis mit den Azteken zu beenden. Den aztekischen Tributeinnehmern half Cortés, heimlich zur Flucht. Diese sollten Nachrichten von ihm an Moctezuma II. überbringen. Die Tributeintreiber berichteten ihrem Herrscher, Cortés wolle sein Freund und Verbündeter sein. Den Totonaken dagegen sicherte Cortés Schutz und Waffenhilfe bei einem Angriff der Azteken zu.

Von den Totonaken erfuhr Cortés auch über die Feindschaft der Tlaxcalteken zu den Azteken. Die Tlaxcalteken hatten sich viele Jahre den Azteken in zahlreichen Schlachten widersetzt und keinen Tribut entrichtet. Cortés wollte deswegen auch mit den Tlaxcalteken ein Bündnis eingehen.

Vermutlich ab Sommer 1519 wurde die zungenfertige Malinche die Geliebte von Cortés. Von ihr erfuhr der spanische Eroberer alles über das Reich der Azteken, deren Götter und Moctezuma II. Xocoyotzin, der den aztekischen Herrschaftstitel „Tlatoani" („der, der regiert") trug.

Am 16. August 1519 brach Cortés mit 500 Fußsoldaten, 16 Reitern, 30 Armbrustschützen und 12 Arkebusieren zum Marsch gegen die Azteken auf. In seiner Begleitung befanden sich etwa 400 Krieger der Totonaken des Kaziken von Cempoala. Seine Artillerie umfasste 6 Geschütze, 10 bronzene Feldschlangen, 4 Falconieren und etliche Bombarden. Vor allem zu Beginn des Feldzuges war Malinche bei jeder Schlacht der Spanier mit den Indios dabei und schwebte dabei oft in Todesgefahr. Die mutige Indianerin sah bei den Scharmützeln nicht nur tatenlos zu.

Weil die Totonaken damals Unterworfene und zwangsweise Verbündete der Azteken waren, zogen die Tlaxcalteken den Schluss, auch die Spanier seien mit den Azteken im Bunde. Die Tlaxcalteken nahmen die totonakischen Unterhändler gefangen. Am 4. September 1519 griffen die Tlaxcalteken unter dem Kommando des Kaziken Xicoténcatl der Ältere und dessen Sohnes Xicoténcatl der Jüngere (gestorben 1521) mit einer großen Übermacht Cortés und seine Männer an. Malinche richtete die Spanier in der Schlacht wieder auf, sobald diese ihre Siegeszuversicht verloren. Die Spanier baten die Tlaxcalteken mehrfach um Frieden. Einerseits setzten ihnen die Tlaxcalteken bei den Kämpfen sehr zu, andererseits strebten sie mit ihnen ein Bündnis gegen die Azteken an. Endlich erklärten sich die Kaziken von Tlaxcala bereit, spanische Gesandte zu empfangen. Der dort letztlich geschlossene Frieden stieß aber auf hartnäckigen Widerstand von Xicoténcatl dem Jüngeren, der an einen Sieg glaubte. Er sträubte sich sogar, der Anweisung seines Vaters zu folgen, und zog sich mit einer Gruppe von Kriegern zurück, um einen erneuten Angriff auf die Spanier vorzubereiten. Einige Tage nach dem Friedensschluss schickte Xicoténcatl der Jüngere etliche Träger mit Geschenken, die aber in Wirklichkeit den Auftrag hatten, das Lager der Spanier auszukundschaften. Weil die Träger ungewöhnlich lange im Lager blieben, schöpfte Cortés jedoch Verdacht. Er ließ die Spione festnehmen und verhören. Bei der Befragung wurden die Träger durch die dolmetschende Malinche enttarnt und gestanden ihren Auftrag. Darauf ließ Cortés einigen dieser Indios die Hände abhacken und schickte sie an Xicoténcatl den Jüngeren zurück. Diesem blieb nun nichts anderes mehr übrig, als sich vorerst den Anweisungen seines Vaters zu fügen. Xicoténcatl der Ältere schloss daraufhin das von den Spaniern erhoffte Bündnis gegen den Aztekenherrscher Moctezuma II. Anders als sein Vater, der die Spanier immer wieder mit Krieger unterstützte, blieb Xicoténcatl der Jüngere untätig. Der Hass auf die Azteken machte die Tlaxcalteken zu den wichtigsten und treuesten Verbündeten von Cortés.

Mit 2.000 Tlaxcalteken verstärkt kam Cortés zur reichen und als Götterheiligtum betrachteten Stadt Cholua, die kurz vorher von den Azteken unterworfen worden war. Während es im Gebiet der Tlaxcalteken nicht einmal Salz gab, herrschte in Cholua ein Überfluss an Lebensmitteln und Waren.

Heute weiß man nicht mehr genau, was Cortés zu einem Angriff auf die Stadt Cholua bewog. Wollte er mit einem Präventivschlag gegen Cholua die Azteken einschüchtern? Wiegelten die Tlaxcalteken die Spanier gegen die Choluteken, die ihren alten Feinde waren, auf? Oder wollten die Choluteken die Spanier in einem Hinterhalt töten?

Angeblich erhielt Malinche von einer Einwohnerin aus Cholua eine Nachricht von einem Hinterhalt. Cortés erwähnte in einem Brief an Kaiser Karl V. eine versteckte aztekische Streitmacht von schätzungsweise 50.000 Mann. Mit eigenen Augen gesehen hat diese gewaltige indianische Armee aber niemand. Realistisch ist, dass Cortés auf seinem Weg nach Tenochtitlán keine so starke Stadt wie Cholua in seinem Rücken haben wollte. Wie dem auch sei: Die Spanier verübten ein Massaker in Cholua, wobei viele Einwohner dieser Stadt ums Leben kamen. Und die Tlaxcalteken plünderten die reiche Stadt.

Durch sein Bündnis mit den Tlaxcalteken und die Unterwerfung von Cholua bewies Cortés, dass er ein nicht zu unterschätzender neuer Machtfaktor im Reich der Azteken war. Der Aztekenherrscher Moctezuma II. versuchte weiterhin, Cortés von seiner Hauptstadt Tenochtitlán fernzuhalten. Aber je mehr Cortés über Tenochtitlán hörte, um so stärker wurde sein Wunsch, diese Stadt zu besuchen.

Nachdem die Spanier den letzten Pass in den Bergen überwunden hatten, erblickten sie den Texcoco-See (Mexiko-See) und die vielen dichtbesiedelten Städte an seinem Ufer. Die größte dieser Städte war Tenochtitlán, die Hauptstadt des Aztekenreiches. Sie lag auf mehreren Inseln im westlichen Teil des Texcoco-Sees, der sich in einer Höhe von etwa 2.400 Metern befindet. In Tenochtitlán lebten damals vermutlich mehr als 100.000 Menschen. Damit war Tenochtitlán zu jener Zeit die größte Stadt des amerikanischen Kontinents und eine der größten weltweit. Fünf Dammwege verbanden diese riesige Stadt mit dem Festland.

Am 8. November 1519 wurde Cortés vor den Toren der Azteken-Hauptstadt Tenochtitlán von Moctezuma II. feierlich empfangen. Bei der historischen Begegnung zwischen Cortés und Moctezuma II. erhob Malinche gegenüber dem aztekischen Herrscher die Stimme und verkündete die Worte der Konquistadoren. Die Azteken hielten die Spanier für „Weiße Götter" und Cortés anfangs für den Gott des Himmels und der Erde, dessen Name Quetzalcoatl „gefiederte Schlange" bedeutete.

Moctezuma überließ den Spaniern den Palast seines verstorbenen Vaters Axayacatl als Unterkunft. Dieses Gebäude war so groß, dass alle Spanier mit ihren Pferden und Kanonen darin untergebracht werden konnten.

Anfangs hofierte man die Spanier sehr in Tenochtitlán. Sie bereisten und erkundeten in Begleitung von hohen Würdenträgern das Land der Azteken. Besonders interessiert war Cortés an den Häfen und Goldbergwerken. Auf Wunsch von Cortés zeigte Moctezuma II. hm und seinem Gefolge das Innere eines Tempels. In einem Raum mit blutverkrusteten Wänden entdeckten

Moctezuma II. Xocoyotzin (1467–1519).
Bild von Antonio De Solis (1610–1688)

24

die Spanier drei menschliche Herzen, die gerade in einem Kohlebecken verbrannt wurden. Bei den Azteken galten Menschenopfer als heilige Handlung und Akt der Götterverehrung. Die christlichen Spanier fühlten sich hierdurch in ihrem religiösen Empfinden zutiefst beleidigt. Für sie war die Religion der Azteken eine Gotteslästerung. Deswegen sprach Cortés den Herrscher Moctezuma II. an und wollte die Götterstatuen der Azteken stürzen sowie durch das christliche Kreuz und Marienbilder ersetzen. Dies löste einen heftigen Streit aus. Als die Spanier in dem ihnen zugewiesenen Palast eine kleine Kirche einrichteten, entdeckten sie hinter einer Mauer die Schatzkammer des verstorbenen Herrschers Axayacatl.

Zunehmende Spannungen mit den Azteken machten den Spaniern bewusst, wie angreifbar sie letztlich waren. Eines Tages erhielt Cortés die alarmierende Nachricht, dass die Azteken einen Angriff auf die kleine Garnison in Veracruz unter Juan de Escalante unternommen hatten. Dabei waren sechs Männer getötet und Escalante schwer verwundet worden. Escalante starb drei Tage nach dem Angriff. Der Soldat Arguello war lebend in die Gefangenschaft der Azteken geraten. Nun wurde den Spaniern klar, dass sie sich in der aztekischen Hauptstadt in Lebensgefahr befanden.

Nach dem Angriff auf Veracruz schickte der aztekische Befehlshaber an Moctezuma II. den abgeschnittenen Kopf des gefangenen Spaniers Arguello. Daraufhin stellte Cortés am 14. November 1519 den Aztekenherrscher zur Rede und die Spanier forderten ihn unter Drohungen auf, sie in ihr Quartier zu begleiten. Dort angekommen, eröffneten sie Moctezuma, er sei von nun an ihr Gefangener. Der gedemütigte Fürst regierte nach wie vor weiter, aber tatsächlich war fortan Cortés sein Gebieter.

Cortés ließ die aztekischen Hauptleute, die gegen Juan de Escalante und seine Männer gekämpft hatten, vorführen und verhören. Die Befragten gestanden, sie hätten auf Befehl von Moctezuma II. gehandelt. Danach wurden sie verurteilt und öffentlich verbrannt. Cortés zwang Moctezuma, die Vollstreckung des Todesurteils anzusehen. Schnell verbreitete sich die Nachricht über den Tod der aztekischen Hauptleute im Land. Damit wurde das Ansehen der Spanier bei den mit ihnen verbündeten Totonaken in Cempoala wieder hergestellt.

In der Folgezeit durchsuchten Spanier die Provinzen des Aztekenreiches nach Reichtümern und ersetzten missliebige indianische Beamte. Cortés brachte Moctezuma II. angeblich sogar dazu, die Oberherrschaft von Karl V. förmlich anzuerkennen und die Zahlung eines jährlichen Tributs zuzusagen. Der von Cortés in Briefen an Karl V. geschilderte Amtsverzicht von Moctezuma zugunsten des spanischen Herrschers wird von Historikern als geschickte Erfindung betrachtet.

Ungeachtet aller Spannungen versuchte Moctezuma, noch gütlich mit den Spaniern auszukommen und gab Cortés seine Lieblingstochter Tecuichpoch zur Frau. Cortés, der eine Ehefrau und mit Malinche auch eine Geliebte hatte, wies die Tochter des Aztekenherrschers nicht zurück und versprach, sie gut zu behandeln. Einer der Offiziere von Cortés bekam die Tochter Leonor Moctezuma.

Neue Gefahr drohte Cortés, als der kubanische Gouverneur Diego Velázquez de Cuéllar eine Flotte von 18 Schiffen mit 1.200 Mann, 12 Kanonen und 60 Pferden unter dem Oberbefehl von Pánfilo de Narváez (1470–1528) gegen ihn aussandte. Narvaéz landete im April 1520 in Neuspanien. Er sollte Cortés und seine Offiziere gefangennehmen und selbst das Kommando in Neuspanien übernehmen. Als Cortés davon erfuhr, ließ er 150 Mann unter Pedro de Alvarado in Tenochtitlán zurück und marschierte am 20. Mai 1520 mit den restlichen 250 Mann dem Feind entgegen. Cortés wagte den ersten Schritt und überfiel Narváez, der bereits die Stadt Cempoala bezwungen hatte. Narvaéz wurde im Kampf verwundet und verlor ein Auge. Obwohl er fast fünfmal so viele Soldaten wie Cortés hatte, unterlag Narvaéz. Man nahm ihn und den größten Teil seiner Leute gefangen. Narvaéz blieb einige Jahre lang der Gefangene von Cortés, wurde aber gut behandelt.

Während Cortés und Narváez gegeneinander kämpften, überwältigten indianische Krieger aus Texcoco den ungeschützten Tross von Pánfilo de Narváez und die Menschen, die mit ihm an Land gegangen waren. Sie brachten die rund 550 Gefangenen nach Zultepec, opferten sie ihren Göttern und aßen sie in den nächsten sieben Monaten.

Dank Gold und allerlei Versprechungen bewog Cortés die meisten Männer von Narváez, sich ihm anzuschließen. Danach kehrte er mit einer Streitmacht von mehr als 1.200 Mann nach Tenochtitlán zurück. Dort war inzwischen ein Aufstand gegen die Spanier ausgebrochen, weil Pedro de Alvarado die Teilnehmer des aztekischen Frühlingsfestes niedermetzeln hatte lassen. Die Azteken hatten Cuitláuac als neuen Herrscher des Reiches auserkoren und Moctezuma die Macht entrissen. Nach einem Angriff der aztekischen Krieger auf den Palast, in dem sich die Spanier aufhielten, soll Moctezuma von seinen eigenen Männern getötet worden sein. Dies beruht aber nur auf spanischen Quellen. Es könnte auch sein, dass sich die Spanier des aztekischen Herrschers entledigten, als er ihnen nichts mehr nützte.

In der Nacht vom 30. Juni auf den 1. Juli 1520 versuchte Cortés, aus Tenochtitlán zu fliehen. Auf der Flucht überlebten von den mehr als 1.200 Soldaten und knapp 100 Pferden lediglich 425 Soldaten und 24 Pferde. Auf sie war ein wahrer Steinhagel niedergegangen. Cortés selbst büßte den Zeigefinger seiner linken Hand ein. Diese Nacht wird als „Noche Triste", die „traurige Nacht", bezeichnet. Cortés erlitt dabei den größten Verlust an Männern, Waffen und Gold. Bei der verlustreichen Flucht aus Tenochtitlán wurden Malinche und andere Frauen auf Geheiß von Cortés durch 300 Tlaxcalteken und 30 Spanier geschützt. In der Vorhut erreichte Malinche als eine der Ersten das rettende Ufer. Dagegen verloren viele andere Frauen und etwa zwei Drittel der spanischen Streitmacht in dieser Nacht ihr Leben.

Mit dem Rest seiner Streitmacht versuchte Cortés, sich nach Tlaxcala zu den mit ihm verbündeten Tlaxcalteken abzusetzen. Doch das aztekische Heer holte ihn am 14. Juli 1520 auf einer Ebene vor Otumba ein und stellte ihn. Die Azteken wollten die Spanier endgültig vernichten, aber sie unterschätzten die Kampfkraft der spanischen Kavallerie. Bis dahin hatten die Azteken die spanischen Reiter mit ihren Pferden nur auf den gepflasterten Straßen von Tenochtitlán oder auf der Flucht über die aufgerissenen Dämme in der „traurigen Nacht" erlebt. Neu für sie war, dieser Kavallerie in einer offenen Schlacht auf einer grasbewachsenen Ebene gegenüberzustehen. Cortés erkannte den aztekischen Befehlshaber an seinem aufwendigen Federschmuck und seiner Federstandarte und stürmte in Begleitung von anderen Reitern mitten unter die Azteken auf ihn zu. Juan de Salamanca ritt den aztekischen Befehlshaber nieder, tötete ihn, hob die Federstandarte auf und überreichte sie Cortés. Obwohl die Spanier in dieser Schlacht bereits schwere Verluste erlitten hatten, zogen sich die Azteken nach dem Tod ihres Anführers zurück.

Fünf Tage nach seiner dramatischen Flucht aus Tenochtitlán erreichte Cortés endlich Tlaxcala und somit die mit ihm verbündeten Tlaxcalteken. Seine Verluste an Menschen und Material waren enorm. Einige der Frauen, die mit Pánfilo de Narváez ins Land gekommen waren, starben. Im Gegensatz dazu erlebten seine Dolmetscherin und Geliebte Malinche, Dona Luisa, eine Tochter von Xicoténcatl dem Älteren, sowie die beiden Töchter von Moctezuma und María Estrada, die einzige Frau in Waffen und Rüstung. Letztere hatte auf dem ganzen Feldzug mit den Männern gekämpft und war die Ehefrau eines spanischen Konquistadors.

Damals leistete Xicoténcatl der Jüngere erneut Widerstand gegen die Spanier. Offen rief er die Einwohner von Tlaxcala zum Kampf auf, wurde aber auf Betreiben seines Vaters Xicoténcatl der Ältere und einiger anderer Kaziken festgenommen, gefesselt und vorgeführt. Obwohl wegen dieses Vorfalls ein heftiger Disput geführt wurde, kam Xicoténcatl der Jüngere später frei. Ungeachtet seiner Niederlage in Tenochtitlán gab Cortés nicht auf. Er plante einen Eroberungsfeldzug rund um den Texcoco-See und schmiedete neue Allianzen. Die Tlaxcalteken blieben auch nach der Niederlage in Tenochtitlán seine wichtigsten Verbündeten, obwohl die Azteken sie auf ihre Seite ziehen wollten und ihnen Frieden und Wohlstand verhießen.

Zusammen besiegten die Spanier und Tlaxcalteken die aztekische Besatzung in Tepaeca und lösten diese Stadt aus dem Bündnis mit den Azteken. Unterdessen grassierte eine Pocken-Epidemie in Tenochtitlán und griff bald auf das umliegende Land über. Die Krankheit war von einem spanischen Sklaven, der mit den Truppen von Pánfilo de Narváez angekommen war, eingeschleppt worden.

Der Nachfolger von Moctezuma II. namens Cuitláhuac starb bereits 80 Tage nach seinem Machtantritt. Die Pocken-Epidemie ließ die Zahl der Kämpfer auf beiden Seiten merklich schrumpfen. Bei den Azteken wirkte sich die Epidemie jedoch gravierender aus als bei den Spaniern.

Nach dem Tod von Cuitláhuac bestieg im Februar 1521 Cuauhtémoc, der Sohn von König Ahuitzotl, den Thron der Azteken. Cuauhtémoc schickte Boten und Krieger zu benachbarten Völkern und versuchte, sie mit Versprechungen, Drohungen und Strafexpeditionen an sich zu binden. Doch viele Völker hatten genug von der aztekischen Vorherrschaft und beteiligten sich nicht am Kampf gegen die Spanier.

Während weniger Monate besiegte Cortés mit seinen Truppen mehrere Stadtstaaten wie Chimalhuacán, Oaxtepec, Yautepec, Cuernavaca und Tlacopan rund um den Texcoco-See. Andere Völker, auf die Cortés bei seinem Eroberungsfeldzug traf und die von den Azteken unterworfen und ausgebeutet wurden, schlossen sich den Spaniern an. Als neue Kampfgenossen gewann Cortés die Tepeyacac, Cuernavaca sowie die Städte Huejotzingo, Atlixco, Metztitlán und Chalco. Falls ein Herrscher nicht das tat, was Cortés von ihm wollte, setzte er ihn kurzerhand ab und ersetzte ihn durch einen Mann, den er als Marionette benutzen konnte.

Der an Pocken erkrankte Herrscher von Chalco empfahl seinem Volk auf dem Totenbett, sich den Spaniern zu unterwerfen. Er schickte seine Söhne zu Cortés statt zum Aztekenherrscher Cuauhtémoc. Seine Nachfolge und die Herrschaft über die zugehörigen Ortschaften legte er in die Hände von Cortés, der die Prinzen wohlwollend aufnahm und sie in ihrem Amt bestätigte. Im Laufe der Zeit erkannten immer mehr Städte den

Sonnentempel der Azteken-Hauptstadt Tenochtitlán.
Gravierung von
Jan Karel Donatus Van Beecq (1638–1722)

alten Stellungen in der Stadt. Aus diesem Grund gab Cortés den Befehl, eroberte Häuser niederzureißen. Auf diese Weise rückten die Spanier langsam auf das Stadtzentrum vor. Der Aztekenherrscher Cuauhtémoc startete einen groß angelegten Angriff auf Alvarado und die Truppen in Tlacopan. Aber die Azteken wurden zurückgeschlagen.

Bald machten Hunger und Durst den Belagerten in Tenochtitlán immer mehr zu schaffen. Denn die Spanier fingen alle Lieferungen von Lebensmitteln und Wasser in die Hauptstadt ab. Sogar Azteken, die versuchten, Fische im Texcoco-See zu fangen, wurden von den Spaniern aufgegriffen. Zahlreiche Azteken tranken Salzwasser aus dem See und erkrankten. Viele der Eingeschlossenen verhungerten.

Während die Streitmacht der Azteken in Tenochtitlán weiterhin dezimiert wurde, trafen in Veracruz frische spanische Soldaten ein. Eine Truppe unter Francisco de Garay (gestorben 1523), die eigentlich ausgezogen war, um das Gebiet am Panuca zu erobern, war dort gescheitert. Die meisten dieser Soldaten schlossen sich Cortés an. Außerdem schlugen sich immer mehr früher mit den Azteken verbündete Städte auf die Seite der Spanier. So Huichilibusco, Coyohuacan, Mizquic und andere Orte rund um den Texcoco-See.

Am 21. Juli 1521 wurde Cortés das Opfer einer Kriegslist, als er den vermeintlich endgültig geschlagenen Azteken in die Hauptstadt Tenochtitlán folgte. Dort bot der Aztekenherrscher Cuauhtémoc frische Kräfte auf, die viele Spanier töteten und rund 60 gefangen nahmen.

Nur knapp entging Cortés der Gefangenschaft. Cristobal de Olea rettete ihm das Leben und verlor sein eigenes im Kampf. Die Azteken opferten die gefangenen Spanier ihren Göttern, schickten Körperteile der Toten an die Völker, die auf der Seite der Spanier kämpften und drohten ihnen. Doch Cortés entsandte eine Strafexpedition und unterband weitere Hilfen für Tenochtitlán.

Der Aztekenherrscher Cuauthémoc zog sich mit seinen restlichen Kriegern nach Tlatelolco, einem Stadtteil von Tenochtitlán mitten im Texcoco-See, zurück, gab sich aber noch nicht geschlagen. Als Cortés die Krieger der Azteken in einen Hinterhalt lockte, nahmen diese die Friedensangebote der Spanier zum Schein an, wagten aber noch einen Angriff. Doch ihre Kräfte waren schon zu sehr geschwächt.

Während einer Kampfpause flüchten zahlreiche ausgehungerte indianische Frauen und Kinder zu den Spaniern. Daraufhin wurde Gonzalo de Sandoval mit seinen Männern von Cortés in das letzte von den Azteken besetzte Stadtviertel im Texcoco-See geschickt. Dort rissen sie die Häuser und Verschanzungen nieder. Als er keinen Ausweg mehr sah, flüchtete Cuauhtémoc mit seiner Familie und den letzten Getreuen in Kanus über den See. García Holguíns, einer der Männer von Gonzalo de Sandoval, verfolgte mit seiner Brigantine den letzten Herrscher der Azteken bei seiner Flucht über den See und nahm ihn fest.

Am 13. August 1521 war die fast vollständig zerstörte Hauptstadt Tenochtitlán endgültig erobert. In den

Straßen lagen zahlreiche Leichen, die nicht begraben werden konnten. Während der mehrere Monate dauernden Belagerung sind schätzungsweise 24.000 Azteken gestorben. Cortés ordnete die Evakuierung von Tenochtitlán an. Der Zug der halb verhungerten Azteken auf das Festland zog sich drei Tage dahin.

Nachdem man die Leichen aus der Hauptstadt geschafft und begraben hatte, begann man mit dem Wiederaufbau von Tenochtitlán. Kaiser Karl V. ernannte Cortés zum Gouverneur, Obersten Richter und Generalkapitän von Neuspanien. Dadurch war er der mächtigste Mann nach dem Kaiser. Durch die Eroberung des Aztekenreiches legte Cortés den Grundstein für das Vizekönigreich Neuspanien und das „Imperio Español", das spanische Imperium.

Cortés bestätigte Cuauhtémoc als König der Azteken. Doch nicht lange danach ließ er den Aztekenherrscher foltern, um zu erfahren, wo dieser Goldschätze versteckt hatte. Schon während der Eroberung des Landes arbeitete Cortés auf einen Wandel in der Religion der Indios hin. Nun holte er Missionare nach Neuspanien. Durch militärische Vorstöße in den Norden vergrößerte er seinen Machtbereich weit über die Grenzen des früheren Aztekenreiches hinaus.

1522 brachte Malinche einen Sohn von Cortés namens Martín zur Welt. Dieser wuchs allerdings getrennt von seiner Mutter auf. Zu einer denkwürdigen Begegnung kam es 1523 in Paynala, dem Geburtsort von Malinche. Dort traf Malinche ihre Mutter, die sie einst an Sklavenhändler verkauft hatte, und ihren Bruder wieder.

Sowohl ihre Mutter als auch ihr Bruder waren bereits zum christlichen Glauben übergetreten und hießen nun Martha und Lazaro. Malinche galt damals als die mächtigste Frau in Neuspanien und hatte auf Cortés großen Einfluss. Deswegen hatten ihre Mutter und ihr Bruder große Angst vor ihr und fürchteten um ihr Leben. Doch Malinche verzieh den Beiden.

1523 schickte Cortés seinen Weggefährten Cristóbal de Olid nach Honduras, um dieses Land zu erobern. Olid war seit langem ein treuer Begleiter von Cortés und hatte noch nie Anlass zu Misstrauen gegeben. Doch ausgerechnet dieser Weggefährte der ersten Stunde verbündete sich mit Diego Velázquez de Cuéllar, dem Erzfeind von Cortés. Denn er wollte mit Unterstützung des kubanischen Gouverneurs für sich selbst Hondura erobern und sich von Cortés unabhängig machen. Als Cortes dies erfuhr, schickte er Francisco de Las Casas mit zwei Schiffen nach Honduras, um Olid gefangenzunehmen. Nachdem Cortés lange auch nichts von Las Casas hörte, brach er im Herbst 1524 selbst mit einer Armee von mehreren hundert Spaniern und 3.000 Indios auf den Weg nach Süden auf. Aus Sorge, der letzte Aztekenherrscher Cuauhtémoc könnte während seiner Abwesenheit einen Aufstand in der Hauptstadt Tenochtitlán wagen, nahm Cortés ihn auf den Feldzug mit. Unterwegs wurde Cuauhtémoc wegen eines angeblichen Mordkomplotts von den Spaniern erhängt. Francisco de Las Casas war nach seiner Landung in Honduras in die Gefangenschaft von Olid geraten. Bei einem gemeinsamen Essen verletzte Francisco de Las

Casas seinen Gastgeber Olid mit einem Dolch und ließ ihn auf dem Marktplatz von Naco enthaupten. 1525 fuhr Francisco de Las Casas mit dem Schiff nach Veracruz und über Land in die Hauptstadt Tenochtitlán. Dort nahmen ihn Gegner von Cortés fest und verurteilten ihn wegen des Mordes an Olid zum Tode. Das Urteil wurde aber nicht vollstreckt, weil er den Kaiser um Gnade bitten wollte. Man brachte ihn in Ketten nach Spanien, wo man ihn zwei Jahre später freisprach.

Beinahe wäre der Feldzug von Cortés nach Honduras wegen Strapazen des Weges, schlechtem Wetter und Hunger missglückt. Bei Kämpfen mit feindlichen Indios verloren viele Expeditionsteilnehmer ihr Leben. Als man in Tenochtitlán lange nicht mehr von Cortés erfuhr, kam das Gerücht auf, er sei nicht mehr am Leben. Seine Feinde verbreiteten dieses Gerücht als Tatsache am spanischen Königshof und teilten seinen Besitz.

Nachdem Cortés in Honduras klar wurde, dass Francisco de Las Casas seine Aufgabe erfüllt hatte, segelte er mit dem Schiff über Havanna nach Vera Cruz. In Neuspanien empfing man ihn überall begeistert und begrüßte ihn vor allem in Tlaxcala stürmisch. Doch Cortés hatte durch seine lange Abwesenheit seine absolute Macht verloren.

Während des Feldzuges von Cortés in Honduras heiratete Malinche am 20. Oktober 1524 den spanischen Offizier Juan Xaramilo de Salvatierra. Nach der Rückkehr aus Honduras lebte das Paar bis zum Tod von Malinche in Tenochtitlán. Aus dieser Verbindung ging die Tochter Maria hervor. Das Todesjahr von Malinche ist nicht genau bekannt. Auch ihre Todesursache kennt man nicht. Sie soll um 1529 gestorben sein. Demnach wäre sie in jungen Jahren gestorben.

Am 13. Dezember 1527 ernannte Kaiser Karl V. eine so genannte Audiencia für Neuspanien. Diese sollte die Regierung der Kolonie übernehmen und bestand aus einem Präsidenten und vier Richtern (Oidores). Ihr Präsident war Nuño Beltrán de Guzmán. Die Richter hießen Juan Ortiz de Matienzo, Diego Delgadillo, Diego Maldonado und Alonso de Parada.

Am Hof des Kaisers versuchte der Bischof von Burgos, Juan Rodríguez de Fonseca (1451–1524), schon vor längerer Zeit die Siege von Cortés zu verniedlichen oder sie Diego Velázquez de Cuéllar zuzuschreiben. Der Bischof verstand sich gut mit Velázquez, der ihm einträgliche Ortschaften und Bergwerke auf Kuba überlassen hatte. Als Velázquez den Bischof um Hilfe gegen Cortés bat, setzte sich der Kirchenmann energisch für ihn ein. Fonseca missbrauchte schamlos seine Macht als Vorsitzender des „Consejo de Indias", der obersten Kolonialbehörde und des wichtigsten Verwaltungsorgans des spanischen Kolonialreiches. Er ließ die Boten, die Cortés an den Königshof nach Spanien gesandt hatte, ins Gefängnis werfen. Außerdem unterschlug er Briefe, verfälschte Informationen und versuchte Cristobal de Tapia, einen Günstling, der seine Nichte geheiratet hatte, als Statthalter von Neuspanien einzusetzen und damit Cortés die Macht zu entreißen.

Tapia traf eines Tages mit angeblich im Auftrag von Kaiser Karl V. ausgestellten offiziellen Urkunden und Blanko-Schriftstücken in Neuspanien ein. Doch die Männer von Cortés ließen sich von diesen gefälschten Dokumenten nicht beeindrucken. Da Tapia nicht beweisen konnte, dass der Kaiser von der Macht- übernahme in Neuspanien wusste, sagten ihm die Gefolgsleute von Cortés ins Gesicht, dass Bischof Fonseca dahinterstecke. Cortés linderte die Enttäu- schung von Tapia mit Goldgeschenken und schickte ihn nach Santo Domingo zurück. Der korrupte Bischof verhinderte auch den Nachschub mit Waffen, Soldaten und Pferden für Cortés von Sevilla in Spanien nach Veracruz. Angeblich unterschlug er sogar große Mengen Gold, das Cortés an den spanischen Herrscher geschickt hatte. Fonseca zeigte Cortés an und traktierte ihn mit Prozessen, die den Konquistador jahrelang beschäf- tigten, sogar noch nach dem Tod des betrügerischen Kirchenmannes.

Die Klagen des Bischofs zwangen Cortés eines Tages, sich zwecks Rechtfertigung an den Hof des Kaisers nach Spanien zu begeben. 1528 fuhr Cortés mit einem Schnellsegler nach Europa. Er schaffte die Reise von Veracruz nach Palos innerhalb von lediglich 41 Tagen. Neuspanien war seit Oktober 1523 eine der größten und reichsten Provinzen von Spanien. Als Eroberer dieser bedeutenden Provinz betrachtete sich Cortés auf Augenhöhe mit den mächtigsten Fürsten seiner Zeit. Auf seiner Schiffsreise begleiteten ihn Kampfgefährten aus Neuspanien sowie adelige Indios aus Tenochtitlán,

Tlaxcala und Cempoala. Zu seiner Begleitung gehörten je ein Sohn von Moctezuma II. und von Maxixcatzin, einem der Fürsten aus Tlaxcala, zwölf tlaxcaltekische Ballspieler sowie indianische Musiker, Sänger und Akrobaten. Im Gepäck hatte er Gold, Edelsteine, Kunstobjekte und exotische Tiere. Unterwegs erkrankte Gonzalo de Sandoval und starb in La Rábida.

Beim offiziellen Empfang bei Hofe in Spanien appellierte Cortés an die Gerechtigkeit des Kaisers und informierte ihn ausführlich über seine Eroberungen und Schlachten, die er in der neuen Welt geführt hatte. Er gab Antwort auf die Anklagen seiner Feinde und bestritt, dass er Gold der Krone zurückgehalten hatte. Stattdessen wies er nach, dass er das geforderte Fünftel nach Spanien geschickt hatte. Außerdem hatte er viel Geld aus eigener Tasche für den Wiederaufbau von Tenochtitlán aufgebracht.

Karl V., der Cortés reiche Gold- und Silberlieferungen aus Neuspanien verdankte, ernannte ihn für seine Verdienste zum Ritter vom Heiligen Jacob und zum Generalkapitän von Neuspanien und der Südsee (Pazifischer Ozean). Außerdem erhielt Cortés am 6. Juli 1529 den Titel und die Besitzungen des Marqués del Valle de Oaxaca (Marquis des Tales von Oaxaca). Mit dieser Verleihung war aber nur der Besitz eines Teils der von Cortés selbst geforderten Orte und Landgebiete verbunden. Andere wichtige Orte hatte sich Karl V. selbst vorbehalten, darunter sämtliche Häfen. Die tatsächlich verliehenen Orte umfassten nur deren unmittelbaren Einzugsbereich und nicht die entsprechenden Provinzen.

Durch die Standeserhebung zählte Cortés zum Hochadel von Spanien. Der Titel wurde von seinen Nachkommen bis 1811 geführt. Das Tal von Oaxaca war eines der reichsten Gebiete in Neuspanien. Ungeachtet aller Ehrungen wurde Cortés aber nicht wieder als Gouverneur oder Vizekönig in Neuspanien eingesetzt, verfügte also über keine politische Macht. Vermutlich war Cortés dem Kaiser zu reich und zu mächtig geworden. Zudem war man am Hof zu der Erkenntnis gelangt, dass Konquistadoren nicht dazu geeignet waren, die Regierung der neuen Länder zu übernehmen, wie der Fall de Cristóbal Colón (1451–1506), besser bekannt als Columbus, gezeigt hatte. Die Führung des neuen Landes behielt sich deshalb der König selbst vor oder überließ sie Männern, die keine große Hausmacht hatten.

Wenige Tage nach der Audienz beim Kaiser erkrankte Cortés in Toledo so schwer, dass man glaubte, sein Tod sei nahe. Auf Bitte des Herzogs von Béjar besuchte Karl V. den vermeintlich todkranken Cortés in Begleitung des Hochadels. Dieser Besuch des Kaisers galt als großer Gunstbeweis für Cortés.

1530 segelte Cortés wieder nach Neuspanien. Dabei hatte er allerdings nur noch militärische Befehlsgewalt. Nach seiner Rückkehr fand er das Land in Anarchie vor. Er stellte die Ordnung wieder her und konzentrierte sich danach auf die Erforschung der Westküste von Neuspanien.

Damals wurde die Leitung der Zivilangelegenheiten einer Behörde namens „Audiencia de Nueva España" übertragen. Als Vizekönig sandte man Antonio de Mendoza (um 1490–1552) nach Neuspanien. Doch dieser traf erst 1535 dort ein und übernahm die Zivilverwaltung. Cortés hatte die militärische Macht und die Erlaubnis, seine Eroberungen fortzusetzen. Diese Teilung der Macht führte zu ständigen Streitigkeiten mit dem Vizekönig. Die Hauptstadt Tenochtitlán benannte man in Ciudad de México (Mexiko-Stadt) um. Auf eigene Kosten ließ Cortés an der Westküste von Neuspanien wieder Schiffe bauen. 1537 schickte er drei dieser Schiffe unter dem Kommando von Alvaro de Saavedra nach Westen über den Pazifik. Saavedra sollte die Gewürzinseln (Molukken) finden. Aber diese Expedition scheiterte bei der Rückfahrt im Pazifik.

1536 entdeckte Cortés bei einer Expedition die Halbinsel Baja California. 1539 rüstete er auf eigene Kosten eine weitere Expedition aus. Damals sandte er Francisco de Ulloa mit drei Schiffen von Acapulco aus in nördliche Richtung entlang der Westküste von Neuspanien. Diesmal lautete der Auftrag, die Küste zu erforschen und einen Seeweg im Norden des amerikanischen Kontinents nach Europa zu finden. Um seinem Auftraggeber eine Freude zu machen, bezeichnete Francisco de Ulloa den Golf von Kalifornien als „Mar de Cortés" (Cortés-See). Obwohl er das Ende des Golfes erreicht und danach die Halbinsel Baja California umsegelt hatte, wurde Baja California nach seiner Rückkehr auf Karten als Insel dargestellt.

Im Alter von 56 Jahren reiste Cortés 1541 noch einmal nach Spanien. Seine Ansprüche auf die von ihm entdeckten Gebiete fanden damals vor Gericht kein Gehör. Der Kaiser gestattete Cortés, sich der Flotte von Andrea Doria (1466–1560), des Dogen von Genua, auf dem Feldzug an die Berberküste nach Algier anzuschließen und gegen die Osmanen zu kämpfen. Ungeachtet der Bedenken erfahrener Seeleute gab Karl V. den Befehl zum Angriff auf Algier. Die kaiserliche Flotte geriet vor der Küste von Algerien in ein Unwetter, weswegen die Truppen nicht ausgeschifft werden konnten. Am 23. Oktober 1541 konnten die Soldaten endlich an Land gehen, mussten dabei allerdings mit ihrem schweren Gepäck durch tiefes Wasser waten. Nachdem nur ein kleiner Teil der Truppe, der Pferde und des Proviants entladen war, setzte erneut schlechtes Wetter ein und machte die Entladung der anderen Schiffe unmöglich. In der Nacht vom 24. auf den 25. Oktober 1541 entwickelte sich der Sturm zum Orkan. Zusammen mit mehr als 150 Schiffen sank auch das Schiff von Cortés namens „Esperanza". Nur mit Mühe und Not konnte sich Cortés zusammen mit seinen Söhnen retten. Ungeachtet seiner Erfahrungen bei der Eroberung des Aztekenreiches wurde Cortés von Karl V. nicht zum Kriegsrat eingeladen, was er als bewusste Kränkung seiner Person empfand. Cortés hatte sich erboten, Algier mit den spanischen, deutschen und italienischen Soldaten, die bereits gelandet waren, im Sturm zunehmen. Die Soldaten hörten dies gerne und lobten ihn sehr, aber die Seeleute und andere hörten nicht auf ihn.

Cortés, der viel eigenes Geld investiert hatte, um seine Entdeckungsreisen zu finanzieren, stellte im Februar 1544 Erstattungsansprüche beim königlichen Finanzministerium. In den folgenden drei Jahren vertröstete man ihn aber nur und verwies ihn von einem Gericht an das nächste. Enttäuscht beschloss er 1547, nach Neuspanien zurückzukehren. Als er Sevilla erreichte, erkrankte er und starb am 2. Dezember 1547 auf seinem Landgut in Castilleja de la Cuesta im Alter von 62 Jahren. Cortés hinterließ sein Vermögen seinen Kindern und machte dabei keinen Unterschied, ob sie Weiße oder Mestizen waren. Bevor er starb ließ er seine drei unehelichen Kinder durch den Papst legitimieren. Besonders ging es ihm um seinen Sohn Martin aus der Verbindung mit seiner Geliebten und Dolmetscherin Malinche (Doña Marina), dem er seine Titel und Besitzungen übertrug, und Doña Leonor Cortés y Moctezuma, der Tochter von Tecuichpoch. Die Gebeine von Cortés setzte man in Mexiko bei, sie verschwanden aber 1823. Die Titel von Cortés gingen später an den neapolitanischen Herzog von Monteleone über.

1552 wurde in Saragossa das von Francisco López de Gómara verfasste Buch „Historia general de las Indias" gedruckt. Gómara war niemals in Neuspanien gewesen, sondern Augenzeuge des Algerienfeldzuges gewesen, an dem Cortés 1541 teilgenommen hatte. Er hatte sich auf die Aussagen von Cortés, dessen Hauskaplan er gewesen war, und anderer Konquistadoren verlassen. 1553 verbot Philipp II. (1527–1598) das Werk von Gómara, weil jener die Taten von Cortés zu sehr glorifiziert und es mit der Wahrheit nicht immer sehr genau genommen hatte.

Nach 1585 erschien das illustrierte Werk „Historia de Tlaxcala" von Diego Munoz Camargo (um 1529–1599). Der Autor wurde in der spanischen Kolonie Mexiko geboren. Sein Vater war Spanier, seine Mutter Indianerin. „Historia de Tlaxcala" (auch „Lienzo Tlaxcala") schildert die Geschichte von Tlaxcala und besteht aus drei Teilen: „Relaciones Geográficas" in spanischer Sprache sowie „Tlaxcala Calendar" und „Tlaxcala Codex" jeweils mit zahlreichen Bildern und Überschriften in Spanisch und Nahuatl. Etliche der Bilder zeigen Hernán Cortés und Malinche.

Im Laufe der Geschichte hat man den spanischen Konquistador Hernán Cortés sehr unterschiedlich beurteilt. „Obwohl er Menschen tötete und sie foltern ließ und die kulturelle Identität der Indianer zerstörte, wurde er von vielen Völkern Mittelamerikas respektiert und sogar verehrt", heißt es im Online-Lexikon „Wikipedia". Und weiter liest man: „Das ist verständlich, denn er hatte sie vom Joch der Azteken befreit. Heute ist der Konquistador in Mexiko sehr schlecht angesehen. Doch es gibt immer noch viele Straßen und Plätze, die seinen Namen tragen. Das aztekische Erbe steht heute bei den Mexikanern weit höher im Ansehen als Cortés. Mit der spanischen Eroberung verloren ca. 15 Millionen der Ureinwohner ihr Leben. Sie starben an den eingeschleppten Krankheiten und durch die Grausamkeiten der Europäer. So ist es nicht verwunderlich, dass die Verdienste von Cortés (die Einigung Mexikos, das Ende

45

der Blumenkriege und der anschließenden Menschenopfer) die Grausamkeiten im Bewusstsein der Mexikaner nicht aufwiegen."
Cortés hat Malinche in seinen Briefen und Schriften
nur flüchtig erwähnt. Als wichtigste Quelle für die
Biografie von Malinche gilt das Werk „Wahrhafte
Geschichte der Eroberung von Neuspanien", das Bernal
Díaz de Castillo (um 1495–1584), ein ehemaliger Soldat
von Cortés, verfasste und erst 1632 posthum erschien.
Er schrieb: „Diese Frau war ein entscheidendes Werk-
zeug bei unseren Entdeckungsfahrten. Vieles haben
wir nur durch Gottes Beistand und ihrer Hilfe voll-
bringen können. Ohne sie hätten wir die mexikanische
Sprache nicht verstanden, zahlreiche Unternehmungen hätten wir ohne sie einfach nicht durchführen
können."
Von heutigen Mexikanern wird Malinche sehr unterschiedlich beurteilt. Manche betrachten sie sogar als eine
der umstrittensten Frauen der Weltgeschichte. In den
nach der Eroberung verfassten aztekischen und tlax-
caltekischen Chroniken wird noch ein positives Bild von
Malinche präsentiert. Dagegen steht seit dem Aufkommen des mexikanischen Nationalismus im 19. Jahrhundert der Begriff „malinchismo" für den Verrat am
eigenen Volk. Dabei wird jedoch außer Acht gelassen,
dass Malinche als Kind an Sklavenhändler verkauft wurde und so ihre Heimat verlor. Andere Mexikaner sehen
in ihr die Mutter des ersten Mestizen, die heute die
Mehrheit der mexikanischen Bevölkerung bilden, und
eine Mutter der Nation.

In Vergessenheit geraten ist Malinche nicht. Das steinerne Haus, in dem Cortés und seine indianische Geliebte einst wohnten, steht heute noch in Coyoacan (Mexiko-Stadt). Es wird in Fremdenführern als „La Malinche's house" bezeichnet. Zahlreiche Orte im Mexiko führen jährliche Malinche-Tänze auf. Mit Malinche in Verbindung gebracht wird auch der Charakter von „la Ilonora" – der „Weinenden" – , deren Geist ruhelos in den Straßen von Mexiko-Stadt umherirrt und um ihre Kinder weint. Nach Malinche benannt ist auch ein Vulkan in Tlaxcala, der als fünfthöchster Berg in Mexiko gilt und zuvor nach einer tlaxkaltekischen Regengöttin benannt war.

In der Literatur wird Malinche mit verschiedenen Namen erwähnt. In der mündlichen indianischen Überlieferung heißt sie Malinalli wie der zwölfte Tag des aztekischen Kalenders. Malinalli bedeutet eigentlich „Gras", angeblich aber auch „wildes Tier". Mit diesem Namen wurde die aztekische Muttergöttin Cihuacoatl – „Die Frau" – angerufen. Ein weiterer indianischer Name von Malinche ist Malintzin. Malintzin galt bisher als Nahuatl-Version von Marina. Weil es in dieser Sprache keinen „R"-Laut gibt, könnte dafür das „L" eingesetzt worden sein, meinte man. Doch in der neueren Forschung wird betont, der Wortteil „tzin" bedeute im Nahuatl entweder „Frau" oder „Herrin". Demzufolge hat man die Muttergöttin Malinalli/Cihuacoatl, die man im indianischen Kontext mit Dona Marina assoziierte, als Malintzin verehrt. Die Spanier verwendeten stets den christlichen Taufnamen Marina oder Doña Marina.

Malinche wiederum ist lediglich die in spanischen Berichten fehlerhafte Wiedergabe von Malintzin.

Literatur

CASTILLO, Bernal Díaz del: Historia verdadera e la conquista de la Nueva Espana, Mexiko 1968
CASTILLO, Bernal Díaz del: Geschichte der Eroberung von Mexiko, herausgegeben und bearbeitet von Georg A. Narciss und Tzvetan Todorov, Frankfurt am Main 1988
CORTÈS, Hernando: Die Eroberung Mexikos: drei Berichte an Kaiser Karl V. , Frankfurt am Main 1980
DISSELHOFF, H. D.: Cortés in Mexiko, München 1957
HARTAU, Claudine: Hernán Cortés, Reinbek bei Hamburg 1993
HINZ, Felix: „Hispanisierung" in Neu-Spanien 1519– 1568, Hamburg 2005
MARKS, Richard Lee: Der Tod der gefiederten Schlange, München 1993
MATIS, Herbert: Hernán Cortés, Göttingen 1967
MEISSNER, Hans-Otto: Meine Hand auf Mexico. Die Abenteuer des Hernando Cortés, Stuttgart 1970
NAVARRETE, Federico: La Malinche, la Virgen y la montana, el juego de la indentidad en los códices tlaxcaltecas, History, vol. 26, no. 2, Sao Paulo 2007
PREM, Hans J.: Die Azteken. Geschichte – Kultur – Religion, München 2006

PROBST, Ernst: Superfrauen 1 – Geschichte, Mainz-Kostheim 2001
SCHURIG, Arthur (Herausgeber): Die Eroberung von Mexiko durch Ferdinand Cortés. Mit den eigenhändigen Berichten des Feldherrn an Kaiser Karl V. von 1520 und 1522, Leipzig 1923
THOMAS, Hugh: Die Eroberung Mexikos. Cortés und Montezuma, Frankfurt am Main 2000

Bildquellen

*„Indianer-Prinzessin" Pocahontas bzw. Rebecca Rolfe
während ihres Aufenthaltes in England in englischer Tracht.
Ölgemälde von 1891*

50

Pocahontas

Die Indianer-Prinzessin aus Virginia

Als Nordamerikas berühmteste Indianerin gilt die Häuptlingstochter Pocahontas (um 1595–1617) aus Virginia. Ihr Vater war der Begründer und Oberhäuptling der Powhatan-Konföderation. Er trug den indianischen Namen Wahunsonacook (1531–1618), wurde aber von den Engländern Powhatan genannt, so wie der Indianerstamm, dem er angehörte. Bei der Powhatan-Konförderation handelte es sich um eine Allianz von 31 Stämmen mit rund 200 Dörfern und schätzungsweise 10.000 Menschen in der Küstenregion von Virginia. Die Tochter von Powhatan hieß eigentlich Matoaka („die ‚Verspielte" oder „die, die alles durcheinanderbringt"). Pocahontas („kleine Übermütige") lautete nur ihr Spitzname.

Den Namen Virginia hat der englische Seefahrer und Entdecker Sir Walter Raleigh (1552/1554–1618) bereits bei seiner Expedition von 1584 geprägt, als er die erste Ansiedlung auf Roanoke Island (heute North Carolina) gründete. Damit ehrte er die unverheiratete englische Königin Elisabeth I. Tudor (1533–1603), die den Beinamen „Virgin Queen" („Jungfräuliche Königin") trug und seine Gönnerin war. Allerdings bezeichnete man damals ein Gebiet als Virginia, das die späteren Staaten Virginia, West Virginia, North Carolina, Kentucky, Tennessee und Ohio umfasste.

Oberhäuptling Powhatan (1531–1618),
Vater der „Indianer-Prinzessin" Pocahontas.
Ausschnitt aus einer Karte von 1612

Wahunsonacok bzw. Powhatan erbte zwischen 1572 und 1597 die Häuptlingswürde über die Pamunkey, Youghtanund, Mattaponi, Kiskiack und Werowocomoco sowie außerdem über die Powhatan, Arrohatec, Appamatuck und Orapak am James River in seinem Geburtsland unterhalb der Wasserfälle. Mit kluger Politik und teilweise auch Gewalt vereinte er allmählich mehr als 30 Stämme der Virginia-Algonkin.

1597 unterwarf Powhatan die Kecoughtan. Vor 1607 reihte er fast alle anderen Stämme am James River und York River in sein Imperium ein. Einige der zuletzt angeschlossenen Stämme wie die Chesapeake und andere Völker aus dem Süden von Virginia wurden nie voll in die Konföderation integriert. Laut Online-Lexikon „Wikipedia" äußerte sich die Macht von Powhatan in einer fast orientalisch anmutenden Hofhaltung. Seine Residenz hieß Werowocomoco und lag am Nordufer des York River nahe der heutigen Stadt Yorktown.

Das genaue Geburtsjahr der Tochter Pocahontas von Powhatan ist unbekannt. Einige Historiker glauben, dass sie 1595 in Werowocomoco (Virginia) zur Welt kam. Denn 1608 wurde sie als ein Kind von 12 oder 13 Jahren bezeichnet. Ihre Mutter, deren Namen man heute nicht mehr kennt, gehörte dem Stamm der Patawomeke an. Ihr Vater hatte Dutzende von Ehefrauen, von denen ihm jede ein Kind schenkte und später in ihr Dorf zurückkehrte, wo sie der Oberhäuptling Powhatan unterstützte, bis sie einen anderen Mann fand.

Wie damals bei den Algonkinstämmen in Virginia üblich, erhielt auch Pocahontas bei wichtigen Anlässen jeweils einen neuen Namen. Sie hieß deswegen unter anderem Matoaka, Pocahontas oder Amonute. Manche ihrer Namen verraten, dass sie besonders aufgeweckt war. Das muntere Mädchen soll der Liebling seines Vaters gewesen sein, war aber keiner seiner Erben. Die nächsten Erben von Powhatan waren seine drei Brüder Poitchapan, Opechancanough und Catataugh und nach deren Ableben seine älteste Schwester Hadith.

Eine wichtige Rolle im Leben der Indianerin Pocahontas spielte der rund 15 Jahre ältere englische Abenteurer und Söldner John Smith (1580–1631), der aus Alford (Lincolnshire) stammte. Als junger Mann hatte er bereits ein abenteuerliches Leben hinter sich. Historikern fällt es schwer, den Wahrheitsgehalt seiner Lebensberichte richtig einzuschätzen, weil er zu Selbstbespiegelung und starken Übertreibungen neigte. Smith war stark, intelligent, arrogant, oft taktlos und manchmal brutal.

Nach dem Tod seines Vaters lief John Smith als 16-Jähriger von zuhause weg und heuerte zunächst als Matrose an. Er kämpfte als Söldner für König Heinrich IV. (1553–1610) von Frankreich gegen Spanien. 1600/ 1601 focht er für Habsburg unter der Führung des Woiwoden Mihai Viteazul (1558—1601) gegen die Osmanen. Als Viteazul starb, kämpfte er in der Walachei auf der Seite von Prinz Radu Serban. Nach dem erfolgreichen Duell mit einem türkischen Anführer, dem er den Kopf abschlug, musste er dies bei zwei weiteren Türken wiederholen, die für ihren Befehlshaber Rache üben wollten. Für diese Siege zeichnete ihn der Fürst

Sigismund Báthory (1572–1613) mit einem Wappen aus, das drei abgeschlagene Türkenköpfe zeigt.

1602 geriet der beim Kampf gegen die Türken verwundete John Smith bei Rotenthurn in Gefangenschaft. Man verkaufte ihn als Sklaven an eine türkische Edelfrau. Doch ihm gelang die Flucht und er kehrte über die Krim 1604 nach England zurück.

Am 10. April 1606 stellte der englische König James I. (Jakob I., 1566–1625) eine königliche Charta aus, welche die nordamerikanische Küste unter zwei eigens für die Errichtung von Kolonien gegründeten Aktiengesellschaften aufteilte. Die „Plymouth Company" bekam das Recht, das Gebiet zwischen dem 38. und 45. Breitengrad in Besitz zu nehmen. Das der „Virginia Company of London" zugesprochene Gebiet umfasste die nordamerikanische Küste vom 34. Breitengrad bei Cape Fear im Süden bis zum Long Island Sund am 41. Breitengrad im Norden.

John Smith schloss sich der „Virginia Company of London" an. Im Dezember 1606 starteten in England die Segelschiffe „Susan Constant", „Godspeed" und „Discovery" nach Virginia. An Bord dieser drei Schiffe waren insgesamt 144 Männer, einer davon war John Smith. Die Angaben über die Gesamtzahl der Männer auf den drei Schiffen differieren in der Literatur.

Schätzungsweise zwischen einem Drittel und der Hälfte der Männer gehörten dem so genannten englischen Gentry an. Dabei handelte es sich um eine Schicht des gehobenen Bürgertums und des niederen Adels. Die

Jüngeren unter ihnen waren oft Zweitgeborene, die mit der Aussicht auf Abenteuer und Reichtum in die Neue Welt gelockt wurden. Manche Männer wie John Smith, Edward Maria Wingfield und Christopher Newport (1561–1617) hatten früher als Soldaten gedient. Andere waren Handwerker, ungelernte Arbeiter und Seeleute. Unter den ersten Ankömmlingen befanden sich noch keine Frauen und Kinder. Diese sollten erst nachgeholt werden, wenn die Kolonie gesichert war.

Während der Überfahrt in die Neue Welt wurde John Smith wegen Meuterei angeklagt. Er entging nur knapp einer Verurteilung deswegen. Andere Männer an Bord der drei Segelschiffe hatten weniger Glück. 39 von ihnen starben während der Überfahrt an Krankheiten.

Am 26. April 1607 erreichten die drei englischen Schiffe mit 105 Männern die unwirtliche untere Chesapeake Bay (Chesapeake-Bucht) an der Küste von Virginia. Die Expedition fuhr auf einem breiten Fluss, den sie nach ihrem König James I. (Jakob I., 1566–1625) als James River bezeichneten, flussaufwärts. Bei der Suche nach einem geeigneten Areal für eine Siedlung mussten Anordnungen der Handelsgesellschaft „Virginia Company of London" befolgt werden. Beispielsweise sollte der Platz zum Schutz vor spanischen Überfällen mindestens 100 Meilen vom Atlantik entfernt liegen. Außerdem sollte ein unbesiedelter Streifen Land ausgewählt werden, um Konflikte mit den Ureinwohnern zu vermeiden.

Die englischen Neuankömmlinge entschieden sich für eine rund 50 Meilen von der Küste gelegene Insel im

James River, die sie Jamestown Island nannten, als Standort. Diese im Fluss liegende Insel war nur durch eine schmale Landbrücke mit dem Festland verbunden und gut gegen Angriffe von Land zu verteidigen. Zudem war der Wasserstand des James River in Nähe der Insel so hoch, um dort mit Schiffen zu ankern, Ausrüstung und Proviant auf die Insel zu schaffen und die Siedlung mit Schiffskanonen verteidigen zu können.

Am 14. Mai 1607 gingen die Kolonisten auf Jamestown Island an Land, entluden ihre Schiffe und sicherten den Landeplatz. Zum ersten Gouverneur der Kolonie Jamestown wurde im Mai 1607 für ein Jahr Edward Maria Wingfield (um 1560–1631) gewählt. Er war eines der Gründungsmitglieder der Handelsgesellschaft „Virginia Company of London", von der die Expedition finanziert wurde. Die englische Regierung verfügte damals nicht über das Geld, um solche kostspieligen und unsicheren Expeditionen bezahlen zu können.

Bereits zwei Wochen nach der Ankunft der Siedler kam es zu einer ersten Auseinandersetzung mit den indianischen Ureinwohnern. Etwa 200 Krieger der Powhatan-Konföderation griffen das Lager der weißen Kolonisten an. Der Angriff konnte mit Schiffskanonen und Musketen abgewehrt werden. Danach erbaute man rasch innerhalb von 19 Tagen das schützende „James Fort". Diese Befestigung war von einem dreieckigen Palisadenwall umgeben und nach allen Seiten mit Kanonen bestückt. Eine Woche nach Vollendung des „James Fort" segelte Christopher Newport mit dem Schiff „Susan Constant" und einer vermeintlichen Ladung Gold nach

London. Tatsächlich handelte es sich nicht um Gold, sondern nur um das Mineral Pyrit, das so genannte „Narrengold".

Die „Virginia Company of London" verfolgte mit der Kolonie Jamestown große Ziele. Man wollte eine Route zu den Reichtümern des Orients erkunden, die amerikanischen Ureinwohner zum Christentum bekehren, Gold und Silber entdecken sowie größere Mengen von Gütern nach England exportieren. Doch keines dieser ursprünglichen Ziele wurden in den ersten Jahren erreicht.

Bereits kurz nach der Abreise von Christopher Newport mit dem Segelschiff „Susan Constant" kam die Ernüchterung bei den Kolonisten. Das Wildvorkommen auf Jamestown Island war bald erschöpft. Das sumpfige Marschland in der Umgebung der Insel erwies sich weitgehend für den Anbau von Feldfrüchten als ungeeignet. Zudem gab es auf der Insel kein frisches Trinkwasser, weswegen die Kolonisten brackiges Wasser aus eilig gegrabenen Brunnen oder Wasser aus dem James River tranken. Schon nach sechs Wochen starben die ersten Siedler. Das aus dem James River entnommene Trinkwasser führte zu Salzvergiftungen, Durchfall und Typhus. Bis Ende September 1607 war bereits die Hälfte der Kolonisten gestorben.

Als die Lebensmittel der Kolonisten knapp wurden, fuhr John Smith mit einem halben Dutzend Männer per Boot zu Indianern der Powhatan-Konföderation und tauschte mit ihnen Kupfer und Äxte gegen Mais und andere Lebensmittel ein. Ähnliche Reisen flussaufwärts zwecks Handel und Erkundung der Flussregion nordwestlich von Jamestown unternahm er weiterhin. Bald beherrschte er die Sprache der Indianer. Bei der Rückkehr von seinen Handels- und Forschungsreisen fand Smith die Kolonie Jamestown jedesmal in einem schlechten Zustand vor. Die Siedler waren – seinen späteren Schilderungen zufolge – alle krank, einige lahm, andere verletzt und alle unfähig, irgendetwas zu tun, außer sich zu beklagen. Offenbar hatten sich die Kolonisten das Leben in der Neuen Welt anders vorgestellt.

Zu allem Überdruss gab es auch Streit um die Führung der Kolonie Jamestown. Edward Maria Wingfield war nur etwa vier Monate im Amt, als er am 10. September 1607 als Gouverneur von Jamestown durch John Ratcliffe abgelöst wurde. Man machte Wingfield zum Sündenbock für die Folgen der schlimmsten Dürre und Hungersnot seit 800 Jahren und verdächtigte ihn sogar als Komplizen der feindlichen Spanier.

Nach Ansicht von Zeitgenossen war der neue Gouverneur John Ratcliffe wenig beliebt, schwach im Urteil bei Gefahrensituationen und in Friedenszeiten nicht sehr fleißig. Auch dies war nicht dazu angetan, die Laune der Kolonisten zu heben.

Im Dezember 1607 geschah etwas, was John Smith später vielleicht wissentlich oder unwissentlich nicht ganz wahrheitsgetreu erzählte. In der Literatur wird dieses Ereignis unterschiedlich geschildert. Laut einer Variante erhielt Smith damals den Auftrag, das Land zu erkunden und eine Passage nach Indien zu suchen. Dabei

*Dezember 1607: Pocahontas rettet Captain John Smith
vor der Hinrichtung.
Lithographie aus dem Jahr 1870.
In Wirklichkeit gab es dort
keine Berge und keine Zelte.*

wurden die Engländer angeblich von Opechancanough (um 1554–um 1644), dem jüngeren Halbbruder des Oberhäuptlings Powhatan, angriffen. Smith überlebte den Angriff, während seine Begleiter ums Leben kamen. Anschließend brachte man Smith nach Werowocomoco, wo ihn angeblich die Häuptlingstochter Pocahontas vor dem Tod bewahrte.

Nach einer anderen Variante suchte Smith bei einem einsamen Erkundungsgang in der Wildnis die Quelle des Flusses Chickahominy River. Dabei geriet er in die Gefangenschaft von auf der Jagd befindlichen Pamunkey-Indianern, die ihn zu ihrem Häuptling Opechancanough brachten. Letzterer führte Smith zum Oberhäuptling Powhatan ins Hauptdorf Werowocomoco, wo man den Engländer angeblich zum Tode verurteilte. Vor der geplanten Hinrichtung wurde Smith aber durch die ihn verliebte zwölfjährige Pocahontas bewahrt.

Wie die Rettung vonstatten ging, wird in der Literatur ebenfalls unterschiedlich geschildert. Laut einer Variante warf sich Pocahontas vor Smith, als dieser am Marterpfahl stand. Nach einer anderen Variante legte man den Kopf von Smith bereits auf einen Opferstein und wollte ihm diesen mit einer Kriegskeule zerschmettern. Dann habe sich Pocohontas vor Smith gestürzt, seinen Kopf in ihre Arme gelegt und ihren eigenen auf den seinen. Daraufhin habe Oberhäuptling Powhatan entschieden, John Smith solle leben.

Einer umstrittenen Theorie zufolge sollte im Langhaus von Powhatan gar keine Hinrichtung von Smith erfolgen. Stattdessen soll es sich um ein Stammesritual gehandelt haben, das seinen Tod und seine Wiedergeburt als Mitglied des Stammes symbolisierte.

Der tatsächlich oder nicht vor dem Tod bewahrte Captain John Smith wurde damals von Oberhäuptling Powhatan mit feierlichen Ritualen adoptiert und in seinen Stamm aufgenommen. In späteren Publikationen und Filmen war oft von einer Liebesgeschichte oder sogar einer Heirat zwischen Pocahontas und Smith die Rede, doch dafür liegen keinerlei stichhaltigen Beweise vor. Auch der Captain selbst erwähnte in seinen Reiseberichten nie ein eheähnliches Zusammenleben.

Nach der Adoption von John Smith durch Powhatan pflegten Indianer und weiße Siedler in der Kolonie Jamestown zunächst miteinander freundschaftliche Beziehungen. Pocahontas ließ sich wiederholt mit einem Boot nach Jamestown rudern und spielte dort bei den weißen Siedlern. Als die Kolonisten unter Hunger litten, brachten Pocahontas und ihr Gefolge im Abstand von vier oder fünf Tagen immer wieder Proviant und retteten damit Menschenleben.

Im Sommer 1608 leitete Captain John Smith eine Expedition, bei der er im offenen Boot eine Strecke von rund 3.000 Meilen bewältigte. Dabei erforschte und kartierte er die Chesapeake Bay und die wichtigsten Flüsse. Noch im selben Jahr erschien sein Werk „True Relation of Virginia" (1608). Seine augenfälligen Fähigheiten empfahlen ihn für Führungsaufgaben, wenngleich seine niedere Herkunft manchen englischen Siedler störte.

Am 10. September 1608 löste der tatkräftige John Smith den damaligen Gouverneur der Kolonie Jamestown,

John Ratcliffe, ab. Smith ließ neue Häuser errichten und den vor Angriffen schützenden Palisadenwall des Forts erneuern. Jeden Samstag mussten die mutlosen Siedler außerhalb des Forts zum Exerzieren antreten, um die Disziplin zu verbessern. Etwas zu essen erhielten nur arbeitende Männer.

1608 brachten Schiffe aus England zwei Mal weitere Kolonisten und Waren nach Jamestown. Oberhäuptling Powhatan wurde deswegen von anderen Indianern eindringlich gewarnt, die Engländer kämen nicht wegen des Handels, sondern weil sie sein Land besitzen wollten. Aus diesem Grund beschloss der Oberhäuptling, die Kolonisten von seinem Land zu vertreiben, indem er ihre Nahrungszufuhr unterbrach.

Auf Geheiß von König James I. krönte Captain John Smith 1609 den Oberhäuptling Powhatan zum „König von Virginia". Powhatan hatte aber gar keine Vorstellung vom Königtum in Europa und nahm diese Zeremonie nicht ernst. Mehr als zwei Jahrhunderte später inspirierte diese Krönung den amerikanischen Maler John Gadsby Chapman (1808–1889) zu seinem Ölbild „The Coronation of Pothaten" (um 1835). Das Kunstwerk ist im „Greenville Museum of Art" in Greenville (South Carolina) zu bewundern.

Weil die Siedler von Jamestown überwiegend Abenteurer und keine Farmer waren, konnten sie sich in den Anfangsjahren nicht selbst ernähren. Bis auf Weiteres benötigten sie Lebensmittel von den Indianern. Statt für die Hilfe der Indianer dankbar zu sein, wurde der

Captain John Smith
auf einer Zeichnung
in „The Beginner's American History" (1893)
von David H. Montgomery

Ton der weißen Kolonisten gegenüber den Ureinwohnern zunehmend herrischer und fordernder. Wenn John Smith bei seinen Fahrten durch das Küstengebiet an der Chesapeake Bay keinen Mais durch Handel bekommen konnte, beschlagnahmte er mehrfach kurzerhand Maisvorräte der Indianer. Dies sorgte natürlich für Unruhe.

Als der Druck der englischen Kolonisten immer stärker wurde, verlegte Oberhäuptling Powhatan seinen Wohnsitz nach Orapakes an den Oberlauf des Chickahominy River inmitten eines Sumpfes. Später verlegte er seine Residenz weiter nördlich nach Matchut am Nordufer des Pamunkey River.

Im Oktober 1609 kehrte John Smith mit einer schweren Wunde an einem Bein, die er bei einer Explosion von Schwarzpulver erlitten hatte, nach England zurück, um sich dort medizinisch behandeln zu lassen. Damals war er sehr enttäuscht, weil man ihm Männer mit hochtrabenden Titeln und Papieren vor die Nase gesetzt hatte. Die englischen Kolonisten erzählten den Indianern, Smith sei gestorben.

Bald erstreckten sich beiderseits des James River mehr als 200 Kilometer weit englische Siedlungen. Die Indianer fühlten sich zunehmend von den weißen Kolonisten bedroht. Auch die Kolonisten waren zur Gewalt bereit, weil sie ahnten, dass die Indianer die englische Herrschaft nicht freiwillig akzeptieren würden. Die „Virginia Company of London" warb Veteranen der Feldzüge in den Niederlanden und Irland an.

Nach dem Eintreffen von sechs Schiffen mit weiteren 250 englischen Kolonisten brachen Feindseligkeiten aus. Die Engländer griffen die Indianer an, brannten ihre Häuser nieder und raubten ihr Getreide. Daraufhin gingen die Indianer zum Gegenangriff über, fügten den Kolonisten schwere Verluste zu und zwangen sie, sich in Jamestown zu verschanzen.

Der bewaffnete Konflikt zwischen weißen Kolonisten und Indianern ab Spätsommer 1609 ging als „Erster Englischer Powhatan-Krieg" in die Geschichte ein. Während der Belagerung von Jamestown vom November 1609 bis zum Mai 1610 starb rund die Hälfte der Garnison an Hunger und Krankheiten oder kam durch Indianer ums Leben. In der Not verzehrten die Einwohner von Jamestown Pferde, Hunde und Ratten. Es kam sogar zu Fällen von Kannibalismus. Der Verzehr von Menschenfleisch wurde schwer bestraft.

Im Dezember 1609 starb vermutlich Captain John Ratcliffe. Angeblich war er bei der Beschaffung von Lebensmitteln zusammen mit 15 Männern in einen Hinterhalt der Indianer geraten und getötet worden. Ratcliffe war der Kapitän der „Discovery", einem der drei Segelschiffe, mit dem die ersten Kolonisten von Jamestown 1607 in Virginia angekommen waren. Vom 10. September 1607 bis Juli 1608 fungierte er als zweiter Gouverneur der Kolonie Jamestown. Ratcliffe wird im Disney-Film „Pocahontas" als gieriger und korrupter Mensch geschildert. Sein offizieller Nachfolger als Gouverneur von Jamestown war Matthew Scrivener (1580–

1609), der während der Überquerung der Insel Hog Island bei einem Sturm umkam.

In den ersten Jahren des „Ersten Englischen Powhatan-Krieges" bemühte sich Captain Samuel Argall (1572/1580–1626) um Beistand der Indianer im nördlichen Teil des Herrschaftsgebietes von Powhatan. Die Patawomecks am Potomac River verhielten sich nicht immer loyal zu Powhatan. Bei ihnen lebte ein junger englischer Dolmetscher namens Henry Spelman (1595–1544), der das Werk „A Relation of Virginia" (1609) verfasste.

Ende Mai 1609 trat in England eine Flotte von sieben Schiffen die Seereise nach Jamestown in Virginia an. Auf dem neuen Flaggschiff „Sea Venture" der „Virginia Company of London" befanden sich John Rolfe, der später im Leben von Pocahontas ebenfalls eine wichtige Rolle spielte, und dessen erste Ehefrau. Durch einen mehrtägigen Sturm wurden die Schiffe der Flotte getrennt. Ein Teil der Engländer, darunter John Rolfe, rettete sich auf die Bermudas und lebte dort zehn Monate lang. Auf den Bermudas baute man zwei kleine Schiffe und fuhr damit unter dem Kommando von Sir Thomas Gates (1585–1621) und Sir George Somers (1554–1610) nach Jamestown, wo man am 21. Mai 1610 eintraf. Dort war inzwischen die Bevölkerung stark durch Hunger und Krankheiten sowie Angriffe der Indianer dezimiert worden. Ohne die Ankunft der beiden kleinen Schiffe von den Bermudas und einer weiteren Flotte von drei Schiffen unter dem Kommando von Thomas West, Lord De La Warr (1577–1618), am 10. Juni 1610 wäre die Kolonie von Jamestown wohl verloren gewesen. De La Warr war der zweite Gouverneur der Kolonie Virginia sowie Namensgeber für den US-Bundesstaat Delaware, den Delaware River und den Indianerstamm Delaware. Als er 1610 mit 150 Mann, von denen etwa 100 Soldaten waren, in Jamestown ankam, traf er auf nur noch rund 60 entmutige Siedler an, die zurück nach England wollten. Doch De La Warr gewann die Kolonisten dafür, zu bleiben und schickte Sir Samuel Argall zurück nach England, um Unterstützung sowie benötige Waren und Güter nach Virginia zu bringen. De La Warr wandte gegen die Indianer eine Taktik der „Verbrannten Erde" an. Die weißen Soldaten überfielen die Felder und Dörfer der Powhatan-Indianer und zündeten sie an.

1610 töteten Indianer einige Engländer unweit von Kecoughtan. Daraufhin zerstörten die weißen Kolonisten dieses Dorf. Danach griffen sie zwei Dörfer der Warraskoyack an, zerstörten die Siedlung der Paspahegh, brachten außer deren Königin auch Frauen und Kinder um und brannten die Siedlung der „Queen of Appamatuck" nieder.

Um 1610 fand Pocahontas starken Gefallen an einem jungen Algonkin-Krieger namens Kocoum. Sie lebte mit ihm zusammen und zog sich ins Familienleben zurück. Schon wenige Jahre später wurde ihr Mann nicht mehr erwähnt. Es ist nicht bekannt, ob sich Pocahontas und Kocoum bald wieder nach indianischer Sitte trennten oder ob der Mann früh starb.

Von April bis August 1611 wurden die Engländer durch weitere 600 Kolonisten verstärkt und erhielten neue

Nahrung, Waffen und Munition. De La Warr kehrte später nach England zurück und trat dort stets für den Fortbestand der Kolonie Virginia ein. 1618 starb er während seiner zweiten Reise nach Virginia.

1612 erschien eine weiteres Werk von Captain John Smith, in dem er sich als Propagandist und Historiker betätigte. Es trug den Titel „ A Map of Virginia".

Im März 1613 besuchte Captain Samuel Argall das Dorf Passapatanzy der Patamoweck-Indianer am Potomac River. Die Patamoweck waren nur lose mit der Powhatan-Konföderation verbunden. Deren Häuptling Iopassus bzw. Japasaw (1590–1620) war ein Bruder von Oberhäuptling Powhatan und somit ein Onkel von Pocahontas. Die Engländer lockten Pocahontas mit Hilfe von Iopassus auf ihr Schiff und nahmen sie als Geisel. Die 1619 entstandene Gravierung „Die Entführung von Pocahontas" von Theodor de Bry 1561–1623) zeigt verschiedene Szenen. Im Vordergrund stehen Häuptling Iopassus mit einem Kupferkessel als Köder für Pocahontas in der Hand, neben ihm die „Indianer-Prinzessin" und seine angeblich weinende Frau. In der Mitte der Gravierung sieht man, wie Pocahontas mit einem Boot zum Schiff von Captain Argall auf dem Potomac River gebracht wird. Oben wird ein brennendes Indianerdorf dargestellt

Die Entführer brachten Pocohontas mit dem Schiff in die 1611 von Sir Thomas Dale (gestorben 1619) gegründete Siedlung Henricus (heute Henrico im Chesterfield County, Virginia). Diese Siedlung wurde nach Prinz Henry Frederick (1594–1612), dem ältesten Sohn von

König James I., benannt. Als „Lösegeld" forderten die Entführer von Powhatan vor allem die Freilasssung englischer Gefangener. Während ihrer einjährigen Gefangenschaft in Henricus hat man Pocahontas außergewöhnlich höflich behandelt, schrieb 1615 der Kolonist Ralph Hamor (gestorben 1626). Nicht ins Bild passt die Behauptung des Autors Linwood Custalow in seinem Buch „The True Story of Pocahontas" (2007), die „Indianer-Prinzessin" sei damals vergewaltigt worden. Dabei berief sich Custalow auf mündliche Überlieferungen.

In Henricus brachte der Geistliche Alexander Whitaker (um 1580–1624) der 18-jährigen Pocahontas die englische Sprache bei. Außerdem unterrichtete er die „Indianer-Prinzessin" über das Christentum. Im Winter 1613/ 1614 taufte Whitaker die europäisch gekleidete und mittlerweilen englisch sprechende Pocahontas christlich auf den Namen „Prinzessin Rebecca".

Die Taufe von Pocahontas ist auf dem gleichnamigen Gemälde im Kuppelraum des Capitols in Washington dargestellt. Dieses Werk wurde 1840 von dem amerikanischen Maler John Gadsby Chapman (1808–1889) geschaffen. Auf dem Bild kniet Pocahontas vor Whitaker, hinter ihr steht ihr späterer Ehemann John Rolfe. Unter den indianischen Familienangehörigen, die der Taufe von Pocahontas beiwohnten, befand sich deren erwachsener Bruder Nantequaus.

Im März 1614 stießen die englischen Kolonisten im Hauptdorf Matchcot von Powhatan auf eine Gruppe älterer indianischer Führer, unter denen sich der Oberhäuptling nicht befand. Dabei betätigte sich Pocahontas als Dolmetscherin und ließ Powhatan ausrichten, dass sie lieber bei den Engländern leben wolle.

Pocahontas hatte vielleicht schon im April 1613 im Lager der Siedler den rund zehn Jahre älteren verwitweten weißen Tabakpflanzer John Rolfe (1585–1622) kennengelernt und sich in ihn verliebt. Dessen erste Ehefrau und Tochter Bermuda Rolfe waren auf der Reise nach Virginia bei einem Schiffbruch unweit der Bermudas ums Leben gekommen, der den Stoff zu Shakespeares Werk „Sturm" lieferte.

Der 1585 in Heacham (Norfolk) in England geborene John Rolfe war einer der Mitgründer von Jamestown. Ihm gebührte die Ehre, die wirtschaftliche Not in Jamestown erleichtert zu haben. Rolfe stellte fest, dass der Tabak, der in England als Luxusartikel galt, in Virginia wild wuchs. Weil die wildwachsenden Formen für den englischen Geschmack zu stark waren, veranlasste Rolfe, dass die weniger bitteren Sorten von den Antillen in Virginia geplanzt wurden. Nachdem er zwei Jahre lang experimentiert hatte, konnte er 1612 eine edle Tabaksorte produzieren, die ideal auf den Boden und das Klima in Virginia abgestellt war.

Mit Einwilligung ihres Vaters Powhatan erfolgte am 5. April 1614 die Hochzeit von Pocahontas bzw. „Prinzessin Rebecca" mit John Rolfe in Jamestown. Die Trauung nahm der Geistliche Alexander Whitaker, der langjährige Freund des Bräutigams, vor. Der fromme Rolfe heiratete „nicht aus Fleischeslust", sondern um die Eingeborenenpolitik zu verbessern, „zum Wohl der

*Porträt des Ehepaars John und Rebecca Rolfe
aus den 1850-er Jahren*

Pflanzung, zur Ehre meines Landes und zum Ruhme Gottes". Es war die erste registrierte transatlantische Mischehe zwischen einer Indianerin und einem Angelsachsen.

Das frischgebackene Ehepaar Rolfe lebte fortan in Henricus (Henrico). Im Haushalt von Pocahontas halfen, wie es die Prinzessin von Kindheit an gewohnt war, indianische Dienstboten. Nach der Heirat herrschte jahrelang Frieden zwischen den weißen Kolonisten und den Indianern, die miteinander Handel betrieben. Die Feindseligkeiten, die vorher so viel Leid bewirkt hatten, wurden von beiden Seiten eingestellt, ohne dass man formell Frieden geschlossen hat. Den Engländern war es somit gelungen, sich in Virginia zu behaupten. Dazu beigetragen hatten auch Bündnisse mit Indianerstämmen am Ostufer des James River. Die Chickahominy erkannten sogar den englischen König James I. als ihren Herrscher an. Die Heirat der Indianerin Pocahontas mit dem Weißen John Rolfe war eine Art Symbol für den neuen Frieden zwischen den beiden Völkern.

1614 kehrte der Abenteurer John Smith wieder nach Amerika zurück. Er erkundete die zwei Buchten von Maine und Massachusetts und bezeichnete diese als Neuengland.

Am 30. Januar 1615 brachte Pocahontas als einziges Kind den Sohn Thomas Rolfe (1615–1675) zur Welt. Bald danach erhielt ihr Ehemann John Rolfe von der „Virginia Company of London" den Auftrag, für den englischen Königshof einen enthusiastischen Bericht zu verfassen, den er samt Ehefrau und Kind persönlich überbringen sollte. Damit wollten die englischen Siedler die Kolonie Virginia für noch mehr Einwanderer schmackhaft machen und finanzkräftige Investoren anwerben.

Für diese Reise gab Oberhäuptling Powhatan seiner Tochter ein Dutzend indianischer Diener mit sowie als weitere Begleiter ihre Halbschwester Matachanna und deren Ehemann, den Shamanen Tomocomo. Diese sollten vor allem die Macht des englischen Königs und die Größe seines Landes feststellen. Einer der Indianer erhielt den Auftrag, für jeden Engländer, den er sah, eine Kerbe in seinen Stock zu schnitzen.

Im Frühling 1616 segelten John und Rebecca Rolfe, zwölf indianische Begleiter und der Gouverneur von Virginia, Sir Thomas Dale (um 1565–1619), nach England. Das Segelschiff hieß „Treasurer" und stand unter dem Kommando von Samuel Argall. Am 12. Juni 1616 trafen das Ehepaar Rolfe und seine Begleitung im Hafen von Plymouth ein. In England wurde Pocahontas als einzige vom britischen Königshaus anerkannte „Indianer-Prinzessin" und Botschafterin ihres „königlichen" Vaters Powhatan mehrfach bei Hofe empfangen. Der Hochadel feierte sie als eine der Ihrigen. Bei den englischen Adligen war die „Indianer-Prinzessin" wegen ihrer Anmut und ihres aufgeweckten Geistes sehr beliebt.

Missbilligt hat man am Königshof dagegen die Heirat des niedriggeborenen englischen Ehemannes John Rolfe mit der „Indianer-Prinzessin", weil diese im Gegensatz zu ihrem bürgerlichen Ehegatten von königlichem Geblüt war. John Rolfe musste beim Empfang von

Pocahontas durch den englischen König James I. von der Galerie zusehen. Dem Ehegatten von Pocahontas drohte sogar noch viel Schlimmeres. König James I. ließ allen Ernstes durch den Kronrat klären, ob Rolfe wegen Hochverrats anzuklagen sei. Darauf verzichtete der Herrscher aber, als Rolfe versprach, er würde für den gemeinsamen Sohn Thomas mit Pocahontas keinerlei Ansprüche auf den Thron von Virginia erheben. Offenbar wusste der König nicht, dass die Brüder und Schwestern von Powhatan bei dessen Tod die Erben waren.

Pocahontas plauderte mit Königin Anna von Dänemark (1574–1619) in deren Privaträumen und wurde auch derem Ehegatten, dem englischen König James I., vorgestellt. Von dem dünnen und gebrechlichen Herrscher waren die Spitzel von Powhatan maßlos enttäuscht. Sie konnten es kaum glauben, dass dies der oberste Häuptling über eine schier unfassbare Zahl von Engländern sein sollte. Am 5. Januar 1617 wohnten Pocahontas und der Shamane Tomocomo einer Aufführung des Maskenspiels „The Vision of Delight" von Ben Johnson (1572–1637) bei.

Während der Zeit des Aufenthaltes am englischen Königshof entstand eine Miniatur des holländischen Graveurs Simon van de Passe (1595–1647), die Pocahontas in englischer Hoftracht zeigt. Passe hatte sich damals in England aufgehalten, bevor er nach Kopenhagen zog. Die Miniatur trägt die Inschrift „Matoaka als Rebecca Filia Potentiss Princ Powhatani Imp. Virginia" (zu deutsch: „Matoaka, alias Rebecca, die

Tochter des mächtigsten Fürsten des Reiches Powhatan von Virginia").

Zeitweise lebten John und Rebecca Rolfe in einem Vorort von Brentford (Middlesex) und in Heacham (Norfolk) bei den Eltern von Rolfe. Bei einem gesellschaftlichen Ereignis begegnete das Ehepaar Rolfe unerwartet dem totgeglaubten John Smith. Dabei wurde Smith – immerhin Adoptivsohn von Powhatan und Stammesbruder von Pocahontas – von den Indianern vorgeworfen, dass er sie nie benachrichtigte und sie nach ihrer Ankunft in London nicht mit allen Ehren bei sich aufnahm. Offenbar war ihnen nicht bewusst, dass der ehemalige „König von Jamestown" in England nur ein unbedeutender, verbitterter Geschäftsmann war, der in Virginia keinen Posten mehr bekommen hatte. Ganz gleichgültig war Pocahontas dem unverheirateten John Smith nicht. Denn er bat Königin Anne brieflich, man solle Pocahontas als königliche Besucherin behandeln.

Im März 1617 entschloss sich die Familie Rolfe zur Rückkehr nach Amerika. Damals war bereits die Hälfte der zwölf indianischen Begleiter an Grippeinfekten dahingerafft worden. Die winterlichen Nebel in England setzten auch Pocahontas schwer zu und sie erkrankte. Bei der Abreise mit dem englischen Segelschiff „George" nach Virginia starb die erst 22 Jahre alte „Indianer-Prinzessin" Pocahontas am 21. März 1617 bereits in der Themsemündung, noch bevor das Segelschiff das offene Meer erreichte. Bevor sie in den Armen ihres Ehemannes ihr Leben aushauchte, sagte sie: „Alle müssen sterben". Als Ursache für ihren frühen Tod werden in der Literatur Lungenentzündung, Tuberkulose, Typhus oder die Pocken erwähnt.

Die „Indianer-Prinzessin" Pocahontas wurde am 21. März 1617 in Gravesend südöstlich von London (Kent) – laut Kirchenbuch – als „Rebecca Rolfe, eine geborene Virginia Lady", christlich begraben. Wo sich ihre letzte Ruhestätte befand, weiß man heute nicht mehr. Vor der „St. George's-Church" in Gravesend erinnert heute eine lebensgroße Bronzestatue an sie.

Der Witwer John Rolfe und der Schamane Tomocomo kehrten 1617 nach Virginia zurück. Thomas Rolfe, der kleine Sohn von Pocahontas, blieb wegen seiner angegriffenen Gesundheit in der Obhut von Verwandten in England. Zunächst war der Vizeadmiral von Devonshire, Sir Lewis Stukeley, der 1618 hingerichtet wurde, der Vormund des Jungen. Danach wurde Henry Rolfe, der jüngere Bruder von John Rolfe, neuer Vormund.

Nach dem Tod von Oberhäuptling Powhatan bestieg 1618 dessen älterer Bruder Opechancanough den „Thron von Virginia". Er war nun Oberhäuptling der Powhatan-Konföderation.

1619 hielten die Siedler in der Kirche von Jamestown die erste gesetzgebende Versammlung in der Geschichte der USA ab. Von dieser Kirche ist eine Ruine erhalten.

Zwei Jahre nach dem Tod von Pocahontas heiratete der Witwer John Rolfe 1619 wieder. Seine Braut war Jane Pierce (1595–1635), die Tochter des englischen Kolonisten Captain William Pierce und seiner Ehefrau Eeles. 1620 kam die Tochter Elizabeth zur Welt.

Porträt eines Indianers aus der Chesapeake Bay
von John White (um 1540–1593) von 1595,
das oft irrtümlich Opechancanough
(um 1554–um 1644) zugeschrieben wird.

Ende August 1619 erschien der von John Smith verfasste Bericht „Generall Historie of Virginia". Ein niederländisches Schiff brachte am 20. August 1619 die ersten 20 schwarzen Sklaven zur Kolonie. Laut Online-Lexikon „Wikipedia" kamen 1620 die ersten 90 weißen Frauen nach Jamestown.

Am Karfreitag, 22. März 1622, führte Oberhäuptling Opechancanough mit den Powhatan, Chickahominy und einigen Stämmen vom Potomac River einen Angriff auf Siedlungen der weißen Kolonisten rund um Jamestown. Die indianischen Krieger zerstörten beim so genannten Jamestown-Massaker mehr als 70 englische Siedlungen. Von den über 1.200 Kolonisten verloren 347 ihr Leben. Dabei handelte es sich um das erste große Massaker von Indianern an Weißen in Nordamerika.

Die überlebenden Kolonisten baten Oberhäuptling Opechancanough und seine Anführer um Verhandlungen über einen Friedensvertrag. Als die indianische Delegation zu einer Versammlung erschien, überfielen die Engländer ihre indianischen Gäste. Opechancanough konnte nur mit wenigen Gefährten fliehen.

Bis 1632 erfolgten immer wieder Angriffe der Indianer und der Engländer. Den Ureinwohnern gelang es nicht, die weißen Kolonisten zu vertreiben, weil sich viele Indianerstämme am Potomac River und Rappahannock River neutral verhielten. Die Kolonisten vernichteten zeitweise auch die Ernten und Nahrungsmittel ihrer indianischen Nachbarn.

Fünf Jahre nach dem Tod seiner zweiten Ehefrau Pocahontas starb 1622 auch John Rolfe, dessen Plantagen bei einem indianischen Angriff zerstört worden waren. Man weiß heute nicht mehr, ob der 37-Jährige beim Jamestown-Massaker umkam oder ob er einer Krankheit erlag. Seine Witwe ehelichte 1625 den englischen Captain Roger Smith.

1624 erschien das Werk „The Generall Historie of Virginia, New-England, and the Summer Isles" von John Smith. Die Gravierungen hierfür stammten von John Barra.

1624 wurde die Siedlung Jamestown eine königliche Kolonie. Die Handelsgesellschaft „Virginia Company of London" war in finanzielle Schwierigkeiten geraten.

Am 21. Juni 1631 starb der unverheiratete Captain John Smith im Alter von 51 Jahren in England. Seine letzte Ruhe fand er in der St. Sepulture Church in London.

Das Jahrzehnt von 1622 bis 1632 war in der Region Jamestown eine kriegerische Zeit, in der die Indianer und weißen Kolonisten einander nicht mehr trauten. Ein 1632 erlassenes Gesetz drohte jedem Engländer, der freiwillig mit einem Indianer sprach und ihn nicht sofort zu den englischen Kommandanten brachte, eine strenge Bestrafung an. 1632 erfolgt schließlich doch ein Friedensschluss zwischen der Powhatan-Konföderation und den weißen Kolonisten. Danach wuchs die Kolonie Jamestown immer mehr.

Thomas Rolfe, der einzige Sohn von Pocahontas und John Rolfe, heiratete im September 1632 in der St. James Church in Clerkenwell (England). Seine Ehefrau

Elizabeth Washington schenkte ihm 1633 eine Tochter namens Anne und starb kurz danach. 1635 kehrte Thomas Rolfe aus England nach Virginia zurück und heiratete dort 1640 Jane Poythress (1630–1680). Aus der Ehe der Beiden ging die Tochter Jane (um 1650–1676) hervor. Jane wurde zur „Stammesmutter" zweier der einflussreichsten und angesehensten Familien Virginias, der Bollings und der Randolphs. Zu den Nachfahren gehören unter anderem die amerikanischen First Ladies Edith Wilson (1872–1961) und Nancy Reagan.

1644 begann der „Zweite Englische Powhatan-Krieg". Damit starteten die Indianer erneut einen Versuch, die englischen Siedler aus der Kolonie Jamestown zu vertreiben. Zu jener Zeit zählte die dortige weiße Bevölkerung schon mehr als 8.000 Menschen. Am 18. April 1644 griff der betagte Oberhäuptling Opechancanough mit mehreren Stämmen die Engländer an, die inzwischen eine große Streitmacht aufgestellt hatten. Bei diesem Angriff kam rund 500 Engländer ums Leben. Doch bei einem Gegenangriff der Miliz des Gouverneurs William Berkeley (1606–1677) erlitt Opechancanough eine vernichtende Niederlage. Der rund 90 Jahre Opechancanough geriet in die Gefangenschaft und der Krieg war beendet. Der greise Oberhäuptling beschwerte sich bei Berkeley bitter über seine öffentliche Zurschaustellung. Daraufhin befahl der Gouverneur, Opechancanough solle der Würde seines Standes entsprechend behandelt werden. Kurz darauf schoss vermutlich 1644 oder 1646 ein englischer Wachtposten den in einem Gefängnis von Jamestown

eingesperrten Oberhäuptling „wie einen tollen Hund"
in den Rücken, worauf dieser starb.

Beim „Zweiten Englischen Powhatan-Krieg" wurden
die Indianer in der Küstenregion von Virginia fast
ausgerottet. Im Oktober 1646 zwang der Gouverneur
von Virginia die Indianer zu einem Vertrag, demzufolge
sie fast ihr ganzes Land den Engländern überlassen
mussten.

Die Powhatan-Konföderation zerfiel nach dem Krieg
von 1644 bis 1646 und dem Tod von Opechancanough.
Vor allem die Stämme am James River konnten nicht
mehr länger von den bis dahin dominierenden Pamunkey
beherrscht werden. Die Engländer richteten für einige
Stämme kleine Reservationen ein, die im Laufe der
Jahrhunderte weiter schrumpften, teilweise aber noch
heute bestehen. Die Sprache der Powhatan-Indianer ist
erloschen.

Einige Rappahannock und Nanticoke schlossen sich
der „Powhatan Renape Nation" an, die als Indianerstamm im US-Bundesstaat New Jersey anerkannt
wurde. Seit 1982 verwalten sie dort eine kleine India-
nerreservation von 140 Hektar namens „Rankokus
Indian Reservation". Die meisten Nachkommen der
Powhatan lebten heute in Oklahoma und in Kanada.

In der amerikanischen Folklore, in der Literatur, in der
Musik und im Film wurde die kurzzeitige Liaison von
Pocahontas verklärt und John Smith als romanischer
Held dargestellt. An Pocahontas erinnern Orte in den
US-Bundesstaaten Virginia, Iowa, Arkansas, Illinois und
Mississippi, Sehenswürdigkeiten, Schulen, Parks, Schiffe,

Gemälde, Zeichnungen, Statuen, Bücher, Briefmarken, Lieder und Filme. Statuen von Pocahontas stehen in Jamestown (Virginia) und in Gravesend (England), wo sie jung gestorben war. In Jamestown befindet sich auch eine Statue von John Smith. Nach John Rolfe sind der Ort Rolfe im Pocahontas County (Iowa), eine Schule im Henrico County sowie Straßen in Virginia benannt. Naturgemäß sind über Pocahontas vor allem Bücher in englischer Sprache erschienen. Mit ihr befassten sich unter anderem die Autoren Paula G. Allen, Philip L. Barbour, Stuart E. Brown, Klaus Theweleit und Helen C. Rountree. Arno Schmidt bezog sich in seiner Erzählung „Seelandschaft mit Pocahontas" (1955) im Titel und mit der handelnden Person auf die „Indianer-Prinzessin" und die Biographie „My Lady Pocahontas" von John Esten Cooke.

Ein musikalisches Denkmal wurde der „Indianer-Prinzessin" Pocahontas und John Smith in einer Textzeile des Songs „Fever" von Otis Blackwell (Künstlername „John Davenport") und Eddie Colley gesetzt. Diesen Titel sangen 1958 Peggy Lee, 1960 Elvis Presley (1935–1977) und später weitere namhafte Künstler. „Pocahontas" heißt ein Song von Neil Young und Johnny Cash (1932–2003).

Mit der legendären Indianerin befasste sich 1924 der Stummfilm „John Smith and Pocahontas" mit Lola Todd (1904–1995) in der Hauptrolle. 1995 kam der Zeichentrickfilm „Pocahontas" von „Walt Disney" in die Kinos. Er erzählt kindgerecht die Geschichte der Liebe zwischen Pocahontas und John Smith. Ebenfalls 1995 erschien der Streifen „Pocahontas – Die Legende" mit Sandrine Holt in der weiblichen Hauptrolle. 1999 folgte „Pocahontas 2 – Reise in eine neue Welt" (erneut von „Walt Disney") und 2005 der Spielfilm „The New World" („Warner Bros. Pictures") unter der Regie von Terrence Malick. Letzterer Streifen schildert die Geschehnisse in der Kolonie Jamestown kurz nach der Gründung.

Jamestown ist heute ein Teil des „Colonial National Historical Park" in Virginia. Dort sind Überreste der alten Siedlung zu bewundern.

Literatur

AUGUSTIN, Siegfried: Die Geschichte der Indianer. Von Pocahontas bis Geronimo 1600–1900, München 1995

HANES, Mari: Von Pocahontas bis Geronimo – die wahre Geschichte der Indianer, Göttingen 2000

MAUROIS; Andé: Die Geschichte Amerikas, Zürich 1947

OESER, Rudolf: 500 Indianerbiografien Nordamerikas: Eine biografische Enzyklopädie, Norderstedt 2005

PROBST, Ernst: Superfrauen 1 — Geschichte, Mainz-Kostheim 2001

PROBST, Ernst: Superfrauen aus dem Wilden Westen, München 2008

STAMMEL, H. J.: Indianer. Legende und Wirklichkeit, München 1992

WEIPPRECHT, Brigitte: Pocahontas und andere
Töchter Manitous, Kassel 1997
WIKIPEDIA (Online-Lexikon) http://wikipedia.org
WOODWARD, Grace Steele: Pocahontas: Eine
indianische Prinzessin aus Virginia, Berlin 1995

Bildquellen

Reproduktion eines Gemäldes von 1891: 50
Reproduktion aus John Smith: „A Map of Virginia: With
a Description of the Countrey, the Commodities, People,
Government and Religion" (1612): 52
Reproduktion einer Lithographie von 1870 (New England Chromo, Lith. Co., 1870): 60
Reproduktion einer Illustration aus David H. Montgomery: „The Beginner's American History" (1893): 64
Reproduktion eines Gemäldes aus den 1850-er Jahren:
72
Reproduktion einer Zeichnung von John White (um
1540–1593) von 1595, die oft irrtümlich Opechancanough (um 1554–1646) zugeschrieben wird: 78

Cockacoeske (zwischen 1634 und 1640–1686),
Königin der Pamunkey.
Zeichnung von Antje Püpke, Berlin,
www.fixebilder.de

Cockacoeske

Die „Königin der Pamunkey"

A ls bedeutender weiblicher Anführer ging die Indianerin Cockacoeske (zwischen 1634 und 1640–1686) in die Geschichte des US-Bundesstaates Virginia ein. Sie war von 1656 bis 1686 „Queen der Pamunkey" („Königin der Pamunkey"). In der Literatur findet man auch die Titel Sachem, „The Great Weroance" („Großer Anführer") oder „Weroansqua of the Pamunkey" („Anführerin der Pamunkey"). Der Ausdruck Weroance stammt aus der Sprache der Algónkin-Indianer und kann mit deutschen Begriffen wie Stammeshäuptling, Anführer oder König übersetzt werden.

Der Name Virginia wurde von dem englischen Seefahrer und Entdecker Walter Raleigh (um 1552–1618) bei seiner Expedition von 1584, als er die erste Ansiedlung auf Roanoke Island gründete, zu Ehren der Königin Elisabeth I. Tudor von England (1533–1603) geprägt. Die unverheiratete und kinderlose Elisabeth I. trug den Beinamen „Jungfräuliche Königin" („Virgin Queen"). Aus Sicht der englischen Kolonisten ging es um die Besiedlung und Urbarmachung eines jungfräulichen Landes. Ursprünglich bezeichnete man ein Gebiet als Virginia, das die späteren US-Bundesstaaten Virginia, West Virginia, North Carolina, Kentucky, Tennessee und Ohio umfasste.

Die Pamunkey waren einer der größten Algónkin-Stämme in Virginia. Sie lebten an den Küsten von Virginia nahe der Chesapeake Bucht und ernährten sich durch eine Kombination aus Fischfang, Jagd und Landwirtschaft. Bei den Dörfern der Pamunkey handelte es sich nicht um dauerhafte Siedlungen, weil sie jeweils nach etwa zehn Jahren weiterzogen, damit sich ihre Felder vom Anbau erholen konnten.

Im Leben der Pamunkey spielte der Pamunkey River eine wichtige Rolle. Auf diesem Fluss betrieben sie Fischfang oder fuhren sie zur Jagd oder zu anderen Indianerstämmen. Gewohnt haben die Pamunkey in langen und schmalen Behausungen, die von den englischen Kolonisten als Langhäuser bezeichnet wurden. Als Baumaterial für diese einfachen Behausungen dienten gebogene Jungpflanzen und gewebte Matten.

Cockacoeske (auch Cockacoeskie oder Cockacoeweske genannt) kam zwischen 1634 und 1640 in Pamunkey Neck zwischen den Flüssen Pamunkey River und Mattaponi River zur Welt. Sie stammte aus einer angesehenen Familie und war wie ihre berühmte Cousine Pocahontas (1595–1617) eine Indianer-Prinzessin. Ihr Vater hieß Nectowance (um 1600–1649) und war ein Sohn von König Opechancanough (um 1554–um 1644).

Einer ihrer Verwandten, König Powhatan (1545–1618), errichtete zwischen 1597 und 1607 die nach ihm benannte Powhatan-Konföderation. Dabei handelte es sich um ein mächtiges Bündnis aus 31 Indianerstämmen in der Küstenregion des heutigen US-Bundesstaates Virginia. Auf Geheiß von König Jakob I. (James I.) von England und Irland (1566–1625) wurde Powhatan 1609 zum „König von Virginia" gewählt, was er bis zu seinem Tod 1618 blieb.

Nach dem Tod von Powhatan wurde 1618 dessen jüngerer Stiefbruder Opechancanough der „König von Virginia". Opechancanough und Powhatan hatten denselben Vater, nämlich „Running Stream" (um 1515–um 1570), genannt „Don Louis", aber jeweils eine andere Mutter. Opechancanough kämpfte erbittert mit den Weißen. Am 22. März 1622 richtete er rund um Jamestown in Virginia das so genannte Jamestown-Massaker an. Dabei handelte es sich um das erste große Massaker an Weißen in Nordamerika. Pamunkey-Krieger unter der Führung von Opechancanough überfielen englische Farmen und Siedlungen, zerstörten sie und töteten Hunderte von Kolonisten. 22 Jahre später geriet Opechancanough in Gefangenschaft. Ein Wächter ermordete den gefangenen Anführer vermutlich im Oktober 1644 in Jamestown. In der Literatur werden auch 1645 und 1646 als sein Todesjahr erwähnt.

Nach dem Tod von Opechancanough löste sich die von seinem Vorgänger Powhatan geschaffene Konföderation zahlreicher Stämme auf. Fortan konkurrierten verschiedene Anführer um die Macht unter den Stämmen in Virginia.

Von 1644 bis 1649 war Nectowance der „König von Virginia". 1646 zwang der Gouverneur von Virginia, William Berkeley (1606–1677), Nectowance zu einem

Friedensvertrag, gemäß dem die Indianer fast ihr ganzes Land den Engländern überlassen mussten.

Ehemann von Prinzessin Cockacoeske wurde Totopotomoi (1625–1656), nach anderer Schreibweise auch Totopomi, der Enkel einer Schwester des erwähnten Königs Powhatan. Nach dem Tod von Nectowance erhielt Totopotomoi 1649 im Alter von etwa 24 Jahren den Titel „König der Pamunkey".

1656 verlor Totopotomoi, der mit 100 Kriegern an der Seite der Engländer unter Colonel Edward Hill (gestorben um 1663) am Kampf gegen die Ricahecreans (ein Stamm der Sioux) teilgenommen hatte, sein Leben. Er wurde zusammen mit vielen seiner Pamunkey-Krieger erschlagen. Bei diesem Kampf war es darum gegangen, die Ricahecreans aus ihrer neuen Siedlung an den Wasserfällen des James River zu vertreiben. Diese Auseinandersetzung östlich von Richmond ging als „Battle of Bloody Run" („Schlacht von Bloody Run") und als blutigste Schlacht zwischen Indianern auf dem Boden von Virginia in die Geschichte der USA ein. Colonel Hill wurde später für seinen Mangel an Führung getadelt, musste persönlich für die Kosten der Schlacht aufkommen und wurde degradiert.

Irgendwann nach dem Tod von Totopotomoi erkannte die Kolonialregierung in Virginia dessen Witwe Cockacoeske als „Königin der Pamunkey" an. Ihre Herrschaft dauerte rund 30 Jahre. Nach dem Tod ihres indianischen Ehemannes Totopotomoi wurde der englische Lieutenant-Colonel John West (1632–1691) der Geliebte der „Königin der Pamunkey". Er war der

Sohn von Gouverneur John West (1590–1659), der Enkel von Gouverneur Thomas West, 2. Baron de La Warr (um 1556–1601/1602) sowie der Neffe von Gouverneur Thomas West, 3. Baron de La Warr (1577–1624), des Namensgebers für den US-Bundesstaat Delaware, den Delaware River und den Indianerstamm Delaware. John West diente von 1652 bis 1673 beim Militär. Ab 1662 war er Captain und ab 1667 Major. 1673 verließ er das Militär im Rang eines Lieutenant-Colonel.

Wann die Affäre von John West mit Cockacoeske begann, lässt sich heute nicht mehr genau feststellen. Aus der Verbindung zwischen Cockacoeske und West ging um 1656/1657 ein Sohn hervor, der ebenfalls den Namen John West erhielt. West hatte am 4. November 1654 die Engländerin Unity Croshaw (um 1636–1670) geheiratet. Unity war die Tochter des Majors Joseph Croshaw (1610–1667) aus Jamestown und die Enkelin von Captain Raleigh Croshaw (gestorben 1624), eines der Gründer vom Jamestown. Aus der Ehe von Unity und John sind fünf Kinder hervorgegangen: Nathaniel (1655–1724), Unity Susannah (geboren 1657). John III (geboren 1666), Anne (1669-1708) und Thomas (1670–1714).

Eine schwere Zeit erlebten Cockacoeske und John West wegen der von dem englischen Kolonisten und Tabakpflanzer Nathaniel Bacon (1647–1676) angeführten „Bacons Rebellion" (1676/1677). Dieser Aufstand richtete sich gegen den Gouverneur von Virginia, William Berkeley, und dessen indianerfreundliche Politik.

Es begann damit, dass die vertraglich nicht an die weißen Siedler in Virginia gebundenen Doeg-Indianer im Juli 1675 die Schweine des Plantagenbesitzers Thomas Mathews konfiszierten, weil jener seine Schulden nicht bezahlte. Als Mathews die Schweine mit Gewalt zurückholte, verloren Indianer ihr Leben. Dies führte zu einer blutigen Auseinandersetzung zwischen Indianern und Virginiern, in die ohne eigenes Verschulden die Susquehanna-Indianer gerieten. Als letztere nach Maryland zu den befreundeten Piscataway flohen, überschritt ein von Gouverneur Berkeley bevollmächtigter Trupp die Grenze ohne Erlaubnis der dortigen Regierung und rief zudem deren Heer zu Hilfe. Dann wurde das Fort der Piscataway belagert, in dem sich die Susquehanna aufhielten. Am 26. September 1675 ermordeten die Weißen fünf verhandlungsbereite Häuptlinge. Bei anschließenden Kämpfen entkamen die meisten Susquehanna. In der Folgezeit verübten die Susquehanna kurze Überfälle, um jeden der fünf ermordeten Häuptling durch zehn ermordete weiße Siedler zu rächen. Im Januar 1676 startete Gouverneur Berkeley erneut eine Strafexpedition gegen die Susquehanna, rief diese aber bald darauf wieder zurück. Der Grund: Die Susquehanna hatten erklärt, die Häuptlingsmorde seien nun gerächt und es würden keine weiteren Überfälle mehr erfolgen. Gouverneur Berkeley entschloss sich daraufhin zu einer zurückhaltenderen Politik gegenüber den Indianern. Nach einer Sondersitzung am 7. März 1676 in Jamestown beschloss man Folgendes: Einerseits sollten vertraglich gebundene

Stämme gegen die feindlichen Indianer Hilfe leisten. Andererseits sollte kein Feind ohne gesonderte Erlaubnis des Gouverneurs angegriffen werden.

Doch weiße Pflanzer im Süden von Virginia betrachteten die Märzbeschlüsse von 1676 als unzureichend, entschlossen sich zur aktiven Gegenwehr, lehnten eine Unterscheidung zwischen feindlichen und freundlichen Indianern ab und führten eigenmächtige Strafaktionen durch. Ohne Zustimmung des Gouverneurs wählten sie Nathaniel Bacon zu ihrem Anführer.

Weiße Rebellen griffen im Frühjahr 1676 auch die friedlichen Pamunkey an, töteten etliche von ihnen und nahmen Überlebende gefangen. Um ihr Leben zu retten, ließ Cockacoeske ihr Hab und Gut zurück und zog sich mit einem zehnjährigen Indianerjungen in den Sumpf „Dragon Swamp" zurück, wo sie fast verhungerte. Ihr Geliebter John West stand auf der Seite von Gouverneur Berkeley und geriet in die Gefangenschaft der Rebellen. Wie es ihm dabei ging, kann man nur erahnen.

Im Sommer 1676 erschien Cockacoeske mit ihrem etwa 20 Jahre alten Sohn John West an ihrer linken Seite und dem Dolmetscher John Smith an ihrer rechten Seite vor dem „Komitee für Indianische Angelegenheiten" („Committee on Indian Affairs") in Jamestown. Der Auftritt der prächtig geschmückten jungen „Königin der Pamunkey" war majestätisch. Sie trug einen Kopfschmuck aus Truthahnfedern und um die Stirn ein breites Band mit weißen und schwarzen Perlen, das wie ein Diadem wirkte. Ihre langen und schwarzen Haare waren geflochten und fielen auf ihren Rücken. Perlenschmuck zierte auch den Hals und die Arme. Über der Brust prangte ein Kupferkragen. Gesicht, Arme und Beine waren tätowiert, um ihren hohen Rang zu demonstrieren. Bekleidet war Cockacoeske mit einem befransten Umhang aus Hirschhaut. Wäre sie in traditioneller Aufmachung erschienen, hätte sie ihre Brüste unbedeckt gelassen.

Vom Komitee wurde Cockacoeske gefragt, wie viele ihrer Krieger sie aufbieten könne, um die Kolonie gegen feindliche Susquehannock-Indianer zu verteidigen. Die Königin war von diesem Ansinnen wenig begeistert, weil bis dahin bereits viele Pamunkey ihr Leben verloren hatten. Ihre Antwort mit teilweise hoher und schriller Stimme währte etwa 15 Minuten lang. Bei diesem Auftritt versprach sie aber letztlich doch Unterstützung beim Kampf. Sie erklärte zunächst sechs ihrer insgesamt 150 Krieger zur Verfügung zu stellen, erhöhte dann aber auf zwölf.

Nach einer Konferenz der Rebellen auf der „Middle Plantation" in Williamsburg ging Bacon erneut gegen die Indianer vor. Einen letzten Sieg gegen die Pamunkeys errang er am 7. September 1676. Danach kam es in Jamestown mit den Anhängern von Gouverneur Berkeley zum Kampf. Als seine letzten Gegner geflohen waren, ließ Bacon am 19. September 1676 Jamestown niederbrennen. Kurz danach erkrankte er an Ruhr und starb am 26. Oktober 1676. Bis Februar 1677 schlug der mit einer Armee zurückkehrende Gouverneur Berkeley die Rebellion mit außerordentlicher Härte zurück. Wegen seines unbarmherzigen Vorgehens beauftragte die englische Krone die „Royal Commission of Virginia" damit, die „Bacons Rebellion" zu untersuchen. Diese Untersuchung hatte die Ablösung von Berkeley zur Folge. Er kehrte nach England zurück und starb dort am 9. Juli 1677.

Im Februar 1677 bat Cockacoeske die Engländer in Virginia um Freilassung gefangengenommener Stammesmitglieder und um Rückgabe des Eigentums der Pamunkey. Die königlichen Kommissare beschlossen, Cockacoeske für ihre bemerkenswerte Treue zu den Engländern zu belohnen.

Am 29. Mai 1677, dem Geburtstag von König Karl II. von England (1630–1685), schlossen etliche indianische Stämme einen 21 Punkte umfassenden Friedensvertrag mit den Engländern. Als Erste unterschrieben Cockacoeske und ihr etwa 20 Jahre alter Sohn John West diesen so genannten „Vertrag von Middle Plantation" („Treaty of Middle Plantation") zwischen König Karl II. (Charles II.) und Anführern indianischer Stämme aus Virginia. Jener Vertrag wurde von folgenden indianischen Anführern unterzeichnet:

Königin Cockacoeske von den Pamunkey und Sohn Captain John West,
König der Notowayes,
König Peracuta von den Appomattux,
Königin der Wayonaoake,
König der Nanzem'd,
König Pattanochus von den Nansatiocoes, Nanzemunds und Portabacchoes,

Titelseite des Vertrages von 1677
(„Treaty of Middle Plantation")

König Shurenough von den Manakins,
König Mastegonoe von den Sappones,
Häuptling Tachapoake von den Sappones,
Häuptling Vnuntsquero von den Maherians,
Häuptling Horehonnah von den Maherians.
Laut Vertrag waren fortan etliche Stämme Vasallen der
„Königin der Pamunkey" und der englischen Krone.
Außerdem garantierte der Vertrag den Pamunkey und
Mattaponi Gebiete, für die sie Tribut zahlen mussten
und die später als Reservationen bezeichnet wurden.
Die Indianerreservationen der Pamunkey und der
Mattaponi sind die einzigen in Virginia und die zwei
ältesten in den USA. Erlaubt wurde den Indianern die
Jagd, der Fischfang und das Recht, Waffen zu tragen.
Anlässlich der Vertragsunterzeichnung erhielten die
Anführer Geschenke und Abzeichen ihrer Autorität.
Cockacoeske bekam eine rote Samtkappe mit silbernem
Stirnschmuck („Pamunkey Fronlet"), der im Auftrag
von König Karl II. angefertigt wurde. Das so genannte
„Pamunkey Frontlet" ist eine vier Inches (etwa zehn
Zentimeter) breite und sechs Inches (rund 15 Zentimeter) lange und gravierte Medaille, die als Schmuck
an der Stirn oder am Hals getragen werden kann. In der
Literatur ist manchmal stattdessen von einer Silberkrone
die Rede.
Cockacoeske besaß großes diplomatisches Geschick
und unterhielt gute Beziehungen zu den weißen
englischen Kolonisten in Virginia. Ungeachtet dessen
gelang es ihr wegen mangelnder Zusammenarbeit
zwischen den Indianerstämmen nicht, als Anführerin

die alte Macht wie zu Zeiten ihres Großvaters Powhatan wieder herzustellen. Die Chickahominy und Rappahannock verweigerten ihr die Anerkennung als Anführerin und Tribut.

Im Sommer 1678 schrieb der Landbesitzer Cornelius Dabney (um 1631–um 1694) aus Virginia als Dolmetscher für Cockacoeske eine Beschwerdeliste an Colonel Francis Moryson (um 1601–1686) von der „Royal Commission of Virginia". Darin bekannte die „Königin der Pamunkey" ihre Loyalität gegenüber der englischen Krone und beklagte sich über Indianerstämme, die ihre Befehle missachteten.

Eltern von Cornelius Dabney waren Theodore D'Aubigne (1610–1700) und Dorothy Batts D'Aubigne (1603–1635). Cornelius Dabney bzw. Cornelius D'Aubigne könnte mit Cockacoeske verwandt gewesen sein. Nach Ansicht mancher Historiker stammte seine zweite Ehefrau Susanna (1643–1724), die er um 1664 heiratete, aus der Familie von Cockacoeske und Totopotomoi und war vielleicht deren Enkelin.

1685 repräsentierte Lieutenant-Colonel John West, der Geliebte von Cockacoeske, New Kent im „House of Burgess". Am 1. Juli 1686 teilte der Dolmetscher George Smith dem Rat des Gouverneurs mit, Cockacoeske seit vor einiger Zeit gestorben. John West starb fünf Jahre später 1691.

Nachfolgerin von Cockacoeske wurde ihre Nichte, die anfangs „Queen Betty" und später „Queen Ann" genannt wurde. In einer Petition an die Engländer in Virginia vom 22. Oktober 1701 ist von „Queen Betty" die Rede. In Dokumenten vom August 1706 und um 1710 dagegen wird „Queen Ann" erwähnt. Man vermutet heute, dass „Queen Betty" und „Queen Ann" identisch sind. Im November 1711 schickte „Queen Ann" ihren Sohn auf die „Indian school at the College of William and Mary". 1712 wurde „Queen Ann" letztmals auf einem Dokument erwähnt. Um 1723 ist „Queen Ann" gestorben.

Die Pamunkey bekamen nie eine großzügige Entschädigung für ihre militärische Unterstützung während der „Bacons Rebellion" von 1676/1677. Es trat sogar das Gegenteil ein: 1722 raubte man den Pamunkey mit Gewalt ihr Land. Knapp 100 Jahre später erhielten die Weißen auch das erwähnte silberne „Pamunkey Frontlet" zurück, das man einst Cockacoeske zum Dank für ihre Unterstützung geschenkt hatte. Das Original dieses Schmuckstückes wird in der Sammlung der „Society for the Preservation of Virginia Antiquities" in Richmond aufbewahrt. Eine Kopie davon befindet sich im „Pamunkey Indian Museum" in King William Country.

Von Cockacoeske, der „Königin der Pamunkey" wurde anscheinend von keinem Künstler zu ihren Lebzeiten ein Porträt angefertigt. Wenn man im Internet Bilder von Cockacoeske sucht, findet man lediglich Porträts aus der Gegenwart.

Die Pamunkey sind heute – neben den Powhatan – einer von nur noch zwei existierenden Stämmen in Virginia, die einst zur 31 Stämme umfassenden Powhatan-Konföderation gehört hatten. Sie leben in einer

Reservation am Pamunkey River im King William County in Virginia und betreiben dort Jagd, Fischfang und Töpferei. Ihre Keramik besteht aus Ton, dem pulverisierte weiße Muscheln hinzugefügt werden. 1979 wurde in King William das „Pamunkey Indian Tribe Museum" eröffnet, in dem auch ein traditionelles Langhaus zu sehen ist.

Literatur

HEMBUS, Joe: Westerngeschichte 1540–1894. Chronologie, Mythologie, Filmographie, München 1981
INDIANER-WIKI
http://www.indianer-wiki.org/Indianer
ÖSER, Rudolf: 500 Indianerbiografien Nordamerikas: Eine biografische Enzyklopädie, Norderstedt 2005
PROBST, Ernst: Superfrauen aus dem Wilden Westen, München 2008
PROBST, Ernst: Pocahontas. Die Indianer-Prinzessin aus Virginia, München 2010
STAMMEL, H. J.: Indianer. Legende und Wirklichkeit von A–Z, München 1992
WEIPRECHT, Brigitte: Pocahontas und andere Töchter Manitous, Göttingen 1997
WIKIPEDIA: Cockacoeske
http://en.wikipedia.org/wiki/Cockacoeske
WIKIPEDIA: Queen Anne (Pamunkey Chief)
http://en.wikipedia.org/wiki/Queen_Anne_

(Pamunkey_chief
WIKIPEDIA Opechancanough
http://de.wikipedia.org/wiki/Opechancanough
WIKIPEDIA Powhatan http://de.wikipedia.org/wiki/
Powhatan

Kateri Tekakwitha (1656–1680),
Gemälde von Pater Claude Chauchetière (1645–1709)
zwischen 1682 und 1693

102

Katerí Tekakwitha

Die erste selige Indianerin in Nordamerika

Als erste nordamerikanische Indianerin, die selig-
gesprochen wurde, ging Kater˝Tekakwitha (1656–
1680), eigentlich Katerí Tekakwitha, in die Geschichte
der katholischen Kirche ein. Die tugendhafte junge Frau
vom wildesten und grausamsten Stamm der Irokesen,
den Móhawk, ließ sich nicht von ihrem christlichen
Glauben abbringen. Nach ihrem frühen Tod nannte man
sie die „Lilie der Móhawk".

Katerí Tekakwitha kam im April 1656 als erstes Kind
des Kriegshäuptlings Tsonitówa („Großer Biber") und
dessen Frau Kahónta („Wiese") in der Siedlung Ossernénon – heute Auriesville im US-Bundesstaat New York
(USA) – zur Welt. Der jetzige Ortsname Auriesville
beruht auf dem letzten Mohawk namens Auries, der
dort gelebt hatte.

Dort, wo einst das alte Ossernénon lag, befindet sich
heute eine große Wallfahrtskirche zu Ehren der drei
1930 heilig gesprochenen Männer, die einst an diesem
Ort von den Móhawk grausam gefoltert, als Sklaven
gehalten und ermordet wurden: René Goupil (1608–
1642), Isaak Jogues (1607–1646) und Jean de La Lande
(1620–1646).

René Goupil wurde am 29. September 1642 in
Ossernénon mit Tomahawkschlägen auf den Kopf
getötet, weil er einigen Kindern der Móhawk das

Kreuzzeichen auf die Stirn gemacht hatte. Er war am 3. August 1642 auf zwölf Kanus mit einer 40-köpfigen Reisegruppe von Québec zur Missionsstation Sainte-Marie-des-Hurons unterwegs gewesen und dabei von etwa 70 Móhawk überfallen worden. Einem Teil der Reisenden, darunter Húronen-Indianer, gelang die Flucht, andere verloren ihr Leben und 22 Personen gerieten in Gefangenschaft. Zu den Gefangenen gehörte der Huronen-Krieger Ahatsitari, der erst wenige Monate zuvor getauft worden war, der Chirurg René Goupil und der Missionar Isaak Jogues. Die Gefangenen wurden in drei Dörfern der Móhawk mit Ruten und Keulen geschlagen, man renkte ihnen die Hände aus, riss Fingernägel aus, hackte ihnen Finger ab und fügte ihnen mit brennenden Fackeln Brandwunden zu. Indianerkinder bewarfen die an Armen und Beinen gefesselten Gefangenen mit glühenden Holzstücken. Der Krieger Ahatsitari und zwei weitere Húronen starben einen langsamen und qualvollen Feuertod. Die am Leben gelassenen Gefangenen fristeten in Ossernénon ein trauriges Sklavendasein. Während der Gefangenschaft bei den Móhawk wurde der Chirurg Goupil vom Missionar Jogues in den Jesuitenorden aufgenommen. Nach dem Tod von Goupil hat man Jogues als Sklaven schuften lassen und drangsaliert. Erst nach 13-monatiger Sklaverei gelang holländischen Kalvinisten im rund 40 Meilen von Ossernénon entfernten „Fort Orange" die Befreiung von Jogues, dem damals das furchtbare Los drohte, langsam zu Tode verbrannt zu werden. Kommandant Arent van Corlaer (1619–1667) bewog Jogues, der von Móhawk mit ins Fort gebracht worden war, zur Flucht und half ihm dabei.

Trotz seiner leidvollen Erfahrungen reiste Jogues im Mai 1646 nach Ossernénon, um einen Friedensvertrag zwischen den Franzosen und den Móhawk, deren Sprache er gut beherrschte, auszuhandeln. Er kam am 5. Juni 1646 dort an, reiste am 16. Juni wieder ab und erreichte am 3. Juli wieder Québec. Im September 1646 reiste Jogues erneut nach Ossernénon, um weitere Details des Friedensvertrages zu regeln. Bevor er aufbrach, ahnte er seinen Tod und schrieb in einem Brief an einen Mitbruder, er werde wohl von dieser Mission nicht mehr zurückkehren. Auf dem Weg nach Ossernénon wurde Jogues von einigen Húronen und dem Förster Jean de La Lande begleitet. Unterwegs begegneten sie Irokesen, von denen sie hörten, ihr Stamm sei wieder auf Kriegspfad und wolle die Franzosen angreifen. Zudem machte man die Zauberkünste von Jogues für eine verheerende Missernte und eine todbringende Epidemie verantwortlich. Man betrachtete ihn wegen geistlicher Gewänder und Altargeschirr, das er bei einem früheren Besuch in einem Koffer zurückgelassen hatte, als Hexenmeister. Nach diesen bedrohlichen Informationen verließen die begleitenden Húronen mit einer Ausnahme Jogues und La Lande. Am 17. Oktober 1646 betrat Jogues mitsamt Begleitern wieder Ossernénon. Man überfiel Jogues sofort, nahm ihn gefangen, schlug ihn mit Fäusten und Knüppeln, schnitt ihm mit Messern Fleisch von Armen und vom Rücken, um zu sehen ob es von einem Zauberer stamme. Am nächsten Tag wurde Jogues mit einem Tomahawk erschlagen. Nach einem Fluchtversuch am Folgetag erlitt La Lande dasselbe traurige Schicksal. Die Köpfe der beiden Weißen steckte man auf Palisaden. Ihre Körper warf man in den Fluss. Erst im Juni 1647 wurde der Tod von Jogues und La Lande in Québec bekannt.

Ein Jahrzehnt nach dem Märtyrertod von Isaak Jogues und Jean La Lande kam in Ossernénon ein Mädchen zur Welt, das ganz und gar nicht seinen grausamen Stammesgenossen glich. Der Vater war ein heidnischer Móhawk, die Mutter eine christliche Algónkin. Weil das Mädchen geboren wurde, als die Sonne aufging, erhielt es den Kosenamen „Jorágode" („Sonnenschein"). Das Wort Móhawk soll „Menschenfresser" oder „Sie essen lebendes Fleisch" bedeuten. Ihnen wird nachgesagt, das Fleisch getöteter Feinde verzehrt zu haben. Die Móhawk selbst nannten sich allerdings Kanien'kehá:ka" („Leute vom Land des Feuersteins").

Bei den Irokesen, die sich selbst als Haudenosaunee („Leute des Langhauses" bezeichneten, gab die Mutter jeweils gleich nach der Geburt ihrem Kind einen Kosenamen. Dieser wurde bis zum siebten oder achten Lebensjahr beibehalten und dann durch einen peräsönlichen Namen ersetzt, den Mädchen gewöhnlich bis zum Tod trugen. Jungen dagegen wechselten den Namen erneut, wenn sie mit 17 oder 18 Jahren in den Kriegerstand traten.

Die Mutter von Jorágode gehörte einem Stamm der Algónkin an. Sie hatte mit ihren Eltern in einer Siedlung am Sankt-Lorenz-Strom in Kanada gewohnt. In früher

Jugend wurde sie zur Waise und danach von einer französischen Familie in Trois-Rivières (Neufrankreich) katholisch erzogen. Um 1653 geriet die etwa Zwölfjährige bei einem Überfall in die Gewalt der Móhawk. Fortan arbeitete sie als Sklavin im Haushalt des Kriegers, der sie gefangen genommen hatte. Im Alter von 19 Jahren wurde sie die Frau des jungen Häuptlings Tsónitowa. Ihren christlichen Glauben konnte sie nur heimlich praktizieren, weil die Móhawk die Franzosen und ihre katholischen Missionare hassten.

1658 schenkte die Mutter der etwa zweijährigen Jorágode einem Jungen das Leben. Das Mädchen fand seinen jüngeren Bruder nach seiner Geburt „süß". Deswegen bekam der Junge den Kosenamen „Otsikéta" („Zucker"). 1660 starben die Mutter, der Vater und der Bruder von Járagode an Pocken. Die Pocken grassierten oft unter den Indianern und rafften manchmal bis zu 90 Prozent der Stammesangehörigen hinweg. Auch die etwa vierjährige Járagode litt an dieser Krankheit, wurde jedoch von Anastasia Tegonhadsihóngo, einer christlichen Freundin ihrer Mutter, gesund gepflegt. Danach trug das Gesicht der Kleinen zahlreiche Pockennarben. Außerdem wurde sie stark kurzsichtig und so empfindlich gegen helles Sonnenlicht, dass sie im Freien ihr Kopftuch über die Stirn zog, um die Augen zu beschatten. Nach dem Tod ihrer Eltern lebte Járagode bei ihrem Onkel, dem Krieger Jowanéro („Kalter Wind"), der Karitha („Köchin"), die Schwester ihres Vaters, geheiratet hatte. Jowanéro, auch Atasàta oder Kryn genannt, wurde neuer Kriegshäuptling der Schildkrötensippe („Turtle Clan") der Móhawk und zog mit seiner Frau, seiner verwitweten Schwester Aróson („Eichhörnchen") und dem zwölfjährigen Waisenkind „Onída" („Mond") in Tsonitówas Langhaus.

Einige Monate nach dem Ende der Pockenepidemie verließen die Móhawk im Spätsommer 1660 Ossernénon. Derartige Umzüge erfolgten bei den Irokesen oft und meistens nach Missernten, Überschwemmungen oder Krankheiten. Etwa eine halbe Meile von Ossernénon entfernt lag jenseits eines Baches, den die Weißen als Auries bezeichneten, ein Hügel, der oben flach war und dessen nördliche Flanke steil zum Móhawk-Fluss abfiel. Holländer von Oranje hatten den Móhawk empfohlen auf einen benachbarten Hügel umzuziehen, wo frische Luft und ständiger Westwind eine Epidemie nicht so leicht entstehen ließen. Die neue Siedlung trug den Namen Gandaouagué (auch Gandawagué oder Ganawage genannt), zu deutsch „An den Wasserwirbeln", wie der Hügel, auf dem sie sich befand. Der Móhawk-Fluss brauste an dieser Stelle über Felsblöcke, die seinen Lauf einengten.

Im neuen Langhaus von Gandaouagué streckte die halb blinde Jarágode oft die Arme vor, um nicht anzustoßen, und tastete sich voran. Deswegen nannte ihr Stiefvater sie scherzhaft „Te ka kwithwa". Zu Deutsch heißt dies etwa „Die gegen Dinge stößt" oder „Die mit der Hand voraus geht". Nach ihrem siebten Geburtstag wurde Tekakwitha ihr endgültiger Name. Fortan übernahm sie immer mehr Arbeiten im Haushalt. Sie sammelte Brennholz, holte frisches Wasser von der Quelle, sammelte Beeren und Pilze, lernte kochen, flechten, weben und nähen.

Im September 1664 verloren die Holländer ihre Kolonie Neu-Niederlande in Nordamerika an die Engländer. Jakob Herzog von York und Albany (1633–1701) sowie Bruder des englischen Königs Karl II. (1630–1685), hatte eine Flotte von Kriegsschiffen in die „Neue Welt" geschickt, um die Kolonie Neu-Niederlande zu erobern. Der holländische Statthalter ergab sich, ohne Widerstand zu leisten. Denn seine Untertanen – friedliebende Bauern, Handwerker und Händler – waren nicht bereit, gegen die Eindringlinge einen Krieg zu führen. Die Kolonie Neu-Niederlande wurde dem Herzog von York und Albany zugesprochen. Nach ihm hat man die bisherige Hauptstadt Neu-Amsterdam als New York sowie die kleine Stadt und das Fort von Oranje am Hudson River als Albany bezeichnet. Für die Móhawk änderte sich nicht viel. Sie tauschten weiterhin mit den Holländern in Albany ihre Biberfelle gegen Schnaps, andere Waren und Feuerwaffen. Mit den Holländern und Engländern pflegten die Móhawk gute Beziehungen. Dagegen hassten sie die Weißen („Onserónni") in Kanada sowie die Húronen und Algónkin-Indianer und unternahmen immer wieder Kriegszüge an den Sankt-Lorenz-Strom. Dabei töteten sie ihre Feinde, nahmen Gefangene, die sie folterten, ermordeten oder als Sklaven hielten.

Im Oktober 1666 erlebte die ungefähr zehnjährige Tekakwitha die Strafexpedition französischer Truppen aus Kanada gegen die Móhawk. Der Grund:

Die Móhawk hatten den im Juni 1666 von den fünf Stämmen des Irokesenbundes – den Móhawk, Oneída („Volk des stehenden Steins"), Onondága („Volk auf den Hügeln"), Cayúga („Menschen der großen Sümpfe") und Séneca („Volk von den Felsen") – geschlossenen Frieden gebrochen. Sie hatten mehrere Franzosen während der Jagd überfallen, einen Hauptmann und zwei Soldaten getötet und die Überlebenden gefangengenommen.

Der Irokesenbund war etwa zwischen 1559 und 1570 nach verlustreichen Kriegen mit den Algónkin-Stämmen gegründet worden. Die Algónikin nannten sie Irinakhoiw oder kurz Iroqu („Klapperschlangen"). Mit dem französischen Suffix ois entstand die in der französischen und englischen Sprache gebräuchliche Bezeichnung Iroquois, zu deutsch „Irokesen".

An der Strafexpedition der Franzosen unter dem Befehl von General Alexandre de Prouville de Tracy (um 1596/1603–1670) gegen die Móhawk beteiligten sich rund 1.200 französische Soldaten. Die Móhawk flohen vor dieser Streitmacht in die Wälder. Ihre Felder wurden von den Franzosen geplündert und ihre verlassenen Siedlungen ohne Kampf und Blutvergießen vernichtet. 1667 schlossen die Móhawk mit den Franzosen wieder Frieden. Die Indianer mussten sich unterwerfen und katholische Missionare der Jesuiten in ihre Dörfer aufnehmen.

Im Dezember 1667 kamen die Patres Jacques Frémin (1628–1691), Jacques Bruyas (1635–1712) und Jean Pierron (1631–um 1700) in das Dorf Gandaouagué.

Jarágode musste für diese „Schwarzröcke" kochen, ihnen die Schüsseln mit dem Essen reichen, ihnen Wasser holen und darauf achten, dass das Feuer nicht ausging. Bald war sie von der Frömmigkeit und vom höflichen Umgang der Patres beeindruckt. Einer der drei Patres, nämlich Pierron, blieb länger und konnte sogar einige Indianer zum christlichen Glauben bekehren.

Von 1666 bis 1669 hatten sich die Irokesenstämme der mit ihnen verfeindeten Móhikaner zu erwehren, die sie vernichten wollten. Im Sommer 1669 griffen einige hundert Móhikaner die Siedlung Gandaouagué an, in der Tekakwitha lebte. Während der erbitterten Kämpfe halfen die 13-jährige Tekakwitha und andere indianische Mädchen dem medizinisch bewanderten Pater Pierron, Verwundete zu pflegen, Tote zu begraben sowie die Verteidiger mit Essen und Trinken zu versorgen.

Die angreifenden Móhikaner zogen nach vier Tagen wieder ab, weil den verteidigenden Móhawk in Gandaouagué immer mehr Krieger aus benachbarten Dörfern zu Hilfe eilten. Zudem neigte sich der Vorrat der Móhikaner an Kugeln und Pulver langsam zu Ende. Bei der Schlacht in der Waldschlucht von Kinakariónes (heute: Hoffmann, New York) besiegten die verfolgenden Móhawk die abziehenden Móhikaner. Eigentlich waren die etwa 300 Móhawk den rund 500 Móhikanern zahlenmäßig unterlegen, aber ihre Kampfeswut und Tapferkeit gaben den Ausschlag. Durch die Hand des Móhawk-Häuptlings Ganeagówa („Großer Móhawk") fiel auch der große Móhikaner-Häuptling „Chickatábutt (‚„Brennendes Haus").

Nach dem Sieg wurden in Gandaouagué zehn gefangene Móhikaner, darunter vier Frauen, die ihren Kriegern gefolgt waren, drei Tage lang gefoltert. Pater Pierron bat inständig um Schonung der Gefangenen, aber er stieß damit bei Häuptling Ganeagówa auf taube Ohren: Solange die Móhawk-Krieger den alten Göttern dienten, würden gefangene Feinde gefoltert und getötet, so verlange es die Sitte der roten Männer. Der Pater durfte mit den todgeweihten Móhikanern sprechen, sie trösten und ihnen die christliche Taufe spenden.

Männer, Frauen und Kinder der Móhawk sahen in Gandaouagué vergnügt zu, als die zehn Móhikaner furchtbare Qualen erdulden mussten. Die Marter begann jeweils gegen Mittag und zog sich bis zum Sonnenuntergang dahin, dann folgten andere „Vergnügen". Die Gefangenen lagen vor dem Langhaus des Rates auf hölzernen Plattformen. Ihre Hände und Füße hatte man an Pflöcke gebunden. Junge Móhawk-Krieger sorgten dafür, dass jeder Gefangene eine neue Qual durchlitt. Sie schnitten die Nase oder die Ohren ab, rissen mit Zangen Finger- und Zehennägel aus, brannten das Fleisch ihrer Opfer mit Fackeln und verbrühten deren Brust mit heißem Wasser.

Die sechs gefolterten Krieger der Móhikaner stöhnten und ächzten, klagten aber nicht. Dagegen schrien, weinten und jammerten die vier Móhikanerinnen. Anders als ihre übrigen Stammesgenossen weidete sich die 13 Jahre alte Tekakwitha nicht an den Qualen ihrer Feinde.

Sie kauerte in ihrer Unterkunft, empfand Mitleid mit den gequälten Móhikanern und weinte ihretwegen. Bei den Foltern am dritten Nachmittag starben die zehn Móhikaner durch einen tödlichen Schlag.

1671 hatte ein Ehestreit des Móhawk-Häuptlings Ganeagówa mit seiner christlichen Frau Satékon („Ebenmaß") in Gandaouagué ungeahnte Folgen. Die Beiden konnten sich nicht über die Erziehung ihrer Tochter einigen. Weil bei den Móhawk die Jungen und Mädchen im Kindesalter unter der Obhut ihrer Mutter standen, beharrte Satékon auf ihrem Recht. Frauen hatten bei den Clans der Móhawk einen großen Einfluss im sozialen Bereich. Erzürnt verließ Geneagówa seine Familie und jagte in den Wäldern. Nach etwa zwei Monaten gelangte er in das christliche Indianerdorf La Prairie am Sankt-Lorenz-Strom in Kanada. In diesem „Dorf des Gebetes" lebten katholische Húronen, Algónkin und Móhikaner friedlich zusammen. Dort kam Ganeagówa wieder zur Ruhe. Er beschloss, Christ zu werden, ließ sich nach einigen Monaten auf den Namen Josef Togwirui taufen und kehrte zu seiner Familie nach Gandaouagué zurück. Zwei Tage später reiste Ganeagówa mit seiner Frau und mehr als 30 christlichen Móhawk nach Kanada. Fortan war er Häuptling und Katechet in Caughnawaga. Er starb gegen Ende 1690 bei einem Überfall feindlicher Indianer auf seinen Jagdtrupp am Salmon River („Lachsfluss") im heutigen US-Bundesstaat Washington.

In Gandaouagué lebten in den 1670-er Jahren neben schätzungsweise 20 bis 30 christlichen Familien immer

Pater Jacques Lamberville (1641–um 1710),
Zeichnung eines unbekannten Künstlers

noch viele heidnische Móhawk. Diese verehrten zwar seit einigen Jahren nicht mehr öffentlich den Kriegsgott Aréskoi, folterten aber nach gewonnenen Kämpfen weiterhin ihre Gefangenen und töteten sie. In den Langhäusern der Heiden trieben Zauberer und Medizinmänner noch ihr Unwesen.

Obwohl sie sonst immer ihrem Onkel Jowanéro sowie ihren Tanten Karitha und Aróson gehorchte, wehrte sich Tekakwitha im heiratsfähigen Alter gegen den Wunsch ihrer Verwandten, zu heiraten. Als ihre Tanten ohne ihr Wissen den Eltern des jungen Kriegers Ojónkwire („Der Pfeil") sagten, Tekakwitha biete ihm die Ehe an, fiel sie nicht auf diese List herein: Sie rannte aus dem Haus davon, als sie überraschend mit dem Bewerber verkuppelt werden sollte. Damals war sie noch keine Christin und hatte mit keinem Missionar gesprochen.

In der Folgezeit behandelten die verärgerten Tanten Karitha und Aróson ihre Neffin Tekakwitha wie eine Sklavin. Sie luden ihr die schwersten Arbeiten auf, kritisierten sie oft als dumm, faul oder ungehorsam und bezichtigten sie, sie sei boshaft und gemein. Nach einigen Monaten gaben sie die Quälereien auf und hegten keine Heiratspläne mehr.

Im Frühjahr 1675 stürzte Tekakwitha und verletzte sich dabei schwer an einem Fuß. Als der Pater Jacques Lamberville (1641–um 1710) an ihrer Unterkunft vorbeiging, rief sie ihn herbei und erklärte ihm im Beisein zweier verdutzter älterer Squaws, sie wolle Christin werden. Der Geistliche antwortete, sobald ihr Fuß geheilt sei, könne sie zum Unterricht kommen. Drei

Wochen später teilte die inzwischen gesunde Tekakwitha ihrem Onkel Jowanéro ihre Absichten mit. Statt einer Antwort spuckte er verächtlich ins Feuer und rauchte seine Pfeife weiter.

Am nächsten Morgen besuchte Tekakwitha erstmals die Unterkunft der Mission. Acht Monate nach Beginn des Taufunterrichts wurde sie im Alter von 20 Jahren am Ostersonntag, 5. April 1676, zusammen mit zwei anderen Mädchen in der kleinen Kirche von Gandaouagué durch Pater Lamberville getauft. Hierfür hatte sie den Namen Catherine (Katharina) gewählt. Ihr Vorbild war die heilige Katharina von Siena (um 1347–1380), deren Lebensweise und strenge Askese sie nachahmte. In der Sprache der Irokesen hieß sie „Katerí". So sprachen sie die Missionare und die katholischen Stammesgenossen an, ihre heidnischen Verwandten dagegen vermieden das christliche Wort „Katerí".

Weil sie als Katholikin am Sonntag nicht auf dem Feld arbeiten durfte, erhielt Katerí an diesem Tag von ihren Verwandten nichts mehr zu essen. Für die Zeit, die sie an Wochentagen in der Kirche verbrachte, entzog man ihr einen Teil der täglichen Nahrung. Bald war Katerí abgemagert und oft erschöpft.

Ab Frühjahr 1677 wurde der Weg zur Kirche in Gandaouagué für Katerí immer mehr zur Qual. Oft bewarfen heidnische Stammesgenossen sie mit kleinen Steinen. Wiederholt verstellten ihr betrunkene Krieger den Weg, beschimpfen sie und drohten ihr mit der Faust oder dem Tomahawk. Freche Burschen forderten sie auf, mitzukommen und mit ihnen lieber Sex zu genießen als Gebete in der Kirche zu plappern. Wenn Katerí zur Kirche ging, rotteten sich Jungen und Mädchen zusammen, stellten sich vor sie, zogen ekelhafte Grimassen und spuckten vor ihr aus.

Im September 1677 stürzte ein wilder Krieger mit Kriegsbemalung in das Langhaus, in dem sich Katerí gerade allein aufhielt. Laut fluchend erhob er seinen Tomahawk wie zum tödlichen Schlag. Katerí wich vor dem unheimlichen Besucher nicht zurück und schrie auch nicht um Hilfe. Stattdessen schloss sie ihre Augenlider, kreuzte ihre Arme vor ihrer Brust und neigte ihr Haupt. Der sich rasend gebärdende Krieger, der sie offenbar „nur" erschrecken wollte, starrte sie entsetzt an, zauderte, senkte den Tomahawk und rannte aus dem Haus.

Nach diesem aufregenden Vorfall im Langhaus unternahm der Onkel Jowanéro nichts mehr, um Katerí vom Christentum abzubringen und wies deren Tanten Karitha und Aróson an, sie in Ruhe zu lassen. Von den Tanten wurde Katerí nun nicht mehr offen gequält, sondern heimtückisch verleumdet. Sie behaupteten, Katerí sei gemein, böswillig, frech und mache verheirateten Männern schöne Augen.

Das Leben bei den Móhawk in Gandaouagué war Katerí inzwischen so verleidet, dass sie in schlaflosen Nächten immer öfter an die im christlichen Gebetsdorf am Sankt-Lorenz-Strom friedlich zusammenlebenden Menschen dachte. 1676 hatte man das erwähnte christliche Indianerdorf La Prairie einige Meilen stromaufwärts nahe der Wirbel und Schnellen des Sankt-Lorenz-Stroms verlegt. Die Franzosen bezeichneten jenen Ort als Sault („Stromschnellen"). Dagegen sprachen die Indianer von Conawage („An den Wasserwirbeln") und die Weißen von Caughnawaga. Dort wirkten drei Jesuitenpatres als Seelsorger für etwa 300 Familien und für durchreisende Indianer. Im Dorf lebten „Algónkin, Húronen und Irokesen, von denen die meisten Móhawk waren. Die Aufsicht oblag vier Häuptlingen. Einer davon war der erwähnte Móhawk-Häuptling Josef Ganeagówa, der andere der Irokesen-Häuptling Ludwig Garonjáge („Himmel"), von den Weißen „Centre Chaude" („Gluthaufen") genannt.

Knapp ein Jahr nach ihrer Taufe flüchtete Tekakwitha im Juli 1677 mit Hilfe von drei christlichen Indianern (Häuptling Garonjáge und zwei Indianern namens Onas und Jakob) im Morgengrauen aus Gandaouagué. Ihr Onkel Jowanéro hielt sich bei einem holländischen Kaufmann in Skenedáde auf, als er erfuhr, dass Katerí verschwunden war. Er jagte erfolglos hinterher.

Nach dreiwöchiger Reise kam Katerí in der mehr als 200 Meilen (etwa 330 Kilometer) entfernten, nach dem heiligen Franz Xaver (1506–1552) benannten „Francis-Xavier-Mission" an den Sault-Saint-Louis-Stromschnellen (heute Lachine-Stromschnellen) am Sankt-Lorenz-Strom in Kanada an. Zum dortigen christlichen Indianerdorf Caughnawaga gehörten damals 22 Langhäuser, die von je zwei „Headman" der Huronen und Irokesen geführt wurden. Durch Zuzug gewannen die Móhawk bald zahlenmäßig ein Übergewicht.

In Caughnawaga wohnte Kateri in einem Langhaus zusammen mit dem Ehepaar Onas und Onida mit ihren zwei Kindern sowie mit ihrer erwähnten Freundin Anastasia Tegonhadsihóngo. Herrin und Mutter dieses Hauses war Anastasia.

Die christlichen Indianer von Caughnawaga gingen nach den Weihnachtsfeiern in die Wälder des südlichen Berglandes, wo die Wigwams der Adirondack-Indianer („Sie essen Bäume") lagen. Dort teilten sie sich in Gruppen auf und errichteten Lager. Die Männer jagten, fischten, teilten Fleisch und Felle. Die Frauen kochten, bearbeiteten Tierhäute, nähten, stickten und sangen.

Wenn die Arbeit im Winterlager getan war, wanderte Kateri allein in den Wald zu einem Schlupfwinkel unter großen Tannen. Dort schnitt sie ein Kreuz in den Stamm einer Tanne. Vor diesem Kreuz kniete sie im Schnee, betete etwa eine Stunde lang und achtete nicht auf die Kälte. Jene tägliche Gebetsübung erweckte bei einer eifersüchtigen Indianerfrau im Winterlager den Verdacht, Kateri treffe sich heimlich mit ihrem Mann. Letzterer war ein fröhlicher Mensch, der nach Ansicht seiner Gattin viel zu freundlich mit allen Squaws, darunter auch Kateri, umging.

Kurz vor dem Palmsonntag kehrten die christlichen Indianer aus dem Winterlager nach Caughnawaga zurück. Kateri wäre lieber im „Dorf des Gebetes" geblieben, um das tägliche Messopfer nicht zu verpassen.

Nach der Rückkehr ging die eifersüchtige Indianerfrau zu Pater Pierre Cholonec (1641–1723) und berichtete ihrem von ihrem Verdacht gegen Katerí. Der Pater sprach deswegen mit Katerí und diese klärte das Missverständnis auf. Sie habe im Wald mit jemand gesprochen, erklärte sie, aber nicht mit einem Menschen, sondern mit Gott.

Am letzten Sonntag im April 1678 traf Katerí unter einem großen Holzkreuz auf einem Hügel am Ufer des Sankt-Lorenz-Stroms die 28-jährige Oneida-Indianerin Thérèse Tegaiagonta. Deren Mann war zwei Jahre zuvor bei der Winterjagd am Ottawa-Fluss gestorben. Thérèse gehörte zeitweise dem Geheimbund des „Schwarzen Tanzes" an und war dem Alkohol und anderen Lastern verfallen gewesen. Nach einer Beichte hatte sie Gott eine Buße versprochen, aber noch nicht vollbracht. Deswegen bat Thérèse darum, Katerí soll ihr dabei helfen, die geplante Buße in Angriff zu nehmen.

Im Sommer 1678 fuhren Katerí und andere Indianerfrauen aus Caughnawaga in zwei Kanus auf dem Sankt-Lorenz-Strom hinab zur rund 1.000 Einwohner zählenden Siedlung Ville-Marie, wie Montreal damals hieß. Dort wollten die Frauen ihre Handarbeiten verkaufen. Anders als die übrigen Frauen gingen Katerí und Thérèse nicht sofort zum Marktplatz, sondern zum Hotel Dieu (Spital). Katerí hatte erfahren, dass dort weiße unverheiratete Frauen, die viel beteten, Kranke pflegten, Armen halfen und Kinder unterrichteten. Bei einer Führung im Spital hörte Katerí erstmals etwas über Klosterfrauen. Außerdem lernte sie, dass Frauen ebenso wie Patres auf die Ehe verzichten konnten.

Als sie in Caughnawaga mit Thérèse unter dem Holzkreuz am Flussufer saß, erklärte Katerí, sie wolle das Gelöbnis der Jungfräulichkeit ablegen, wie es die weißen Schwestern in Ville-Marie taten. Auch Thérèse war zu diesem Schritt bereit. Dass Katerí nicht heiraten wollte, bereitete ihren Freundinnen Onida und Anastasia große Sorgen. Katerí sei jetzt fast 23 Jahre alt, die meisten Indianermädchen heirateten bereits mit 18 bis 20 Jahren. Nur Pater Cholonec zeigte für die Haltung von Katerí gewisses Verständnis.

Zur nächsten Winterjagd kam Katerí nicht mit. Stattdessen blieb sie im Winter in Caughnawaga. Sie lebte allein im Haus, wo sie Gebete und Bußübungen verrichtete.

Nach den Vorstellungen der Jesuiten gehörten Jungfräulichkeit, religiöse Hingabe, Selbstkasteiung (Selbstzüchtigung) und Verzicht auf weltlichen Besitz, den man den Armen schenken sollte, zum Leben eines Heiligen. Hinzu musste noch Wunderwirksamkeit nach dem Tod kommen. In Caughnawaga stand allerdings nicht die freiwillige Armut im Vordergrund, sondern die Selbstkasteiung.

Gleich mehrere Frauen in Caughnawaga unterzogen sich freiwilligen Entbehrungen und Leiden um eines höheren Gutes willen. Weihnachten 1676 beispielsweise ging eine schwangere Frau auf den Friedhof und stellte sich im Schneetreiben nackt vor das dortige Kreuz. Beinahe wäre sie mitsamt ihrem un-

Katerí Tekakwitha (1656–1680),
Zeichnung eines unbekannten Künstlers von 1717

geborenen Kind ums Leben gekommen. Ihrem Vorbild folgten weitere Frauen, die neue Wege der Buße beschritten. Einige Frauen stürzten sich im Winter unter das Eis im Fluss. Eine Mutter tauchte sogar ihre sechsjährige Tochter im eiskalten Wasser unter, um diese für Sünden zu bestrafen, die sie später als Erwachsene begehen würde. Männer und Frauen in Caughnawaga geißelten sich mit Dornen, Stöcken und Brennnesseln. Manche fasteten fast ständig oder legten sich glühende Kohlen zwischen die Finger. Weitere selbstauferlegte Bußen waren, barfuß an winterlichen Prozessionen teilzunehmen, sich die Haare abzuschneiden oder sich zu verunstalten, um nicht heiraten zu müssen.

Kateri besuchte in Caughnawaga jeden Vormittag alte und kranke Stammesgenossen und kümmerte sich um sie. Sie brachte ein beliebtes Gericht der Indianer namens Sagamité mit. Dabei handelte es sich um einen heißen Brei aus gestoßenem Mais, der mit Bohnen und Fleischstücken vermischt und mit Fett übergossen wurde. Außerdem verschenkte Kateri selbst geangelte Fische und Brennholz, richtete das Lager her, holte frisches Wasser von der Quelle, wusch die alten und kranken Menschen und ölte ihnen das Haar ein.

Überdies praktizierte Kateri übertriebene Bußübungen. Ohne Wissen der Patres trug sie einen ledernen Bußgürtel mit kleinen kantigen Eisenstückchen, die ihr Schmerzen bereiteten. Außerdem litt sie fast immer unter Hunger. Nachmittags kniete sie stundenlang in der zeitweise eiskalten Kirche und betete.

Bei der Rückkehr von der Winterjagd Mitte März 1679 erschraken die Freundinnen und Freunde von Katerí beim Anblick von derem stark abgemagerten Körper. Diese lachte aber nur und meinte, sie sei kräftig genug. Danach arbeitete sie wieder fleißig im Wald, auf dem Feld und im Haus mit.

Am 25. März 1679, dem Fest Mariä Verkündigung, legte die 22-jährige Katerí Tekakwitha das Gelübde der ewigen Jungfräulichkeit ab. Sie war die erste Irokesin, die durch dieses Gelübde den Stand einer „Braut Christi" wählte. Ein anderes Indianermädchen namens Marie Thérèse Gannensagwas von den Seneca-Indianern legte 1684 das Gelübde der Jungfräulichkeit ab und wurde als erste Indianerin eine Klosterfrau.

Fortan lebte Katerí wie eine Nonne. Ihre schönen Kleider, Bänder, Gürtel und Mokassins verschenkte sie. Stattdessen trug sie eine schmucklose Garderobe. Von ihren Bußübungen wusste nur Therese Tegaiaguenta. Mit Therese und einer weiteren Freundin von den Huronen plante Katerí sogar, eine Gemeinschaft indianischer Schwestern auf der Île aux Héron, der Reiherinsel im Sankt-Lorenz-Strom, zu gründen. Doch ein Jesuitenpater riet von diesem Vorhaben ab.

Zeitweise dachte Katerí auch daran, sich ihre Haare abzuschneiden und ständig wie Nonnen einen Schleier zu tragen. Weil ihr dies dann aber doch als zu auffällig dünkte, verzichtete sie darauf.

Die bußwütigen Indianerfrauen Katerí und Therese fasteten, trugen Bußgürtel, setzten sich dünn bekleidet der Winterkälte aus, litten Durst im Sommer und geißelten sich heimlich im Wald mit Dornenzweigen, bis ihre Schultern bluteten. Einmal schlief Katerí drei Nächte hintereinander auf Dornen.

Täglich ging Katerí bereits morgens um vier Uhr zur Kirche. Tagsüber kümmerte sie sich – wie erwähnt – um Arme und Kranke. Mehrfach am Tag unterbrach sie ihre segensreiche Arbeit, um zu beten. Abends suchte sie wieder die Kirche auf und verließ sie erst zu vorgerückter Stunde.

Im Sommer 1679 erkrankte Katerí schwer, litt zwei Wochen unter starkem Fieber und schien fast dem Tode nahe. Thérèse hatte Angst, die Krankheit von Katerí könne durch das häufige Fasten entstanden sein. Mit Wissen von Katerí informierte Therese den Pater Cholonec über ihre Bußübungen, worauf jener diese verbot. Katerí erholte sich wieder. Kaum als sie gesund war, verrichtete sie ihre gewohnten Arbeiten und betete täglich fünf Mal in der Kirche. Auf Geißelungen verzichtete sie nun, legte aber „raue Zweige" in ihr Bett, weswegen ihr nachts jede Bewegung schmerzte.

Im Herbst 1679 fühlte sich Katerí immer erschöpft und litt ständig an leichtem Fieber. Ihre Gedanken kreisten immer mehr um ihren Tod und sie sehnte sich danach. Ihre einzige Sorge war, sie würde auf Erden zu wenig büßen und beten.

Im Winter 1679/1680 litt Katerí wiederholt an starkem Fieber und war bettlägerig. Deshalb nahm sie erneut nicht an der traditionellen Winterjagd teil. Von einer alten Frau wurde sie mit Sagamité und Wasser versorgt.

Kaum waren die Anfälle überwunden, unternahm Katerí wieder Besuche bei Alten und Kranken und führte Gebetsübungen in der Kirche durch. In dem kleinen Gotteshaus konnte sie aber nicht mehr frei knien, sondern musste sich an die Bank anlehnen. Als die Fastenzeit bevorstand, verstärkte sie ihre Buße. Barfuß ging sie auf dem Eis des zugefrorenen Sankt-Lorenz-Stroms umher und betete den Rosenkranz. Der Schmerz beim Frieren war als Opfer für die Bekehrung ihrer heidnischen Verwandten gedacht.

Einmal drückte sich die fanatische Katerí ein glühendes Holzscheit auf ihren rechten Fuß und erzeugte so – wie die Irokesen bei ihren Sklaven – ein Brandmal. Als ihre Freundin Anastasia Tegonhadsihóngo die große Brandblase auf dem Fuß von Katerí sah, fragte sie, was passiert sei. Katerí log, sie hätte sich nur am Kochfeuer gebrannt.

Im März 1860 litt Katerí wieder unter Fieber, musste das Bett hüten, hatte schlimme Schmerzen und starkes Kopfweh. In der Woche vor dem Palmsonntag war sie so schwach, dass sie sich nicht mehr aufrichten konnte. Jede Bewegung tat ihr furchtbar weh.

Ab Palmsonntag wachte in jeder Nacht ein weibliches Mitglied der frommen „Bruderschaft von der Heiligen Familie" am Krankenlager von Katerí. Am Montag der Karwoche wollte die unvernünftige Schwerkranke zu Ehren des Leidens von Jesus Christus fasten. Doch die alte Frau, die bereits an vielen Krankenlagern gewacht hatte, lehnte dies ab. Zum Fasten sei es jetzt zu spät, Katerí sei schon dem Ende nahe.

Am Dienstag der Karwoche fühlte sich Kateri so schwach und elend, dass man ihren Tod befürchtete. Pater Cholonec brachte ihr deswegen die „Heilige Kommunion".

Am Mittwoch der Karwoche gegen zehn Uhr vormittags erhielt Kateri die „Heilige Ölung". Zu dieser Zeremonie holte man ihre Freundin Therese vom Feld. Nach der „Letzten Ölung" küsste Kateri unter Tränen das Kreuz und flüsterte: „Jesus, ich liebe Dich!" Dann wurde sie bewusstlos.

Am 17. April 1680, einige Minuten nach drei Uhr nachmittags, zuckte das Gesicht von Kateri leicht und ihre Züge entspannten sich. Pater Cholonec unterbrach sein Gebet, beugte sich hinab und betrachtete Kateri eine Zeitlang aufmerksam. Schließlich stand er auf und erklärte: „Kateri ist eben gestorben".

Sofort nach dem Ableben der 24-jährigen Kateri Tekakwitha änderten sich langsam, aber merklich deren Gesichtszüge. In etwa zehn Minuten verschwanden alle Spuren ihres Leidens. Ihr Gesicht wirkte nun frisch und anziehend. Die unschönen Pockennarben waren nicht mehr zu sehen und ein süßer Geruch erfüllte den Raum. Ihr Gesicht hatte die frische hellbraune Farbe eines gesunden Indianerkindes. Um ihre Lippen spielte der Anflug eines Lächelns, wie man es zu Lebzeiten nie bei ihr gesehen hatte.

Nach dem Tod von Kateri stritten die Jesuitenpater vor Ort über den Verbleib ihrer Reliquien. Pater Claude Chauchetière (1645–1709) wollte ihren Leichnam in der Kirche beisetzen lassen. Dagegen trat Pater Pierre Cho-

Statue von Kateri Tekakwitha (1656–1680)
an der Außenseite der Basilika von Sainte-Annede-Beaupre
bei Québec in Kanada

lenec, der Leiter der Missionsstation von Caughnawaga, anfangs für eine Beisetzung auf dem Friedhof ein. Einen Tag nach ihrem Tod hat man Katerí am 18. April 1680 begraben. Die wundersame Veränderung ihres Aussehens, die von Hunderten von Augenzeugen beobachtet wurde, hielt bis zur Beerdigung an. Fünf Jahre später verlegte man das „Dorf des Gebetes" einige Kilometer stromaufwärts. Dabei wurden die Gebeine von Katerí mitgenommen. Sie befinden sich heute in der Kirche der „Móhaw-Reservation" von Caughnawaga in einer kostbaren Truhe und sind unter einem Glasdeckel sichtbar. An der Stelle, wo man Katerí begraben hatte, errichtete man wiederholt ein hohes Holzkreuz.

Pater Claude Chauchetière glaubte nach Visionen, den Tod einer Heiligen erlebt zu haben. Anastasia Tegonhadsihóngo und Thérèse Tegaiagonta berichteten, ihre tote Freundin Katerí Tekakwitha sei ihnen in Träumen erschienen. Anastasia beispielsweise sah Tekakwitha, wie diese mit einem leuchtenden Kreuz in der Hand vor ihrem Bett kniete.

Auch Wunder, zahlreiche Gebetserhörungen und Heilungen werden Katerí Tekakwitha zugeschrieben. Bereits kurz nach dem Tod hat man sie verehrt. 1683 soll ein an Katerí gerichtetes Gebet eine Gruppe von Jesuiten vor dem Tod während eines verheerenden Sturms bewahrt haben, bei dem die Missionskirche von Caughnawaga um die Männer zusammenbrach. 1693 heilte André Merliot eine Augenentzündung, indem er eine Novene an Katerí Tekakwitha richtete und mit einer Mixtur aus Wasser, Erde von ihrem Grab und Asche ihrer Kleider die Augen behandelte. 1696 beteuerte ein Kanoniker aus Québec, ein Bittgebet an Katerí habe ihn von einem Fieber und Durchfall befreit.

Der Jesuitenpater Claude Chauchetière zeichnete Katerí Tekakwitha nach ihrem Tod irgendwann zwischen 1682 und 1693 aus dem Gedächtnis. Dieses Bild hängt in der Sakristei der St.-Franz-Xavier-Kirche in der „Móhawk-Reservation" in Caughnawaga. In einem Brief bezeichnete Chauchetière 1694 seine Gemeinde als „Cathérines Stamm". Chauchetiére glaubte, Katerí habe ihn nach ihrem Tod mehrfach gerettet. Jean-Baptiste de La Croix de Chevrières de Saint-Vallier (1653–1727), der zweite Bischof von Montreal, bezeichnete Katerí 1688 als „Genoveva von Neufrankreich". Die heilige Genoveva (um 422–502) gilt als Schutzherrin von Paris. Sie erwies sich während schlimmer Zeiten im fünften Jahrhundert für die Bevölkerung von Lutetis, wie Paris damals hieß, als Retterin in höchster Not.

Der erwähnte Jesuitenmissionar Pierre Cholonec schrieb die Berichte von Personen, die Katerí Tekakwitha persönlich begegnet waren, am 27. August 1715 nieder. Pater Pierre-Francois Xavier des Charlevoix (1682–1761), meinte 1744, Katerí werde allgemein als „Patronin Kanadas" anerkannt.

Ab dem 19. Jahrhundert versuchten nordamerikanische Katholiken mehrfach, beim „Heiligen Stuhl" in Rom die Seligsprechung von Katerí Tekakwitha zu erreichen. 1880 wurde für Katerí ein Monument aus

Marmor in Form eines Sarkophags errichtet. Sein Sockel trägt in der Sprache der Móhawk die Inschrift: „Katerí Tekakwitha. April 17, 1680. Onkwe Onwe ke Katsitsiio Teiotsitsianekaron" („Katerí Tekakwitha, die schönste Blume, die unter den Indianern geblüht hat".)

1939 wurde eine Versammlung indianischer Katholiken gegründet, die seit 1940 „Tekakwitha Conference" heißt. Diese Versammlung setzte sich mit Gebeten und öffentlichen Aufrufen für die Seligsprechung von Katerí ein. Papst Pius XII. (1876–1958) erklärte am 3. Januar 1943, die Prüfung der Ritenkongregation in Rom habe die heroische Tugend von Katerí Tekakwitha ergeben und ihr gebühre der Titel „Ehrwürdige Dienerin Gottes". Papst Johannes Paul II. (1920–2005) sprach sie am 22. Juni 1980 selig. Im jenem Jahr gründete die „Tekakwitha Conference" ihr Zentrum in Great Falls im US-Bundesstaat Montana. Ab 1983 engagierte sich die „Tekakwitha Conference" international um die Heiligsprechung von Katerí. Am 15. September 1984 erklärte Papst Johannes Paul II. in Huronia (Kanada): „Die selige Katerí Tekakwitha steht vor uns als Symbol des Besten aus dem Erbe, das euch, den nordamerikanischen Indianern, gehört."

Der aus Österreich stammende Jesuit Franz Xaver Weiser (1901–1986), der seit 1938 in den USA lebte, schilderte das Leben und Werk von Katerí Tekakwitha in dem Buch „Das Mädchen der Mohawks", das in englischer und 1969 erstmals auch in deutscher Sprache erschien.

Papst Benedikt XVI. gab am 19. Dezember 2011 die Anerkennung eines Wunders durch die katholische Kirche bekannt, das sich 2006 ereignete hatte und auf die Anrufung der seligen Katerí Tekakwitha zurückgeführt wurde. Dabei handelte es sich um die Heilung des sechsjährigen indianischen Jungen Jake Finkbonner im US-Bundestaat Washington. Jake hatte sich 2006 beim Spielen mit einer schweren Krankheit namens „Nekrotisierende Faszilitis" infiziert. Diese Krankheit beginnt mit Schmerzen und Fieber. Innerhalb kurzer Zeit schwellen die betroffenen Stellen an und die Haut bekommt Blasen. Jake litt an einem fortschreitenden Absterben (Nekrose) der Gesichtshaut, die immer wieder operativ entfernt werden musste. Weil ihnen Ärzte mitgeteilt hatten, ihr Sohn werde wohl sterben, holten der Vater Donny Finkbonner und die Mutter Elsa einen Priester. Mit Gebeten riefen sie die selige Katerí Tekakwitha an, weil deren Pockennarben – laut Legende – nach ihrem Tod aus dem Gesicht verschwunden waren. Der Katerí-Kreis an der katholischen „Sant Joachim Church", der Reservatskirche außerhalb von Bellingham, und die „Assumption Catholic School", die Jake besucht hatte, führten Gebetssitzungen für den Jungen durch. Die Gebetskreise weiteten sich bis nach Denver (Colorado) und schließlich bis nach London und Israel aus. In Great Falls in Montana betete die Móhawk-Schwester und Vorsitzende der „Tekakwitha Conference", Kateri Mitchel, die ein halbes Jahrhundert zuvor den Namen Katerí als Ordensnamen gewählt hatte. Sie brachte eine Reliquie in Form eines Splitters eines Handknochens mit, der bei der letzten Exhumierung von Kateri Tekakwitha 1972 nach Montana gelangt war. Nach der Auflegung dieser Reliquie soll der kranke Junge gesund geworden sein. Mit diesem Wunder war eine wichtige Voraussetzung für die Ingangsetzung des Heiligsprechungsverfahrens erfüllt. Papst Benedikt XVI. sprach Katheri Tekakwitha am 21. Oktober 2012 auf dem Petersplatz in Rom heilig. Zur Heiligsprechung waren über 2.000 Indianer, überwiegend Móhawk, aus den USA und Kanada gekommen. Ihr Gedenktag in der Liturgie der römisch-katholischen Kirche ist der 17. April, in Amerika der 14. Juli.

Die Móhawk reagierten auf die Heiligsprechung einer der Ihren sehr unterschiedlich. Einem Artikel in der „New York Times" zufolge, waren einige Móhawk stolz, weil Kateri eine von ihnen war. Andere bezweifelten die Wahrheit ihrer Geschichte, wie sie von der Kirche geschildert wurde. Manche hofften, die Heiligsprechung werde die Spannungen zwischen katholischen und traditionellen Indianern lindern. Teilweise herrschte Begeisterung, dass die Kirche den ersten nordamerikanischen Indianer heiliggesprochen habe. Allerdings wünschte man sich, dass dies früher geschehen wäre. Ein traditioneller Móhawk meinte, die Heilige sei überwiegend in alter Tradition erzogen worden und deswegen sei ihre Spiritualität vom alten Glauben.

Die Gebeine von Kateri Tekakwitha werden heute in der Kirche der Móhawk-Reservation in Caughnawage in einer kostbaren Truhe mit einem Glasdeckel aufbewahrt. Sie sind das Ziel zahlreicher Gläubiger. Über Katerí Tekakwitha wurden bis zum Ende des 20. Jahrhunderts rund 50 Biografien in zehn Sprachen verfasst. Die nordamerikanische Geschichtswissenschaft, die sich mit dem Verhältnis von Frauen und Mission auseinandersetzte, ignorierte lange die Móhawk und Katerí Tekakwitha. An Katerí erinnern drei Heiligenschreine in den USA, die alljährlich von Tausenden Pilgern besucht werden, der „San Francisco Kateri Circle", das „Kateri Center" in Chicago sowie ein Krankenhaus und eine Schule in Caughnawaga.

Literatur

BUEHRLE, Marie C.: Kateri of the Móhawks, New York City 1962
KATERI TEKAKWITHA:
http://www.tekakwitha.org/biografie-eins.htm
http://www.tekakwitha.org/biografie-zwei.htm
KENTON, Edna (Herausgeber): The Indians of North America, New York City 1927
ÖUMENISCHES HEILIGENLEXIKON
http://www.heiligenlexikon.de/BiographienK/Katharina_Kateri_Tekakwitha.html
PROBST, Ernst: Superfrauen 2 – Religion, München 2014
SPIEGEL ONLINE: Vatikan ehrt Indianerin: Die heilige Lilie der Mohawk

http://www.spiegel.de/panorama/erste-indianerin-wird-heiliggesprochen-a-861224.html
WALWORTH, Ellen H.: League of the Hodenosauni or Iroquois, 2 Bände, New Haven 1954
WEISER, Franz Xaver: Das Mädchen der Mohawks. Die selige Kateri Tekakwitha, Stein am Rhein 1987
WALWORTH, Ellen H.: Kateri Tekakwitha, Buffalo 1893
WIKIPEDIA: Kateri Tekakwitha, http://de.wikipedia.org/wiki/Kateri_Tekakwitha

Bildquellen

Shoshonen-Indianerin Sacajawea (1787–1812),
Zeichnung von Antje Püpke, Berlin,
www.fixebilder.de

Sacajawea

Die indianische Volksheldin

Die einzige weibliche Teilnehmerin an der legendären „Lewis-und-Clark-Expedition" von 1804 bis 1806, die den fernen Wilden Westen erschloss, war die Shoshonen-Indianerin Sacajawea (um 1787–1812), nach anderer Schreibweise auch Sacagawea, Sahcahgahwea oder Sakakawea. Durch die Berichte über diese abenteuer-liche Forschungsreise wurde sie zu einer wahren Volksheldin und beliebten indianischen Folklorefigur. Vermutlich ist sie bereits 1812 in jungen Jahren und nicht erst 1884 im hohen Alter gestorben.

Sacajawea kam um 1787 als Tochter eines Häuptlings der Nördlichen Shoshonen zur Welt. Der Begriff „Sho-Sho-ni" bedeutete bei den Nachbarstämmen soviel wie „Grashüttenbewohner". Die von den Weißen geprägte Bezeichnung „Snake" („Schlangen") für die Shoshonen hat gar nichts mit Schlangen zu tun. Möglicherweise bezog sie sich auf die S-förmigen „Schlangenlinien" ihrer Zeichensprache, die einen schwimmenden Lachs symbolisierte.

Der Name Sacajawea heißt entweder „Vogelfrau" oder „Die Frau, die das Kanu zu Wasser bringt". Mit etwa 13 Jahren geriet sie 1800 oder 1801 bei einem der jährlichen Raub- und Jagdzüge, welche die Hidatsa-Indianer im Westen durchführten, in deren Gefangenschaft. Die

Hidatsa (auch Minitari genannt), ein Stamm der Sioux-Sprachfamilie, nahmen Sacajawea in ihr Dorf am Oberen Missouri in North Dakota mit.

Der französisch-kanadische Trapper und Pelzjäger Toussaint Charbonneau (1758/1767–1843) kaufte bald danach Sacajawea und eine andere gefangene Shoshonin namens „Otter Woman" von den Hidatsa und betrachtete sie als seine Ehefrauen. Charbonneau soll am 20. März 1767 in Bocherville (Quebec, Kanada) unweit von Montréal geboren worden sein. Nach anderen Angaben soll 1758 oder 1759 sein Geburtsjahr gewesen sein. Sein Geburtsort spielte bei Entdeckungsreisen und beim Pelzhandel eine Rolle.

Charbonneau arbeitete zeitweise als Pelzjäger für die „North West Company", eine Handelskompanie für Pelze in Kanada. Mitte der 1790-er Jahre nahm er an einer Expedition teil, bei welcher er angeblich unangenehm auffiel. Der ebenfalls für die „North West Company" tätige John Mcdonell schrieb über ihn am 30. Mai 1795 in sein Tagebuch: „Tousst. Charbonneau wurde von einer alten Saulteaux-Indianerin mit einer Ahle verletzt, als er ihre Tochter vergewaltigte – ein wohlverdientes Schicksal angesichts seiner Brutalität. Er konnte nur noch mit Schwierigkeiten gehen." Mcdonell kannte diese Geschichte, die sich am Lake Manitou in Kanada ereignete, allerdings nur vom Hörensagen, galt als sehr sittenstreng und hatte den Spitznamen „Der Priester". Es war also auch gut möglich, dass Charbonneau die junge Salteaux-Indianerin mit Worten und Geschenken verführen und nicht vergewaltigen wollte.

Vermutlich während seiner Tätigkeit für die „North West Company" gelangte Charbonneau erstmals in Siedlungen der Mandan-Indianer und Hidatsa-Indianer am Oberlauf des heutigen Missouri River im jetzigen North Dakota. Bei diesen Indianerstämmen ließ er sich nieder und arbeitete fortan auf eigene Rechnung für verschiedene Firmen als Fallensteller, Hilfsarbeiter und Dolmetscher für die Sprache der Hidatsa.

Am 30. April 1803 verkaufte der französische Kaiser Napoléon I. (1769–1821) für 15 Millionen US-Dollar das 2,1 Millionen Quadratkilometer große Louisiana-Territorium an die USA. Dieses riesige Gebiet erstreckte sich zwischen New Orleans im Süden und Kanada im Norden sowie zwischen dem Mississippi River im Osten und den Rocky Mountains im Westen. Pikanterweise hatte Napoléon I. die Kolonie Louisiana erst 1800 von Spanien mit der Auflage erworben, sie nicht an die USA zu verkaufen.

Dank dieser als „Louisiana Purchase" bezeichneten Transaktion wuchs das damalige Gebiet der USA um etwa 140 Prozent. Thomas Jefferson (1743–1826), der dritte Präsident der USA, erntete wegen des Erwerbs von Louisiana teilweise heftige Kritik. Zweifler aus den Nordoststaaten der USA betrachteten die Kaufsumme als viel zu hoch und das neue Gebiet als wertlos. Napoléon hätte allerdings das für den Handel des Südens ungemein wichtige New Orleans und das Recht auf freie Schifffahrt auf dem Mississippi River nicht verkauft, wenn er nicht auch den „wertlosen Nordwesten" losgeworden wäre. Aus jenem „öden Land" entstanden später das heutige Louisiana sowie Missouri, Arkansas, Iowa, Minnesota, Nord- und Süddakota, Nebraska, Oklahoma, der größte Teil von Kansas, Colorado, Wyoming und Montana.

Bereits einige Wochen nach diesem Landkauf ließ Präsident Jefferson den US-Kongress 2.500 US-Dollar bereitstellen, um intelligente Offiziere mit zehn oder zwölf Männern auszusenden, die das Land bis zum westlichen Ozean erkunden sollten. Wichtige Ziele waren die Suche nach einem schiffbaren Wasserweg vom Atlantik zum Pazifik, der beispielsweise den Handel mit China ermöglichen würde, die Gründung einer mächtigen Nation zwischen Atlantik und Pazifik sowie die Erforschung der Indianer, Tiere, Pflanzen und Geologie.

Jefferson ernannte Meriwether Lewis (1774–1809), der ab 1800 Captain bei der US-Armee und seit 1801 sein Privatsekretär war, zum Anführer der Expedition. Jefferson beschrieb ihn als furchtlos, klug und mit der Wildnis vertraut.

Im Frühsommer 1803 begann Lewis mit den Vorbereitungen der Forschungsreise zum Pazifik. Im Laufe der Zeit erhielt diese Expedition, die in die Geschichte der USA einging, verschiedene Namen. Zunächst sprach man von „Freiwilligen der Entdeckung des Westens", später von „Corps of Discovery" und zuletzt von der „Lewis-und-Clark-Expedition".

Jefferson schickte Lewis nach Philadelphia, wo man ihn in medizinischen Fragen, im Anfertigen von Landkarten, im Umgang mit Sextanten und weiteren Fertigkeiten

schulte. Die besten Wissenschaftler des Landes über-
nahmen die Ausbildung von Lewis. Der Arzt Benjamin
Rush (1745–1813) machte ihn mit Grundlagen der
Medizin vertraut. Der Astronom Andrew Ellicott (1754–
1820) brachte ihm die Navigation anhand der Stellung
der Sterne bei. Der Botanikprofessor Benjamin Smith
Barton (1766–1815) unterrichtete ihn, wie man Pflanzen
identifizierte und wissenschaftlich beschrieb. Während
dieser Zeit erwarb Lewis für 20-US-Dollar seinen Hund
„Seaman".
Am 19. Juni 1803 fragte Meriwether Lewis brieflich beim
ehemaligen Lieutenant William Clark (1770–1838), unter
dem er zeitweise bei der US-Armee im „Fort Greenville"
gedient hatte, an, ob dieser sich mit ihm das Kommando
bei der geplanten Expedition teilen wolle. Lewis schrieb
an Clark, es gäbe niemand auf Erden, mit dem er seine
Aufgabe mit gleicher Freude teilen würde wie mit ihm.
Zehn Tage später sagte Clark am 29. Juni 1803 dem
„lieben Merne" – so ein Spitzname von Meriwether
Lewis aus dessen Kinderzeit – per Brief zu. Er antwortete, es gäbe sonst niemand, mit dem er etwas Der-
artiges unternehmen noch es ernstlich in Betracht ziehen
würde. Ein weiterer Spitzname von Lewis war übrigens
„Meri".
Lewis und Clark gehörten angesehenen Pflanzerfamilien
im US-Bundesstaat Virginia an. Lewis stammte aus der
Locust Hill Plantation in Albemarle County und Clark
aus Caroline County (beide in Virginia).
Meriwether Lewis wurde am 18. August 1774 in Ivy,
etwa sieben Meilen (rund elf Kilometer) von Char-

Captain Meriwether Lewis (1774–1809),
einer der beiden Anführer
der „Lewis-und-Clark-Expedition".
Porträt des amerikanischen Malers
Charles Willson Peale (1741–1827) um 1807

Captain William Clark (1770–1838),
einer der beiden Anführer
der „Lewis-und-Clark-Expedition“.
Porträt des amerikanischen Malers
Charles Willson Peale (1741–1827) um 1810

lottesville, als Sohn von Lieutenant William Lewis und seiner Ehefrau Lucy Meriwether Lewis geboren. Sein Vater starb im November 1779, als er mit seinem Pferd in einen eiskalten Fluss stürzte. Damals war Meriwether erst fünf Jahre alt. Seine Mutter heiratete bereits sechs Monate später den Armee-Offizier Captain John Marks. Im Alter von zehn Jahren zog Meriwether mit seiner wohlhabenden Familie nach Georgia. Mit 13 schickte man Meriwether nach Virginia zurück. Fortan erhielt er bei Privatlehrern eine Ausbildung, die ihn darauf vorbereitete, die Plantage seines Vaters zu übernehmen. Wie seine Mutter interessierte sich auch Meriwether für Pflanzen.

Obwohl Meriwether Lewis und William Clark aus derselben Gegend in Virginia stammten, lernten sie sich erst in den frühen 1790-er Jahren als junge Männer kennen, als beide freiwillig in der Miliz dienten. 1794 befehligten Clark und Lewis eine Armee von 1.600 Landwehrmännern aus Kentucky und marschierten zum „Fort Defiance" am Great Miami River. Dort stießen sie zu General Anthony Wayne (1745–1796), genannt „Mad Anthony" („Verrückter Anthony"). Dessen einige hundert Männer zählende Westarmee sollte die von Indianern bedrohten weißen Siedler nördlich des Ohio River schützen. Trotz langer Verhandlungen zwischen Wayne und Häuptlingen kam kein Vertrag zustande, der die Ansiedlung von Weißen erlaubte. Stattdessen erfolgten immer wieder Überfälle der Indianer, bei denen Weiße skalpiert und ihre Siedlungen niedergebrannt wurden. Aus diesem Grund entschloss sich Wayne, die

Indianer zu vertreiben. In der „Schlacht von Fallen Timbers" im westlichen Ohio, an der auch Clark und Lewis teilnahmen, besiegte er am 20. August 1794 die Indianer. Einige Monate später unterzeichneten die Indianerstämme den Vertrag, den General Wayne anbot. Lewis gehörte auch einer Abteilung der Miliz an, welche 1794 die „Whiskey-Rebellion" in Pennsylvania niederschlagen sollte. Dabei handelte es sich um den Aufstand der Siedler im Tal des Monongahela River im Westen von Pennsylvania, die gegen eine Steuer auf Alkohol und alkoholische Getränke kämpften. 1795 ging Lewis zur regulären US-Armee und diente zeitweise unter seinem späteren Partner William Clark. Ab 1. Mai 1795 war Lewis Fähnrich, ab 3. März 1799 Lieutenant und ab 5. Dezember 1800 Captain.

Die Familien von Meriwether Lewis und von US-Präsident Thomas Jefferson kannten sich schon lange. Locust Hill, die Farm der Familie Lewis, und Monticello, die Farm von Jefferson, lagen nicht weit entfernt voneinander. Nach seiner Ernennung zum Privatsekretär von US-Präsident Jefferson im Jahre 1801 begegnete Lewis zahlreichen Politikern und anderen einflussreichen Persönlichkeiten.

William Clark stammte aus einer kinderreichen Familie mit schottischen Vorfahren. Er kam am 1. August 1770 bei Charlottesville in Virginia als neuntes von zehn Kindern und als sechster Sohn von John und Ann (Rogers) Clark zur Welt. Sein Geburtsort lag in derselben Region von Virginia, aus der auch US-Präsident Jefferson und Captain Lewis kamen. 1785 zog seine

Familie westwärts nach Louisville in Kentucky. Sein älterer Bruder George Rogers Clark (1752–1818) ging zur US-Armee und tat sich als Kämpfer im „Amerikanischen Unabhängigkeitskrieg" (1775–1783) gegen England und gegen Indianer hervor. George Rogers nahm mit 200 Männern nördlich des Ohio englische Festungen ein und den englischen Gouverneur General Henry Hamilton (um 1734–1796) gefangen. Hamilton trug den wenig schmeichelhaften Spitznamen „The Hair Buyer General" („General Haarkäufer"), weil er angeblich Indianern für jeden amerikanischen Skalp eine Prämie zahlte.

William Clark trat 1789 als 19-Jähriger zunächst in die Miliz von Kentucky und 1792 in die reguläre US-Armee ein, wo er ab 7. März 1792 den Rang eines Lieutenant bekleidete. Man teilte ihn dem Regiment des bereits erwähnten Generals Anthony Wayne zu, nach dem die Stadt Fort Wayne in Indiana und mehrere US-Countys benannt sind. Clark diente vier Jahre lang bei der US-Armee. Unter anderem kämpfte er am 20. August 1794 bei der erwähnten siegreichen „Schlacht von Fallen Timbers" gegen Indianer mit. Die indianischen Krieger gehörten zu einer Allianz von Anishinabe, Ottawa, Potawatomi, Shawnee, Lenni Lenape und Mingo, die von dem Kriegshäuptling der Shawnee namens Weyapiersenwah (um 1743–1810), genannt „Blue Jacket", und dem Lenni-Lenape-Oberhaupt Buckongahelas (1750–1805) angeführt wurde. Dabei handelte es sich um die bis dahin stärkste Kampfgruppe nordamerikanischer Indianer. Die Aufstände der Indianer zuvor waren vermutlich von den Engländern initiiert. 1796 verließ Clark die Armee und verbrachte danach die Zeit auf seinem Anwesen in Louisville oder auf Reisen. Lewis dagegen blieb noch einige Jahre bis 1801 beim Militär.

Meriwether Lewis und William Clark waren 1803 noch keine engen Freunde, schätzten sich aber einander sehr. Der einige Jahre ältere Clark machte damals wegen seiner militärischen Fähigkeiten auf Lewis einen großen Eindruck.

Dank einer stillschweigenden Übereinkunft zwischen Meriwether Lewis und William Clark sollten beide als Anführer der geplanten Expedition gleichberechtigt sein. Tatsächlich gab es zwischen ihnen in dieser Hinsicht keinerlei Probleme oder Rivalitäten. Vor Teilnehmern der Expedition sprachen sie sich jeweils als Captain an. Captain Lewis war etwas kleiner und schlanker als der mehr als sechs Fuß (über 1,80 Meter) große Clark. Er hatte braune Haare, die über der Stirn mit einer Spitze endeten, feine Gesichtzüge, dunkle, nachdenkliche Augen und eine markante Nase. Lewis galt als melancholischer Denker, war zurückhaltend, schweigsam, fleißig und freundlich.

Captain Clark überragte Lewis ein wenig, war kräftig gebaut und wirkte derb und ungeschliffen. Seine roten Haare hatten links einen Scheitel und endeten hinten in einem kurzen Zopf. Die Stirn war hoch und breit, die Nase gerade und das Kinn eckig. Mit seinen hellblauen Augen blickte er manchmal wild drein, lächelte aber öfter damit. Wegen seines klaren Profils und seiner präzisen Urteilskraft war Clark mehr ein Praktiker als Lewis. Trotz ihres unterschiedlichen Charakters verstanden sich Lewis und Clark sehr gut. Wo der Eine schwach war, war der Andere stark und umgekehrt. Bei ihren Untergebenen wussten sie sich Respekt und Gehorsam zu verschaffen, ohne deren Zuneigung zu verlieren. Beide waren streng, aber gerecht.

In Pittsburgh am Ohio River (Pennsylvania) ließ Captain Lewis im Sommer 1803 für die Expedition ein 55 Fuß (etwa 16,50 Meter) langes und 8 Fuß (rund 2,40 Meter) breites Kielboot mit Segel und Bänken für 22 Ruderer sowie zwei mehr als 40 Fuß (über 12 Meter) lange Pirogen bauen. Unter einer Piroge versteht man einen Einbaum, bei dem die Seitenwände durch aufgesetzte Planken erhöht sind. Eine der Pirogen malte man weiß an, die andere rot. Am 31. August 1803 war der Bau des Kielbootes, das den treffenden Namen „Experiment" erhielt, abgeschlossen. Lewis und elf weitere Männer unternahmen damit die erste größere Flussfahrt auf dem Ohio River.

Einen großen Teil der Ausrüstung kaufte Captain Lewis in Harpers Ferry (damals Virginia, heute West Virginia), dem Arsenal der US-Armee. Lewis erwarb fast 90 Kilogramm Trockensuppe, Feuerkessel, gut 450 Liter Whiskey, 15 Gewehre (Pennsylvania Rifles), 180 Kilogramm Blei, 90 Kilogramm Flintenpulver, Äxte, Messer, Angelhaken, weiße, rote und blaue Perlen, 288 Messing-Fingerhüte, einige Kilogramm Nähgarn, 4.600 Nähnadeln, Elfenbeinkämme, Armbänder, Messingknöpfe, Ringe, Rüschenhemden, Papier, Tintenpulver und Stifte.

Ein Teil dieser Artikel war als Tauschware für die Indianer vorgesehen.

Angelockt durch erhoffte spannende Abenteuer meldeten sich viele Freiwillige für die Expedition. Bei der Auswahl der Teilnehmer wurden unverheiratete, gesunde, ausdauernde und kräftige Männer, die nützliche Fähigkeiten als Soldat, Jäger, Schmied, Zimmermann oder Dolmetscher besaßen, bevorzugt. Außer Soldaten engagierte man auch Zivilisten. Diejenigen, welche die ganze Forschungsreise bis zum Pazifik und zurück mitmachen sollten, ordnete man der „Permanent Party" zu, die Restlichen der „Extra Party".

Clark nahm auch seinen großen und kräftigen schwarzen Sklaven York mit, den er nach dem Tod seines Vaters übernommen hatte. Vermutlich sind beide während ihrer Kindheit Spielkameraden gewesen. Auch der Vater, die Mutter Rose, die jüngere Schwester Rose und der jüngere Bruder Juba von York waren Sklaven der Familie Clark.

Im Gästehaus von William Clark in Louisville am Ohio River in Kentucky informierte Meriwether Lewis im Oktober 1803 die Teilnehmer der Expedition erstmals umfassend über die Route, das Ziel und die Gefahren der bevorstehenden Forschungsreise. Präsident Jefferson hatte darum gebeten, dass keine Einzelheiten vorzeitig öffentlich bekannt wurden. Danach unterschrieben alle Männer mit einer frisch in die Tinte getauchten Kielfeder ein amtliches Dokument, auf dem sie ihre Teilnahme erklärten. Keiner ließ sich seine Entlassungspapiere aushändigen. Lewis und Clark schüttelten jedem neuen

Freiwilligen die Hand. Die Freiwilligen hatten auch zugestimmt, dass sie militärischer Disziplin unterstanden, jeden Befehl der Captains befolgen mussten und bei Verstößen dagegen nach dem Militärgesetz bestraft werden sollten. Freiwillige, die keine Soldaten waren, bekamen ein Handgeld. Jeder Teilnehmer erhielt sechs Monate Sold im voraus. Wer es wünschte, konnte unmittelbar nach der Expedition aus dem Dienst entlassen werden und seinen restlichen Sold sowie ein Stück Land erhalten.

Am 26. Oktober 1803 brachen die Captains Lewis und Clark mitsamt dem Kern ihres Expeditionsteams in Clarksville (Indiana) mit dem Kielboot „Experiment" und zwei großen Pirogen zu ihrer Forschungsreise auf. Clarksville befindet sich – durch den Grenzfluss Ohio River getrennt – gegenüber von Louisville (Kentucky). Anfangs fuhr man auf dem Ohio River mit Hilfe von Ruder und Segel täglich etwa 40 bis 50 Meilen (rund 64 bis 80 Kilometer) weit. Als man auf dem Missouri River ankam, wo Gegenwinde herrschten, schaffte man gelegentlich nur noch weniger als 20 Meilen (32 Kilometer).

Nach der Ankunft in Saint Louis, damals ein Nest mit zwei Straßen und schätzungsweise 180 Wohnhäusern, gab es eine böse Überraschung für die Expedition. Der aus Frankreich stammende spanische Kommandant und Gouverneur Don Carlos de Hault de Lassus (1767–1843) wusste in der zweiten Septemberhälfte 1804 noch nicht, dass Spanien das ganze Louisiana-Territorium an Frankreich übergeben und dass Frankreich dieses

Gebiet an Amerika verkauft hatte. Davon erfuhr er erst durch einen Brief von US-Präsident Thomas Jefferson, den ihm Captain Lewis bei einem Empfang im Regierungsgebäude in Saint Louis vorgelegt hatte. Weil er die Order hatte, nur spanische und französische Schiffe dürften Saint Louis passieren, verbot de Lassus der amerikanischen Expedition die Weiterreise auf dem Missouri River. Der spanische Gouverneur in Saint Louis wollte sich von spanischen Beamten in New Orleans den Besitzwechsel des Louisiana-Territoriums an Amerika bestätigen lassen. In der Zwischenzeit könnten die Forschungsreisenden ein Lager errichten.

Einige Tage später wählte die Expedition mehr als eine Meile (über 1,6 Kilometer) von Saint Louis entfernt, dort wo der Dubois River (heute Wood River) von Osten in den Mississippi River mündet, einen Platz für ein Lager aus. Dieses Basislager bezeichnete man als „Camp Dubois" (auch „Camp River Dubois") oder „Camp Wood" („Camp River Wood"). Es befand sich unweit der Mündung des Missouri River in den Mississippi River.

Am 20. Dezember 1803 ergriffen die USA offiziell Besitz vom unteren Teil von Louisiana („Upper Louisiana"). Im Februar 1804 verhielten sich in „Camp Dubois" vier Soldaten – John Colter, John Boley, John Robertson und Peter Weiser – undiszipliniert. Sie missachteten den Befehl von Sergeant Ordway, ein Lokal zu besuchen und sich zu betrinken. Als Captain Lewis von der Feier am 10. März 1804 für die Aufnahme von „Upper Louisiana" in die USA aus Saint Louis zurückkehrte,

Bild auf Seite 153:

Abbildung „Captain Clark & his men
building a line of Huts"
aus dem 1807 erstmals erschienenen Werk:
„A Journal of the Voyages and Travels of a Corps
of Discovery under the Command of Capt. Lewis
and Capt. Clarke of the Army of the United States,
from the Mouth of the River Missouri
Through the Interior Parts of North America,
to the Pacific Ocean During the Years 1804,
1805, & 1806"
von Patrick Gass (1771–1870)

Captain Clark & his men building a line of Huts.

153

warnte er die Straftäter, die Anordnungen eines Sergeanten seien ebenso gültig wie die eines Captains. Danach
durften die vier Übeltäter zehn Tage lang nicht das Camp
verlassen. Boley und Robertson gehörten nur kurze Zeit
dem Team an.

Ende April 1804 erhielten der spanische Gouverneur
de Lassus und Captain Lewis die Nachricht, die USA
hätten auch den oberen Teil von Louisiana übernommen. Am 9. Mai 1804 überreichte der spanische
Kommandant de Lassus an Captain Lewis, der von US-
Präsident Jefferson als sein offizieller Vertreter ernannt
wurde, die Schlüssel zu den Befestigungen von Saint
Louis. An der Übergabezeremonie nahm auch Captain
Amos Stoddard (1762–1813), Kommandant der amerikanischen Garnison in Cohaki (Illinois), an der Spitze
seiner Truppen teil.

Eine Gruppe von mehr als 30 Männern unter Führung
von Captain William Clark brach am 14. Mai 1804 in
„Camp Dubois" mit dem Kielboot „Experiment" und
zwei Pirogen zur geplanten langen Reise zum Pazifik
und zurück auf. Diese Gruppe, zu der später noch
Captain Lewis und einige Männer stießen, fuhr den
Missouri River aufwärts gegen die Strömung. Das
Kielboot wurde von zwölf Männern gerudert.

Am 16. Mai 1804 kam die Expedition nach Saint Charles,
etwa 30 Kilometer nordwestlich von Saint Louis
entfernt. In diesem 450 Einwohner zählenden Ort, der
damals eine der letzten weißen Siedlungen am Missouri
River war, erhielt am 14. Mai 1804 der Soldat John Collins 50 Peitschenhiebe auf den nackten Rücken. Zu

154

dieser schmerzhaften Strafe wurde er wegen verschiedener Verstöße verurteilt. Er war unerlaubt abwesend gewesen, hatte sich am Abend des 16. Mai 1804 bei einem Ball in Saint Charles in ungehöriger Weise benommen und Befehle seiner Vorgesetzten im Camp missachtet. Die Gruppe von Clark traf sich am 21. Mai 1804 mit dem auf dem Landweg aus Saint Louis anreisenden Captain Meriwether Lewis in Saint Charles. Dort nahmen die Captains an einem Essen mit gutsituierten Bürgern teil. Einer der Gäste war der in Frankreich geborene David Delaunay, der 1827 mit sechs Osage-Indianern nach Europa reiste und sie dort auftreten ließ.

Nach der Abfahrt mit ihren drei Booten aus Saint Charles folgten über 40 Männer dem Missouri River westwärts durch die Gegend der heutigen Städte Kansas City und Omaha. Außer der schweren Ausrüstung wurden 21 wasserdichte Säcke mit Geschenken für Indianer transportiert. Nach etwa 60 Meilen Fahrt passierte man den kleinen Ort La Charette mit sieben Häusern. Dies war die letzte weiße Siedlung am Missouri River.

Tagsüber ging Captain Lewis häufig am Flussufer zu Fuß, wobei er Pflanzen und Tiere studierte. Seine Erkenntnisse über die Natur, Geologie, Geographie, Indianerstämme sowie seine Einschätzungen für die Errichtung von Militär- und Handels-Stützpunkten notierte er in Tagebüchern und Berichten.

Beinahe wäre die Expedition für Lewis bereits nach zwei Tagen zu Ende gewesen. Als er mutig auf einem Felskliff

Bild auf Seite 157

Kielboot „Experiment" am Flussufer.
Gemälde von Janis Lang,
Abdruck mit freundlicher Genehmigung
des United States Department of Agriculture (USDA) –
Natural Resources Conservation Service,
Lincoln, Nebraska

156

etwa 90 Meter über dem Missouri River herumkletterte, stürzte er ab, konnte sich aber nach ungefähr sechs Metern wieder fangen. Am Tag darauf kenterte eine Piroge fast in der reißenden Strömung. Doch einige Männer sprangen in den Fluss und zogen die wild tanzende Piroge ins flache Wasser.

Captain Clark kommandierte die Männer auf dem Kielboot sowie den beiden Pirogen und fertigte Landkarten an. Lewis und Clark führten seit ihrem Zusammentreffen im Jahr zuvor Tagebücher, in denen sie die wichtigsten Ereignisse der Expedition notierten. Während der Fahrt kamen wissenschaftliche Beschreibungen, Berichte über Entdeckungen und Karten hinzu.

US-Präsident Jefferson hatte Lewis und Clark damit beauftragt, von Beginn an alles Bemerkenswerte ihrer Expedition aufzuzeichnen: Tiere, Pflanzen, Begegnungen mit Indianern sowie deren Sprache und Lebensverhältnisse, geographische Besonderheiten der Wegstrecke wie Flussmündungen, Stromschnellen oder Inseln. Der umsichtige Jefferson wünschte, für die Aufzeichnungen solle Birkenpapier verwendet werden, weil jenes nicht so anfällig gegen Feuchtigkeit war als gewöhnliches Papier. Außerdem ordnete er an, die wertvollen Informationen sollten noch während der Reise kopiert werden, um etwaigen Verlust möglichst auszuschließen.

Obwohl Jefferson ein universell gebildeter Mann war und viel Literatur über das riesige, unbekannte Land im Westen besaß, unterlag er einigen Irrtümern über das Louisiana-Territorium.

Beispielsweise glaubte er, die Blue Ridge Mountains in seiner Heimat Virginia im Osten der USA mit dem 2.037 Meter hohen Mount Mitchel als höchstem Berg seien das höchste Gebirge in Nordamerika. Denn Jefferson wusste über die Rocky Mountains (deutsch: „Felsengebirge") mit dem 4.401 Meter hohen Mount Elbert in Colorado im Westen der USA noch nichts Genaues. Jefferson vermutete auch irrtümlich, Lewis und Clark würden am Oberlauf des Missouri River auf einen etwa eine Meile (1,6 Kilometer) langen Berg aus reinem Salz stoßen. Andere Amerikaner spekulierten damals, in Wäldern des Louisiana-Territoriums existiere ein jüdisches Indianervolk, bei dem es sich um einen der verlorenen Stämme des Volkes Israel handle. Weit verbreitet war zudem die Annahme, es gäbe eine Wasserverbindung zur Westküste der USA.

Die Fahrt gegen die Strömung auf dem Missouri River erwies sich für die Teilnehmer der Expedition oft als große Strapaze. Selten bot sich eine Gelegenheit, das Segel zu setzen. Meistens mussten die Männer rudern oder ihre Wasserfahrzeuge mit Seilen aus Hanf oder Hirschleder ziehen. Wiederholt riss ein Zugseil, wenn die zeitweise starke Strömung oder eine heftige Windböe ein Wasserfahrzeug zur Seite drückte. Außerdem bereiteten Klippen, Sandbänke, Stromschnellen und Baumstämme allerlei Probleme. Pro Tag kam man umgerechnet etwa 20 bis 30 Kilometer voran.

Die Teilnehmer der Expedition hatten auch zunehmend gesundheitliche Probleme. Sie litten an Durchfall, wegen einseitiger Ernährung (viel parasitenverseuchtes Fleisch von Wildtieren, wenig Gemüse oder Obst) an Skorbut sowie an Eitergeschwüren und Furunkeln. Zecken und Stechfliegen waren eine Plage. Teilweise waren Mückenschwärme so dicht, dass Insekten in den Augen, Nasenlöchern, Ohren und in der Kehle klebten.

Gelegentlich machte mangelnde Disziplin des wilden Haufens der Expeditionsteilnehmer den Captains Lewis und Clark zu schaffen. Das war beispielsweise am 29. Juni 1804 der Fall. An jenem Tag musste ein Kriegsgericht einberufen werden, um zwei Soldaten zu verurteilen, die sich nachts heimlich am Whiskey-Fass zu schaffen gemacht und Alkohol getrunken hatten. Der Soldat John Collins büßte hierfür mit 100 Peitschenhieben, der von ihm überredete Soldat Hugh Hall mit 50.

Anfang Juli 1804 hatte die Expedition in der Gegend des heutigen Council Bluff („Beratungsklippe") in Ohio erstmals Kontakt mit fremden Indianern. Den „Independence Day" (Unabhängigkeitstag) am 4. Juli feierte man mit Kanonenschüssen und einer Extraration Whiskey. Ein Fluss nahe des heutigen Atchinson (Kansas) erhielt den Namen „Independence Creek".

Dort, wo heute Omaha in Nebraska liegt, hielt die Expedition am 3. August 1804 eine Versammlung mit sechs Häuptlingen der Omaha-Indianer („Jene, die durch den Wind gehen") und Oto-Indianer („Die Wollüstlinge") sowie deren Gefolge ab. Das Treffen fand unter dem Großsegel des Kielschiffes statt, das man zum Schutz gegen die Sonne zwischen Bäumen aufgespannt hatte. Bei dieser Zusammenkunft verschenkten die Forschungsreisenden an ihre indianischen

Gäste unter anderem Friedensmedaillen und US-Flaggen mit 15 Sternen (für jeden US-Staat ein Stern). Außerdem paradierten die weißen Männer und führten einen Magneten, Kompass, ein Fernglas und Gewehr von Captain Lewis vor. Ähnliches geschah auch bei künftigen Versammlungen mit Indianern.

Vier Expeditionsmitglieder kehrten am 4. August 1804 zum Dorf der Oto-Indianer zurück, um Liberté und den Soldaten Moses B. Reed, der angeblich sein verlorenes Messer suchen wollte, zurückzuholen. Doch die beiden verschwundenen Männer befanden sich nicht im Indianerdorf.

Einige Tage später kam der Häuptling „Big Horse" nackt in das Lager der Expedition, um zu demonstrieren, wie arm er sei. Für ein Bündnis mit den Weißen forderte er statt Friedensmedaillen einen Löffel Whiskey. Ein anderer Häuptling beschwerte sich, er habe fünf Friedensmedaillen erhalten, aber er wolle fünf Pulverfässer. Doch die Expedition war nicht bereit, ihr Pulver zu verschenken.

Am 15. August 1804 kehrten die vier Expeditionsmitglieder, die – wie erwähnt – zwei verschwundene Männer gesucht hatten, mit dem desertierten Soldaten Moses B. Reed zurück. Sie hatten auch Liberté, einen finsteren und unzufriedenen Mann, gefangen genommen, aber dieser war ihnen während der zweiten Nacht wieder entwischt. Danach hörte man nie wieder etwas von Liberté. Reed wurde am 18. August 1804 wegen Desertation und Waffendiebstahl zum Spießrutenlaufen verurteilt. Er musste vier Mal durch die

Bild auf Seite 163:

Abbildung „Captain Lewis & Clark
holding a Council with the Indians"
aus dem 1807 erstmals erschienenen Werk:
„A Journal of the Voyages and Travels of a Corps
of Discovery under the Command of Capt. Lewis
and Capt. Clarke of the Army of the United States,
from the Mouth of the River Missouri
Through the Interior Parts of North America,
to the Pacific Ocean During the Years 1804,
1805, & 1806"
von Patrick Gass (1771–1870)

162

Captains Lewis & Clark holding a Council with the Indians   Page 17

163

Gasse seiner Kameraden laufen, von denen ihn jeder schlagen musste.

Der erste und einzige Todesfall eines Teilnehmers der Expedition sowie der erste Tod eines US-Soldaten westlich des Mississippi River war am 20. August 1804 zu beklagen. An jenem Tag starb der erst 22 Jahre alte Sergeant Charles Floyd am Missouri River – nach heutiger Auffassung – wahrscheinlich an einer Blinddarmentzündung. Die Captains Lewis und Clark hatten irrtümlich eine Gallenkolik als Todesursache vermutet.

Floyd wurde auf einem felsigen Höhenzug über dem Missouri River begraben. An ihn erinnert der kleine Fluss Floyd River, der etwa eine Meile stromabwärts von seinem Sterbeort in den Missouri River mündet. Ein rund 30 Meter hoher Obelisk markiert heute das Grab von Floyd bei Sioux City im US-Bundesstaat Iowa. In der Gegend des heutigen Yankton (South Dakota) hielt die Expedition eine Versammlung mit friedlichen Yankton Sioux-Indianern ab. Laut einer Legende wickelte Captain Lewis damals ein neugeborenes Indianerkind in eine US-Flagge ein und erklärte es als Amerikaner.

Anfang September 1804 traf die Expedition in den Great Plains („Große Ebenen") im heutigen South Dakota ein. Dort gelang die Entdeckung von bis dahin für die weißen Amerikaner unbekannten Pflanzen und Tieren, beispielsweise Antilopen und Präriehunde *(Cynomys)*, eine Gattung der Erdhörnchen. Der Name Präriehunde beruht auf dem Lebensraum und dem Warnruf dieser Tiere, der dem Bellen eines Hundes ähnelt. Außerdem stieß man auf unbekannte Indianer-stämme. Die weite Landschaft erschien den Expeditionsteilnehmern wie der Eintritt in das Paradies mit schier unerschöpflichen Nahrungsquellen wie Bisons, Hirschen und Bibern.

Unerfreulich verlief ab 25. September 1804 eine mehrtägige Begegnung der Expedition mit Teton Sioux-Indianern beim heutigen Pierre in South Dakota. Zwei Indianer stahlen den Fields-Brüdern ein Pferd, mit dem sie vier erlegte Elche befördern wollten. Friedlich verlief eine Beratung der Expedition, bei der die Weißen dem Oberhäuptling „Black Buffalo" („Schwarzer Büffel") einen mit Tressen besetzten Soldatenmantel, einen Dreispitzhut, eine Feder und eine US-Flagge schenkten. Bei einer Führung von drei Häuptlingen auf dem Kielboot überreichte man jedem von ihnen ein Viertelglas Whiskey, was wohl ein Fehler war. Denn nun wollten die drei Häuptlinge nicht mehr gehen. Als man sie doch mit einer Barke ans Ufer ruderte, packten zwei Häuptlinge das Tau der Barke und einer umklammerte im Wasser stehend den Mast. Ein Häuptling rief, man habe ihm nicht genug Geschenke gegeben und er erlaube nicht, dass die Barke zurückfahre. Captain Clark warnte wütend, die Häuptlinge sollten sich in acht nehmen, denn seine Männer seien gewaltige Krieger. Dann sprang ein Dutzend der weißen Männer vom Kielboot in ein Kanu und fuhr mit der Flinte in der Hand zum Ufer. Außerdem richtete man das Drehgeschütz auf dem Kielboot in Richtung der Indianer, die bereits Pfeile auf ihre Bogen gelegt hatten. Nun befahl der Ober-

Bild auf Seite 167:

*Bärentanz der Sioux-Indianer vor der lebensgefährlichen Jagd
auf den Grizzlybären.
Dabei wollte jeder an dieser Jagd beteiligten Krieger
den Schutz übernatürlicher Kräfte einholen.
Gemälde des amerikanischen Künstlers
George Catlin (1796–1872) von 1836*

häuptling „Schwarzer Büffel" seinen Indianern, sie sollten weggehen.

Der Oberhäuptling und ein weiterer Häuptling kehrten zu den Weißen zurück, schlugen aber die Haus aus, die ihnen Captain Clark zur Versöhnung reichte. Darauf ruderten Clark und seine Männer mit der Barke zum Kielboot zurück. Die beiden Häuptlinge wateten mit zwei ihrer Krieger hinterher und riefen, sie wollten Freunde sein, worauf Clark sie mit an Bord des Kielbootes nahm. Anschließend ankerte das Kielboot vor einer Insel, die man auf Vorschlag von Captain Lewis als „Verdrussinsel" bezeichnete. Beim Abendessen sprach niemand mit den Indianern. Für die Nacht wies man ihnen einen Schlafplatz zu und bewachte sie. Am nächsten Morgen luden die Häuptlinge die Weißen zu einem Abendessen in ihr Dorf ein. Dieser Einladung folgte nur Captain Lewis. Zu einem weiteren Treffen wurden die Captains Lewis und Clark mit Sänften aus Fell zum Versammlungshaus getragen. Dann rauchte man die Friedenspfeife, hielt Reden und reichte ein Mahl, das vor allem aus Hundefleisch bestand. Während der Tänze zerbrach ein Indianer seine Trommel und warf zwei andere Trommeln ins Feuer. Dabei brüllte er, er habe keinen ausreichenden Anteil von dem Tabak erhalten, den die Weißen als Geschenk überreicht hatten. Irgendwann brachten die Frauen einige teilweise recht frisch wirkende Skalps von Maha-Indianern, mit denen die Teton Sioux gerade Krieg führten, herbei. Kurz vor Mitternacht machten sich die beiden Captains auf den Rückweg. Lewis und Clark

bestiegen mit dem Oberhäuptling „Schwarzer Büffel"
und einem zweiten Häuptling an Bord des Kielbootes
„Experiment". Am nächsten Morgen wollte die
Expedition weiterreisen, aber keiner der Häuptlinge
das Kielboot verlassen. Man konnte sie aber schließlich doch abschieben. Nun hängten sich Krieger am
Ufer an die Schiffstaue und wollten die Abfahrt
verhindern. Daraufhin verloren die beiden Captains
ihre Geduld. Sie befahlen ihren Männern, mit Flinten
bewaffnet anzutreten und richteten ihre Kanonen auf
die Indianer. Ein Dolmetscher warnte, gleich würde der
Befehl zum Feuern erteilt. Daraufhin erklärte der
Oberhäuptling „Schwarzer Büffel", man wolle nur etwas
Tabak für den zweiten Häuptling. Als dieser Wunsch
erfüllt wurde, ließen die Indianer das Tau los. Kurz
darauf rannte ein dritter Häuptling schreiend am Ufer
entlang. Captain Lewis befahl dem Dolmetscher, er solle
warnen, wenn noch jemand versuchen sollte, an Bord
zu gelangen oder sie aufzuhalten, werde sofort geschossen.
Am nächsten Morgen bemerkte eine Wache auf der
führenden Piroge, der zweite Häuptling der Teton Sioux
laufe nahe am Ufer. Captain Clark sprang in die Piroge,
als das Kielboot diese eingeholt hatte und ließ sich ans
Ufer rudern. Dort stieß er auf einen Krieger, den zweiten
Häuptling und drei Frauen. Die drei Frauen waren als
Geschenke für die Weißen gedacht, mit denen die
Indianer beweisen wollten, wie freundlich sie seien.
Doch Clark nahm das unmoralische Geschenk nicht an
und ließ nur einen Häuptling mitkommen, der etwas

Tabak haben wollte und nach dem Essen wieder verschwand.

Am 1. Oktober 1804 hielten sich am Ufer zahlreiche Indianer einer anderen Gruppe der Teton Sioux auf, der die Expedition noch nicht begegnet war. Captain Lewis erklärte von einem Boot aus einem Häuptling, der auf ihn zu kam, er und seine Leute seien schlecht von den Teton Sioux behandelt worden und er wünsche kein Treffen mehr mit ihnen. Eine Einladung zu einem Abendessen nahm er nicht an, ließ aber den Häuptling auf dem Kielboot mitfahren. Auch dieser Häuptling wollte Tabak und bekam welchen. Als am Ufer viele Indianer schreiend mitrannten, forderte Clark den Häuptling auf, er solle seine Männer zurückschicken. Nach sechs Meilen (etwa neun Kilometer) brach ein Sturm los, der das Kielboot rollen und schlingern ließ. Dem Häuptling bekam dies nicht gut, er hatte Angst und wollte zu seinen Leuten zurück. Nachdem er Clark versprochen hatte, dass man keine Teton Sioux mehr sehen würde, brachte man den Häuptling mit einem Kanu ans Ufer.

Wie gefährlich die Begegnungen der Expedition Ende September 1804 mit den kindischen, lästigen und bettelnden Teton Sioux-Indianern tatsächlich waren, wird in der Literatur unterschiedlich geschildert. An die Anbahnung freundschaftlicher Beziehungen oder die Vorbereitung von Handelsbeziehungen mit den Teton Sioux war anscheinend nicht mehr zu denken. Diese unerfreulichen Ereignisse sprachen sich wie ein Lauffeuer bei anderen Indianerstämmen herum und brachten den Captains Lewis und Clark wegen ihrer entschlossenen Haltung die Hochachtung vieler Stämme ein.

In der Gegend des heutigen Bismarck (North Dakota) ereichte die Expedition am 24. Oktober 1804 einige Dörfer von Mandan-Indianern und Hidatsa-Indianern. In dieser Gegend lebten damals etwa 4.500 Indianer, also mehr Menschen als zu jener Zeit in Saint Louis. Ende Oktober 1804 war es in den Nächten bereits sehr kalt. Am 2. November 1804 fällte man das erste Bauholz für das geplante Winterlager am Missouri River. In der Nacht, die auf den 3. November 1804 folgte, bewunderten die Expeditionsmitglieder das Schauspiel eines Nordlichts.

Die Expedition bezeichnete das Winterlager am Missouri River nach den Mandan-Indianern als „Fort Mandan". Dort wohnten die Männer in zwei langen Gebäuden, die fast im rechten Winkel aufgestellt waren. Jedes Gebäude hatte vier Räume mit einer jeweiligen Seitenlänge von 14 Fuß (etwa 4,20 Meter) und einer Höhe von sieben Fuß (2,10 Meter). Steinerne Kamine machten das Leben im Winter erträglich. Getrennt wurden die beiden Häuser durch einen viereckigen Vorratsraum. Der Platz davor wurde durch eine Palisade aus gespaltenen Baumstämmen geschützt. Rohe Felle hielten die Stämme zusammen. In der Mitte der Palisade gab es ein breites Tor, das nachts verschlossen wurde.

Die Mandan-Indianer lebten im 19. Jahrhundert in kuppelförmigen Erdhütten innerhalb von mit Palisaden geschützten Dörfern. Sie pflanzten Mais, Bohnen, Kürbisse und Sonnenblumen an, betrieben Töpferei und

Korbmacherei und gingen in der Jagdsaison auf Bisonjagd. Laut Berichten von Lewis und Clark waren sie außerordentlich gastfreundlich, friedfertig, mitteilsam und praktizierten viele kultische Tänze. Auch die Hidatsa wohnten in kuppelartigen Erdhütten, betätigten sich als Maisbauern und Töpfer. Die Dörfer der Mandan-Indianer und Hidatsa-Indianer dienten als Handelsplätze, an denen man Mais, Tabak, Lederkleidung, Schmuck, englische Gewehre und Pferde tauschte.

In „Fort Mandan" verpflichteten Lewis und Clark am 4. November 1804 den bereits erwähnten Trapper und Pelzjäger Toussaint Charbonneau als Scout (Kundschafter). Dieser hatte während einer Jagd mit Hidatsa-Indianern die Expedition besucht. Von dessen 17-jähriger schwangerer Frau Sacajawea, welche die Sprache der Shoshonen und Hidatsa beherrschte, erhofften sich die Expeditionsleiter, die beide nur Englisch sprachen, wertvolle Dolmetscherdienste. Mehr als zwei Wochen nach ihrer Verpflichtung als Expeditionsteilnehmer zogen Charbonneau und Sacajawea am 20. November 1804 ins „Fort Mandan". Die Captains Lewis und Clark verwendeten in ihren Berichten über die Expedition die Schreibweisen „Chabono" und „Sahcahgahwea"

In „Fort Mandan" litten die Expeditionsteilnehmer unter dem bisher kältesten Winter, den sie jemals am eigenen Leib verspürt hatten. Am 11. Dezember 1804 fror der Missouri River zu. Mitte Dezember 1804 zeigte das Thermometer minus 29 Grad Celsius an. Bei einem Aufenthalt im Freien gefror die Atemluft.

Während einer gemeinsamen Jagd von Expeditionsteilnehmern mit Mandan-Indianern im Januar 1805
herrschte eine Temperatur von minus 24 Grad Celsius.
Frostbeulen an den Füßen und bei dem Sklaven York
sogar am Penis waren die Folgen.
Während des strengen Winters hielt die Expedition stets
engen Kontakt mit Indianern aus der Umgebung. Dabei
handelte man mit Lebensmitteln und Pelzen, tauschte
Geschenke aus und besuchte sich gegenseitig.
Mandan-Indianer luden Weiße in ihre Erdhütten ein,
wo sich in der Nacht nicht nur Menschen, sondern
auch Pferde und Hunde um ein großes Feuer scharten.
Dass bei den Indianern auch Sex zur Gastfreundschaft
gehörte, nahmen viele der weißen Gäste gern an und
litten fortan bis zum Ende ihres Lebens unter Syphi-
lis. Laut einer Notiz von Captain Clark verbrachten
die Männer nur wenige Nächte, ohne sich zu amüsie-
ren.
Von den Hidatsa erfuhren Lewis und Clark, die
Shoshonen seien der Indianerstamm, der sich am
nächsten an den Rocky Mountains befinde und die
meisten Pferde besäße. Händler berichteten auch
Unerfreuliches: Die nur wenige Tagesreisen entfernten
Teton Sioux-Indianer wollten angeblich die Expedition
im Frühjahr ermorden.
In „Fort Mandan" hielt sich die Expedition vom 2.
November 1804 bis zum 7. April 1805 auf.
Am Abend des 11. Februar 1805 brachte Sacajawea in
„Fort Mandan" ihren Sohn Jean Baptiste Charbonneau
(1805–1866) zur Welt, wobei der medizinisch

Bild auf Seite 175:

Shoshonen-Indianerin Sacajawea
mit Kind Jean Baptiste (Spitzname „Pompy")
auf dem Rücken.
Gemälde von Janis Lang,
Abdruck mit freundlicher Genehmigung
des United States Department of Agriculture (USDA) –
Natural Resources Conservation Service,
Lincoln, Nebraska

174

175

bewanderte Captain Lewis assistierte. Die Geburt zog sich lange dahin und die Captains befürchteten allmählich, die junge Indianerin könne sterben. Als der besorgte Lewis deswegen mit dem französischen Dolmetscher René Jessaume sprach, riet dieser, eine kleine Dosis von den Klappern einer Klapperschlange sei eine gute Medizin. Erfreulicherweise besaß Lewis den Schwanz einer Klapperschlange und holt ihn herbei. Jessaume zermahlte einige Klappern und vermischte sie mit etwas Wasser. Dann gab man Sacajawea diese Mixtur zu trinken. Angeblich kam das Kind nach zehn Minuten wohlbehalten zur Welt. Captain Clark gab dem Jungen, der auf der Weiterreise zum Pazifik und zurück mitgenommen wurde, später den Spitznamen „Pomp" oder „Pompy". Angeblich amüsierte sich Clark über die „pompösen Possen" des kleinen tanzenden Boys, als dieser größer war.

Spekulationen, Lewis oder Clark seien der Vater von Jean Baptiste gewesen, entbehren jeder Grundlage. Die beiden Captains hatten die bereits schwangere Sacajawea erstmals im November 1804 gesehen. Und die Geburt von „Pompy" erfolgte bereits ein Vierteljahr später. Eine Schwangerschaft dauert aber bekanntlich neun Monate. Zwischen Sacajawea und den beiden Captains entwickelte sich immer mehr eine Freundschaft. Vor allem Clark verstand sich sehr gut mit der Shoshonin. Er nannte sie „Janey" oder gelegentlich „Vogelweibchen", brachte ihr englische Worte bei und spielte gern mit ihrem Baby. Einen kleinen Bach, der in den Musselshell River („Muschelschalen-Fluss") mündete, bezeichnete

Clark nach Sacajawea. Diese sprach ihn wegen seiner roten Haare immer als „Captain Rotkopf" an.

Am 14. Februar 1805 überfielen zahlreiche Sioux-Indianer eine vierköpfige Jagdgruppe der Expedition und raubten ihr zwei Pferde. Verletzt oder getötet wurde bei dieser Attacke glücklicherweise niemand. Die Männer waren mit drei Pferden und einem Schlitten losgeschickt worden, um Fleisch erlegter Büffel zu holen, das in einem aus Baumstämmen errichteten Versteck verstaut war. Das Büffelfleisch fiel den Indianern nicht in die Hände. Captain Lewis jagte zusammen mit eigenen Männern und einigen Mandan-Indianern erfolglos den Sioux nach.

Weil er damit unzufrieden war, dass er Wache stehen und arbeiten sollte wie alle anderen, verließ Toussaint Charbonneau am 12. März 1805 zusammen mit seiner Frau Sacajawea und seinem Sohn Jean Baptiste die Expedition. Vielleicht machte es ihm zu schaffen, dass etliche Expeditionsmitglieder merklich jünger als er waren. Doch bereits am 17. März 1805 kehrte er zurück, entschuldigte sich für sein Verhalten und erklärte, dass er sich der Gruppe gern wieder anschließen würde. Am nächsten Tag stellte man Charbonneau wieder ein.

Vor der Weiterreise am 7. April 1805 auf dem mittlerweile eisfreien Missouri River machten sich einige Soldaten unter der Führung von Korporal Richard Warfington mit dem langen Kielboot „Experiment" bereits auf den Heimweg. Ihre Aufgabe bestand darin, einen ersten systematischen Bericht über Land und Leute entlang des Missouri River, Pfeile und Bogen, 108

Pflanzen, 68 Mineralien, Tierskelette und -häute, vier lebende Elstern, ein Rebhuhn und einen gefangenen Präriehund zu Präsident Jefferson zu bringen. Lewis und Clark zählten in ihrem Bericht fast 50 Indianerstämme auf, fertigten 14 Vokabellisten an, kategorisierten die Indianer nach Sprache und Erscheinungsbild. Clark zeichnete die erste halbwegs verlässliche Karte der Gebiete westlich des Mississippi.

Zu der als „Return Party" bezeichneten Gruppe, die am 7. April 1805 auf dem Missouri River mit dem Kielboot „Experiment" nach Saint Louis zurückfuhr, gehörten außer Korporal Warfington die Soldaten John Boley, John Dame, John Newman, Moses B. Reed, Ebenezer Tuttel, Isaac White und Alexander Willard. Außerdem waren der Dolmetscher Tabeau und vier weitere Franzosen an Bord.

Die Hauptgruppe der Expedition umfasste insgesamt 33 Personen. Drei davon waren Sergeanten (Patrick Gass, John Ordway, Nathaniel Pryor), 23 Soldaten und fünf Zivilisten (Toussaint Charbonneau, Sacajawea, das Kind Jean Baptiste Charbonneau, George Drouillard und der Sklave York). Fünf der Soldaten (William Bratton, John Collins, John Colter, die Brüder Joseph Fields und Reuben Fields) und ein Zivilist (George Drouillard) betätigten sich als Jäger. Der Soldat Pierre Cruzatte beherrschte die Sprache der Omaha und die Zeichensprache und konnte Geige spielen. Der Soldat François Labiche sprach Französisch. Der Soldat Jean Baptiste Lepage, der bei den Hidatsa und Mandan gelebt hatte, verstand diese Indianersprachen. Der erwähnte

Jäger George Drouillard beherrschte die Zeichensprache und Französisch. Der Soldat John Shields war als Schmied tätig. Als einziger deutscher Teilnehmer ist der Soldat John Potts (1776–1808) bekannt, der Müller von Beruf war. Jüngster erwachsener, männlicher Teilnehmer war der erst 18 Jahre alte Soldat George Shannon (1785–1836).

Unter den Teilnehmern der Expedition dürfte Toussaint Charbonneau mit 37 Jahren der älteste Teilnehmer gewesen sein. Captain Lewis bezeichnete ihn später als „Mann ohne besondere Vorzüge".

Nachdem das Kielboot „Experiment" abgefahren war, standen der Expedition noch zwei Pirogen und sechs Kanus, die im Winterlager in „Fort Mandan" gebaut worden waren, als Wasserfahrzeuge zur Verfügung. Die kleine rote Piroge führte meistens die kleine Flotte an. In der größeren weißen Piroge am Ende der Flotte reisten die beiden Captains sowie Sacajawea und ihr Baby. Alle Wasserfahrzeuge trugen Masten und Segel. Einige Tage nach dem Aufbruch am windigen 7. April 1805 in „Fort Mandan" brachte am 14. April 1805 ein plötzlicher Wind auf dem Missouri River die weiße Piroge zum Schlingern. Deswegen geriet Charbonneau, der das Steuerruder bediente, in Panik, weil er nicht schwimmen konnte, ließ das Sprietsegel umlegen und brachte das Boot fast zum Kentern. Auf einen Wink von Captain Lewis ergriff der Jäger George Drouillard (1773–1810) beherzt das Steuerruder, drehte die Piroge in den Wind, richtete sie wieder auf und verhinderte so ein größeres Unglück. In der weißen Piroge saßen drei

Männer, die nicht schwimmen konnten, sowie Sacajawea und ihr Baby. Neben der normalen Ausrüstung beförderte diese Piroge alle Instrumente, Aufzeichnungen, Medikamente und die wertvollsten Geschenke für Indianer. Bereits am nächsten Tag wurde ihm aber eine besondere Ehre zuteil. Als man an einem namenlosen Fluss vorbeikam, an dem Charbonneau im Vorjahr einige Wochen zusammen mit Hidatsa-Indianern campiert hatte, bezeichnete man diesen als Charbonneau Creek. Heute heißt dieser Fluss allerdings Indian Creek.

Am 25. April 1805 erreichte die Expedition den Yellowstone River, der ein rechter Nebenfluss des Missouri River ist. Der Yellowstone River wurde von den Hidatsa-Indianern wegen der gelblichen Färbung des Gesteins an seinen Ufern als „Mi tse a-da-zi" bezeichnet. Französische Trapper übersetzten dies mit „Riviére des Roches Jaunes" und Rene Jessaune 1798 für den kanadischen Forschungsreisenden David Thompson (1779–1857) mit dem englischen Begriff „Yellow Stone". An jenem 25. April war es morgens immer noch so kalt, dass das Wasser auf den Ruderblättern gefror. Vier Tage später erlegte die Expedition nahe des Yellowstone River den ersten Grizzlybären.

Nahe der Mündung des Milk River in den Missouri River glänzte Charbonneau als Koch. Er bereitete eine Wurst aus Bisonfleisch („Boudin Blanc" genannt) mit Salz, Pfeffer und Mehl zu, die allen Mitgliedern der Expedition sehr mundete. Captain Lewis lobt diese leckere Wurst als eine der größten Delikatessen, die er je gegessen hatte.

Bei einem weiteren Zwischenfall mit der weißen Piroge auf dem Missouri River nahe des Musselshell River machte Toussaint Charbonneau am 16. Mai 1805 erneut keine gute Figur. An Bord waren fünf Männer sowie Sacajawea und ihr Baby. Als die von ihm gesteuerte weiße Piroge von einer Böe erfasst wurde, verlor Charbonneau seine Selbstbeherrschung. Er ließ das Ruder los und flehte Gott um Hilfe an. Der an Bord befindliche Soldat Pierre Cruzatte drohte Charbonneau, ihn zu erschießen, wenn er nicht wieder das Ruder ergreifen würde. Mittlerweile füllte sich die Piroge mit Wasser und kenterte beinahe. In dieser misslichen Lage befahl Cruzatte zwei Männern, das Wasser aus dem Boot zu schöpfen, während er und zwei andere ans Ufer ruderten. Nachdem Ausrüstungsgegenstände und Aufzeichnungen ins Wasser fielen, rettete die im Heck sitzende Sacajawea die meisten Gegenstände aus dem Fluss. Vom Ufer aus beobachteten die Captains Lewis und Clark besorgt diese Szene. Lewis notierte danach, Charbonneau sei „der wohl ängstlichste Bootsfahrer auf der Welt".

Für die junge Mutter Sacajawea war die strapaziöse Forschungsreise nicht einfach. Neben der zeitaufwändigen Pflege ihres Babys gehörten das Graben nach essbaren Wurzeln, das Sammeln genießbarer Pflanzen, das Pflücken von leckeren Beeren und Dolmetscherdienste beim Aufeinandertreffen mit Indianern zu ihren Pflichten.

Bild auf Seite 183:

Abbildung „Captain Clark and his men shooting Bears"
aus dem 1807 erstmals erschienenen Werk:
„A Journal of the Voyages and Travels of a Corps
of Discovery under the Command of Capt. Lewis
and Capt. Clarke of the Army of the United States,
from the Mouth of the River Missouri
Through the Interior Parts of North America,
to the Pacific Ocean During the Years 1804,
1805, & 1806"
von Patrick Gass (1771–1870)

Page.95.

Captain Clark and his men shooting Bears.

183

Am 3. Juni 1805 kam die Expedition auf dem Missouri River zu einer Stelle, an der man nicht wusste, welche von zwei Flussgabeln der Hauptstrom ist. Deswegen gründete man ein Basislager, von dem aus die beiden Flussgabeln erforscht werden sollten. Ein Trupp mit Captain Clark fuhr in die Nordgabel. Der andere Trupp mit Captain Lewis erkundete die Südgabel, wo er irgendwann aus einigen Meilen Entfernung das Tosen von Wasserfällen hörte. Lewis und Clark vermuteten, die Südgabel sei der Missouri River, was sich später bewahrheitete. Die Nordgabel wurde von Captain Lewis nach seiner Cousine Maria Wood auf den Namen Marias River getauft.

Anschließend reiste die Expedition mit ihren beiden Pirogen und selbstgebauten Kanus flussaufwärts bis zu den riesigen fünf Wasserfällen („Great Falls") des Missouri River im heutigen US-Bundesstaat Montana, die sie am 13. Juni 1805 erreichte. Bereits dort wurde klar, dass es keine direkte Wasserverbindung in den Westen zum Pazifik gab.

Unterhalb der Wasserfälle wurden die zwei großen Pirogen zwischengespeichert. Die Kanus und die umfangreiche Ausrüstung transportierte man auf einem beschwerlichen Landweg, um die Wasserfälle und Stromschnellen zu umgehen. Diese etwa 25 Meilen (rund 40 Kilometer) lange Strecke wurde innerhalb von 25 Tagen bewältigt.

Im Frühjahr 1805 schien Charbonneau regelrecht vom Pech verfolgt zu sein. Zu den beiden Zwischenfällen mit der weißen Piroge auf dem Missouri River im April

1805 kamen im Juni 1805 noch der Angriff eines Grizzlybären auf Charbonneau und Drouillard sowie die Erkrankung seiner Frau hinzu. Sacajawea wurde am 10. Juni 1805 krank. Obwohl Captain Clark ihr Medizin verabreichte und sie zur Ader ließ, ging es ihr nicht besser, sondern immer schlechter. Charbonneau wäre am liebsten zum Dorf der Hidatsa-Indianer zurückgekehrt, in dem er zuletzt gewohnt hatte. Am 16. Juni 1805 errichtete ein Teil der Expedition nahe einer Schwefelquelle ein Lager. Tags darauf kam Captain Lewis mit seinen Männern von einer Erkundung zurück.

Lewis erschrak beim Anblick der abgemagerten und schwächlichen Sacajawea und machte sich auch Sorgen um deren kleines Kind. Der Puls von Sacajawea schlug unregelmäßig, war kaum noch zu spüren und ihre Finger zuckten nervös. Nachdem Lewis der Kranken zwei Dosen einer Opiumtinktur namens Laudanum, gekochten Rindensaft und schwefelhaltiges Wasser von der Quelle gegeben hatte, erholte sie sich wieder. Zusätzlich verabreichte Lewis täglich zur Mittagszeit 15 Tropfen Vitriolöl. Nach einiger Zeit erholte sich Sacajawea wieder und ging an einem Morgen zum Fischen.

Vom 22. Juni bis zum 9. Juli 1805 konstruierte man aus einem Eisenrahmen und Tierfellen von Elch und Bison ein Boot, um die beiden Pirogen zu ersetzen. Die Eisenteile hierfür hatte man aus Harpers Ferry, dem erwähnten Arsenal der US-Armee, mitgebracht. Doch dieses Boot erwies sich als untauglich. Nach einem starken Sturm sickerte Wasser durch. Daraufhin wurde es demontiert und am 10. Juli 1805 zwischengespeichert.

Beinahe tragisch ausgegangen wäre am 29. Juni 1805 ein Ausflug, bei dem Captain Clark der Familie Charbonneau einen Wasserfall des Missouri River zeigen wollte. Dabei bemerkte Clark plötzlich eine große, schwarze Wolke, die auf sie zu raste. Die kleine Gruppe flüchtete in eine trockene Schlucht mit vorspringenden Felsen und suchte dort Schutz vor dem Unwetter. Auf einmal stürzte „eine Flut von Regen und Hagel wie eine feste Wand herunter". Im Nu verwandelte sich die trockene Schlucht in einen 15 Fuß (etwa 4,50 Meter) hohen, reißenden Sturzbach. Captain Clark, Toussaint Charbonneau und Sacajawea flohen vor der Flut, indem sie die Wand der Schlucht hochstiegen. Charbonneau zog seine Frau an einer Hand hoch. Mit der anderen Hand umklammerte Sacajawea ihr Baby. Captain Clark schob Sacajawea von hinten. Charbonneau winselte auf einmal vor Angst und blieb wie erstarrt stehen. Clark, dem das Wasser bis zum Oberkörper reichte, schrie Charbonneau an. Nur weil Clark und Sacajawea dem feigen Charbonneau halfen, erreichten sie alle vier die rettende Höhe. Nach der Rückkehr am „Whitebear Camp" sagte Clark zu Lewis über Charbonneau, dieser Mann sei der größte Feigling, der ihm je begegnet sei. An einem kleinen Fluss mit weißem Ufer aus lehmiger Erde, schrie Sacajawea laut auf und weinte vor Rührung. Denn die Shoshonin kannte dieses Gewässer aus ihrer Kindheit. Ihre Stammesgenossen kamen dorthin, um weiße Erde als Farbe zu beschaffen.
Sacajawea erzählte Captain Lewis, an diesem Fluss lebe ihr Volk die ganze Strecke bis zu den „Three Forks"

und noch weiter. Die Indianerin wusste, dass diese „Three Forks" zusammenflossen und den Missouri River bildeten. Am 27. Juli 1805 kamen die Boote an den „Three Forks" an. Die drei Flüsse der „Three Forks" erhielten die Namen Jefferson River, Madison River und Gallatin River. Damit ehrten sie US-Präsident Thomas Jefferson, Staatsminister James Madison (1751–1836) und Finanzminister Albert Gallatin (1761–1849), die dazu beigetragen hatten, den Missouri River amerikanisch zu machen.

Captain Clark fiel am 8. August 1805 ein seltsam geformter Felsen auf, der an den empor gerichteten Kopf eines Bibers erinnerte. Sacajawea erklärte, dieser Felsen befinde sich unweit der Heimat ihrer Stammesmitglieder, auf die man bald stoßen werde. Lewis schlug für jenen Felsen den Namen „Beaverhead Rock" („Biberkopf-Felsen") vor.

Am nächsten Tag brach Captain Lewis mit vier Männern (darunter auch Charbonneau) zu Fuß auf, um die Quelle des Jefferson River zu erreichen. Von dort aus wollte er über die Wasserscheide zur Quelle des Columbia River marschieren. Währenddessen sollten die restlichen Männer mit den Booten zum fernsten Punkt fahren, den sie erreichen konnten. Bevor Lewis loszog, gab er Clark einen an US-Präsident Jefferson adressierten Brief. Diesen sollte Clark weiterleiten, wenn Lewis unterwegs den Tod fände.

Durch sein Fernglas erblickte Lewis am 11. August 1805 einen berittenen Indianer, den er für einen Shoshonen hielt. Zu seiner Enttäuschung kam dieser aber nicht

Bild auf Seite 189:

Lewis, Clark und Sacajawea an den „Three Forks".
Gemälde des amerikanischen Künstlers
Edgar Samuel Paxson (1852–1919)
im „Montana State Capitol"

189

näher, sondern entfernte sich blitzschnell, als er die übrigen vier weißen Männer sah. Kurz danach kamen Lewis und seine Begleiter zur Quelle des Missouri River. Am 12. August 1805 überquerte Lewis mit seinem vierköpfigen Erkundungstrupp am Lemhi Pass die „Kontinentale Wasserscheide" („Continental Divide") und damit als erster Amerikaner die damalige Westgrenze der USA. Bei der „Continental Divide" handelt es sich um einen Gebirgspass, der die Einzugsgebiete jener Flüsse voneinander trennt, die in verschiedene Ozeane fließen.

Auf einer Passhöhe erspähte Lewis eine lange und riesige Bergkette, die mitten im Sommer teilweise mit Schnee bedeckt war. Er ahnte, dass die Expedition ohne Packpferde für den Transport ihrer Ausrüstung über diese Berge scheitern und den Pazifik nicht erreichen würde. Es war also unbedingt erforderlich, die Shoshonen-Indianer zu finden und von ihnen Pferde zu erhalten.

Nach einer halben Meile stand die Gruppe von Lewis an der Quelle des Lemhi River, der sich später mit dem Salmon River vereinigte. Letzterer mündete in den Snake River und damit in den Columbia River, der zuletzt den Pazifik erreichte.

Am 13. August 1805 marschierten Captain Lewis und seine vier Begleiter am Lemhi River entlang. Nach rund zehn Meilen (etwa 16 Kilometer) sah Lewis durch sein Fernglas einen männlichen Indianer mit zwei Frauen und einigen Hunden auf einem kleinen Hügel stehen. Diese drei Indianer entfernten sich aber, bevor die fünf

Weißen am Hügel ankamen. In einer Entfernung von weniger als einer Meile (rund 1,6 Kilometer) gelangten Lewis und seine Männer in eine kleine Schlucht, in der zwei Indianerfrauen und ein kleines Mädchen saßen. Beim Auftauchen der Weißen rannte die jüngere Indianerin schnell weg, die ältere dagegen blieb mit dem Kind sitzen. Lewis schenkte der älteren Frau blaue Perlen, eine Ahle zum Anfertigen von Mokassins, rote Farbe und einen Spiegel. Der Captain bat seinen Begleiter Drouillard, der die Zeichensprache beherrschte, er solle der älteren Frau sagen, sie solle die jüngere Indianerin zurückrufen. Als letztere zurückkam, erhielt auch sie Geschenke. Als Zeichen des Friedens bemalte Lewis die Gesichtsbacken der drei Indianerinnen mit roter Farbe, wie es ihm Sacajawea einmal geraten hatte.

Drouillard erklärte den beiden erwachsenen Indianerinnen, sie wollten deren Stamm und Häuptling sehen und fragte, ob sie die Weißen führen wollten. Beim anschließenden Fußmarsch auf dem Pfad längs des Lemhi River erschienen nach etwa zwei Meilen (rund 3,2 Kilometer) schätzungsweise 60 berittene indianische Krieger. Die beiden Frauen und das Mädchen gingen auf die Krieger zu. Captain Lewis folgte ihnen, wobei er eine US-Flagge trug. An der Spitze des Indianertrupps ritten der Häuptling und zwei seiner Krieger, die bei den Indianerinnen anhielten und erfuhren, die Weißen kämen in friedlicher Absicht. Nun sprangen der Häuptling und dessen zwei Begleiter von ihren Pferden und umarmten Lewis und jeden seiner vier Männer.

Bild auf Seite 193:

Captain Lewis begegnet Shoshone-Indianern.
Gemälde des amerikanischen Künstlers
Charles M. Russel (1864–1926),
Original in einer Privatsammlung

193

Auf ebenem Erdboden im Tal des Lemhi River erfolgte anschließend das feierliche Pfeiferauchen. Dabei legten alle Indianer und Weißen ab, was sie an den Füßen trugen. Dies galt als ein Zeichen der Aufrichtigkeit. Denn wer seinem Wort nicht treu war, sollte – laut Vorstellungen der Indianer – hinterher für immer barfuß gehen und im Elend leben.

Im vier Meilen (etwa 6,4 Kilometer) entfernten Lager der Indianer folgte in einer Hütte eine weitere Rauchzeremonie. Dabei erklärte Captain Lewis in einer Rede, die Drouillard in Zeichensprache übersetzte, was die Weißen vorhatten.

Der Häuptling der Shoshonen hieß Cameahwait. Er erzählte Captain Lewis, der Lemhi River sei ein kurzer Fluss, der sich bald mit einem größeren vereinige. Auch dieser zweite Fluss münde in einen noch größeren.

Am 17. August 1805 trafen Captain Lewis und seine vier Begleiter wieder mit Captain Clark und dem Rest der Truppe, der mit Booten weitergefahren war, zusammen. An jenem Tag lief eine von drei indianischen Frauen, welche die Shoshonen-Krieger und Lewis begleitet hatten, auf Sacajawea zu und schloss sie in ihre Arme. Diese Frau war zusammen mit Sacajawea gefangen genommen worden, hatte aber entkommen und zu ihrem Stamm zurückkehren können.

Zu einem Treffen der Captains Lewis und Clark mit Häuptling Cameahwait in einem Zelt aus Weidenzweigen, das junge Shoshonen-Indianer errichtet hatten, holte man Sacajawea als Dolmetscherin hinzu. Als sich diese setzen wollte, stieß sie plötzlich einen Schrei aus und lutschte an ihren Fingern, was das Zeichen dafür war, dass sie einen Verwandten erkannt hatte.

Schnell sagte Sacajawea einige Sätze und eilte auf den Häuptling zu, der ebenfalls etwas rief. Sacajawea liefen Tränen über die Wangen, als sie sich in die Arme des Häuptlings schmiegte. Nach einigen Minuten kehrte Sacajawea auf ihren Platz zurück und erklärte Captain Clark, Cameahwait sei ihr älterer Bruder. Cameahwait war nach dem Tod seines Vaters neuer Häuptling des Shoshonen geworden. Da es in der Sprache der Shoshonen für Bruder und Cousin das selbe Wort gibt, ist nicht ganz sicher, ob Cameahwait und Sacajawea denselben Vater und dieselbe Mutter hatten. Anschließend ließen die beiden Captains den Häuptling Cameahwait und Sacajawea allein, da sie sich sicherlich viel zu erzählen hätten. Ein weiteres Gespräch wurde für den Nachmittag vereinbart.

Auch die Captains Lewis und Clark freuten sich sehr über das Wiedersehen zwischen Häuptling Cameahwait und Sacajawea. Sie bezeichneten die Stelle, wo dies geschehen war, als „Camp Fortunate". Denn nun bestand die Möglichkeit, dass ihnen die Shoshonen-Indianer einige ihrer insgesamt 400 Pferde überlassen könnten.

Lewis und Clark hatten manches zu besprechen, weil sie sich eine Zeitlang nicht gesehen hatten. Lewis berichtete von seinen Entdeckungen während des Fußmarsches. Clark erzählte von den Strapazen seiner Männer bei der Reise mit den Kanus. Sie mussten im kalten Wasser gehend die Kanus mit Tauen gegen die starke Strömung ziehen. Am liebsten hätten die Männer die Boote verlassen und wären zu Fuß weitergegangen, aber sie hätten dann nicht einmal die Hälfte des Gepäcks tragen können.

Empört berichtete Clark, am Abend des 14. August 1805 habe er Charbonneau dabei ertappt, als er bei einem Streit seine Frau Sacajawea schlug. Dies machte Clark so wütend, dass er Charbonneau schimpfte und ihm androhte, er könne ausgepeitscht werden. Seither sei Charbonneau gegenüber seiner Frau friedlich und rücksichtsvoll. Die Autorin Grace Raymond Hebard spekulierte, Sacajawea habe damals den Vorschlag ihres Gatten, sie solle ihn mit einem anderen Mann teilen, abgelehnt.

Bei dem Gespräch der Captains Lewis und Clark am Nachmittag mit Häuptling Cameahwait war keine direkte Übersetzung von der Sprache der Shoshonen in die englische Sprache möglich. Deshalb erwies sich diese Unterredung als sehr schwierig und zeitaufwändig. Was Cameahwait in der Sprache der Shoshonen sagte, übersetzte Sacajawea in Hidatsa für ihren Ehemann. Charbonneau übertrug das Gehörte in Französisch und teilte es dem französischen Matrosen François Labiche mit. Dieser übersetzte das Französische für Lewis und Clark ins Englische.

Die Shoshonen bestaunten im Lager der Expedition die dunkle Haut des schwarzen Sklaven York von Captain Clark. Sie hatten nie zuvor einen Schwarzen gesehen. Im Lager der Shoshonen erfuhr Captain Clark von einem alten Indianer, auf den Flüssen könnten die Forschungsreisenden weder in Booten noch auf Pferde-rücken vorwärtskommen. Stattdessen müssten sie oberhalb der Schluchten reiten. Man brauche sieben Tage, um den Höhenzug zu überqueren, durch den die Flüsse strömten. Anschließend gehe es zehn Tage durch eine unfruchtbare Ebene ohne Wasserlöcher in dieser Jahreszeit. Dann folge ein Fluss, an dem der Stamm des alten Indianers lebe. Nach weiteren 20 Tagen erreiche man eine Stelle, wo dieser Fluss in einen anderen münde. Letzterer Fluss ströme in einen „ungeheuren, schlecht-schmeckenden See", womit der betagte Indianer vermutlich den Pazifik meinte.

Am 17. August 1805 kaufte die Expedition vier Pferde von den Shoshonen. Acht Tage später erfuhr Captain Lewis völlig überrascht, die Shoshonen wollten heimlich zum Missouri ziehen, ohne den Weißen weitere Pferde zu verkaufen. Diese alarmierende Nachricht erhielt Lewis von Charbonneau, den seine Frau Sacajawea gebeten hatte, dies mitzuteilen. Lewis lieh sich von Shoshonen zwei Pferde und ritt damit zusammen mit Charbonneau und Sacajawea, die beide dolmetschen sollten, zum Dorf der Shoshonen. Als sie vor dem Dorf drei Häuptlingen, darunter Cameahwait, begegneten, bat Lewis diese, mit ihm eine Pfeife zu rauchen. Der Captain fragte die Häuptlinge, ob sie Männer von Ehre seien, wenn sie die Weißen im Stich ließen. Sacajawea übersetzte seine Rede und fügte anscheinend noch manches hinzu, um einen Sinneswandel zu erreichen. Die Häuptlinge schwiegen und sahen beschämt zu Boden. Nach einer gewissen Zeit hob Häuptling

197

Cameahwait den Blick, erklärte, er habe Unrecht getan und umarmte Lewis. Dann sagte er zu, seine Versprechen zu halten. Lewis beschlich eine leise Ahnung, dass Sacajawea viel dazu beigetragen hatte, um ihren Bruder zu überreden und danach, dass die Expedition mehr Pferde bekam, als die Shoshonen eigentlich hergeben wollten.

Durch Tauschhandel gelangte die Expedition in den Besitz von insgesamt 29 Pferden, die als Packtiere für den Treck über die Rocky Mountains eingesetzt werden sollten. Anfangs bekamen die Weißen ein Pferd noch günstig für ein abgerissenes Hemd, eine abgetragene Hose und Messer. Doch später musste Captain Lewis für ein Pferd eine Pistole, 100 Schuss Munition und ein Messer hergeben.

Sacajawea war sehr bewegt über das plötzliche Wiedersehen mit ihrem Bruder Cameahwait nach all den Jahren, die seit ihrer gewaltsamen Entführung von 1800 oder 1801 vergangen waren. Zunächst wollte sie zu den Shoshonen zurückkehren, blieb dann aber doch bei den Forschungsreisenden. Cameahwait starb später zu einem unbekannten Zeitpunkt bei einem Kampf mit Blackfeet-Indianern in Bloody Creek in Montana.

Am 9. September 1805 campierte die Expedition beim heutigen Missoula (Montana) in einer Gegend namens „Traveller's Rest". Dort bereitete man sich auf die Überquerung des nächsten Gebirges vor. Zwei Tage später begann am 11. September 1805 der Aufstieg in die Bitterroot Mountains. Dabei musste eine Strecke von 160 Meilen (mehr als 240 Kilometer) bewältigt werden.

Der Weg („Lolo Trail") über die Bitterroot Mountains erwies sich für die Expedition als besonders beschwerlicher Abschnitt. Ein alter Shoshone namens „Old Toby" führte sie über Bergkämme und felsige Abhänge, durch Dickicht und Tannenwälder. Wiederholt versperrten umgestürzte Baumstämme den Weg und kein Pfad war erkennbar. Die Männer trotteten im Schneeregen neben ihren Packpferden, die oft ausglitten und ins Dickicht steiler Abhänge rutschten. Nachts wurde es mitten im Sommer so kalt, dass Captain Lewis die Tinte einfror. Am 16. September 1805 begann es drei Stunden vor Sonnenaufgang zu schneien.

Da weit und breit keine Quelle zu finden war, mussten sich die Teilnehmer der Expedition damit behelfen, Schnee zu schmelzen. Die Nahrungsvorräte wurden allmählich knapp. Man hatte nur noch ein wenig Trockensuppe, etwas Bärenöl und einige Kilo Kerzen. Jäger der Expedition um George Drouillard suchten in dieser Ödnis vergeblich nach Jagdwild. Irgendwann erschoss man drei der jungen Packpferde und schlachtete sie, um etwas essen zu können und zu überleben. Fast jedes Mitglied der Expedition erkrankte. Pro Tag schleppte man sich schätzungsweise umgerechnet 20 Kilometer weiter.

Nach strapaziösen Tagen und am Rande des Zusammenbruchs entdeckte die Expedition am 23. September 1805 beim heutigen Weippe (Idaho) auf einer

Bild auf Seite 201:

Die Expedition kämpft sich mit Packpferden durch das verschneite Gebirge.
Gemälde von Janis Lang,
Abdruck mit freundlicher Genehmigung
des United States Department of Agriculture (USDA) –
Natural Resources Conservation Service,
Lincoln, Nebraska

Lichtung ein Hüttendorf der Nez Percé-Indianer („durchbohrte Nase" oder „Ringnase"). Von diesen als edelmütig, tapfer und intelligent geltenden Indianern wurden sie freundlich empfangen und mit Nahrung versorgt. Ausgehungert fielen die Weißen über Brot aus Zwiebeln der Prärielilien und luftgetrockneten Lachs her. Die Lachse waren ein Indiz dafür, dass sich die Expedition dem Pazifik näherte, aus dem die Fische in den Flüssen hochgewandert sein mussten. Die weißen Männer vertrugen die ungewohnte Nahrung nicht gut und waren tagelang krank.

Auch bei den Nez Percé, denen die Waffen der Weißen gefielen, verdankte es die Expedition einer alten Indianerin, dass man sie nicht angriff und ausraubte. Diese alte Frau war einst von einem anderen Indianerstamm entführt und an weiße Händler verkauft worden. Sie legte jetzt ein gutes Wort für die Weißen ein, weil die Händler sie damals gut behandelt hatten. Nun müssten auch die Nez Percé den Weißen helfen. Von den Nec Percé lernten die Weißen eine neue Methode, um Kanus zu bauen.

Den Pferden der Expedition wurde am 5. Oktober 1805 das Brandzeichen „U.S. Captain Lewis" eingebrannt. Danach überließ man die Pferde dem Häuptling „Geflochtenes Haar" der Nez-Percé-Indianer. Er sollte sich darum kümmern, dass die Pferde gut versorgt und für die Rückkehr der Expedition bereitgehalten werden sollten. Am 9. Oktober 1805 verließ die Expedition die Nez Percé-Indianer. In fünf Einbaum-Kanus folgte sie dem Clearwater River durch das heutige Ohio und ließ die

Stromschnellen des Snake River („Schlangen-Fluss")
im heutigen US-Bundesstaat Washington hinter sich.
Der Snake River hieß früher auch Shoshone River und
nach der Lewis-und-Clark-Expedition später Lewis
River.
Der letzte Fluss auf dem Weg der Expedition zum
Pazifik war der Columbia River, den man am 16. Oktober
1805 erreichte. Um vier Katarakte des Columbia River
zu umgehen, mussten die Expeditionsteilnehmer wieder
einmal ihr Gepäck über Land tragen.
Am Columbia River traf die Expedition auf Flathead-
Indianer („Flachkopf-Indianer"). Dabei handelte es sich
um kleine und gedrungene Menschen mit abgeflachten
Köpfen. Sie pflegten den Brauch, die Köpfe kleiner
Kinder so zwischen zwei Bretter zu schnallen, dass der
Schädel spitz anstieg. Viele von ihnen besaßen kranke
Augen, nur ein Auge, waren blind und hatten schlechte
Zähne. Sogar junge Männer und Frauen waren zahnlos.
Captain Clark spekulierte, dies könne auf die fast
ausschließlich aus Fisch bestehende Ernährung
zurückzuführen sein.
Einmal wurden Captain Clark und Drouillard von
Indianern, die noch nie einen Weißen erblickt hatten,
als Männer fehlgedeutet, die von der Sonne her-
untergefallen seien. Zu dieser irrigen Ansicht kamen
jene Indianer, als Drouillard mit seiner Flinte einen
fliegenden Kranich abschoss. Denn diese Indianer
hatten bis dahin noch keine Flinte gesehen und gehört.
Ein weiterer Schreck löste Clark aus, als er – wie üblich
– seine Pfeife mit einem Brennglas anzündete.

Wohlbehalten bewältigte die Expedition im späten Oktober 1805 die als Dalles des Columbia River bezeichneten Stromschnellen, die über riesige, glatte Felsen fließen. Dalles ist der französische Begriff für Steinplatte. Anfangs transportierte man die Kanus auf dem Ufer mehr als 430 Meter weit zu einem engen Kanal, der den rauschenden Columbia River durch Felsen hinunterführte. Dann setzte man die mit Seilen aus Elchhäuten gesicherten Kanus in den Kanal und ließ sie langsam hinunter fahren.

Mit Geschick passierte man auch die Short Narrows („Kurze Engen") und Long Narrows („Lange Engen") des Columbia River. Schließlich gelangte man zu einem weiten, tiefen Becken, in dem der Columbia River durch zwei große Felsen in drei Arme geteilt wurde. Am Ufer lag ein Indianerdorf, in dem man für zwei Messer, ein Beil und das kleinste Kanu zwei lange, schlanke Kanus mit spitz zulaufenden Enden eintauschte. Diese Kanus waren von nördlichen Indianern, die an der Küste der kanadischen Grenze lebten, hergestellt und dem Stamm am Columbia River verkauft worden.

Kurz vor der Abfahrt der Expedition am 23. Oktober 1805 kam ein Häuptling aus einem der oberen Dörfer zusammen mit etlichen Männern geritten. Beim Essen mit den beiden Captains warnte jener Häuptling seine Gastgeber, die Indianer, denen sie jetzt begegnen würden, hätten geschworen, jeden weißen Mann, den sie antreffen würden, zu töten.

Friedlich verlief eine Begegnung der Expedition mit einem Häuptling und 15 Kriegern, die von einem Jagd-

zug am Oberen Columbia River kamen. Man überreichte diesen Indianern einige Geschenke und rauchte
mit ihnen. Der Häuptling schenkte den Weißen ein
leckeres Brot, das aus Wurzeln zubereitet worden
war.

Am 1. November 1805 erreichte die Expedition die
Columbia-Fälle. Um sie zu umgehen, mussten die Kanus
zwei Tage lang auf dem Land transportiert werden.
Großes Glück hatte Captain Clark, als er am 3.
November 1805 zu Fuß den Sandy River überquerte,
dabei in Treibsand geriet und sich daraus nicht mehr
aus eigener Kraft entfernen konnte. Seine Hilferufe
wurden von der Besatzung eines seiner Kanus gehört
und man konnte ihn mühsam aus dem Treibsand ziehen.

Beim Anblick der mehr als 15 Meilen (rund 24 Kilometer) breiten und mehrere Meilen langen Columbia
Bay am 7. November 1805 glaubte die Expedition irrtümlich, bereits am Pazifik zu sein. Erleichtert schrieb
Captain Clark in sein Tagebuch: „Ozean in Sicht. Oh!
Diese Freude." In Wirklichkeit hatte Clark aber nur den
Mündungstrichter des Columbia River gesehen. Die
vom Nebel verhüllte Meeresküste des Pazifik war noch
rund 20 Meilen (etwa 32 Kilometer) weit entfernt.

Erst eine Woche später erblickte Captain Lewis als Erster
bei einer Erkundungstour tatsächlich die dunkelbraunen
Felsen der Küste, an welche hohe Wellen des Pazifik
brandeten. An der Steilküste ritzte er seinen Namen in
einen Baum ein. Ein paar Tage später setzte Captain
Clark seinen Namen an diesem Baum hinzu. Nach

Berechnungen von Clark hatte die Expedition bis dahin mehr als 4.160 Meilen (rund 6.680 Kilometer) zurückgelegt.

Die Expeditionsmitglieder stimmten am 24. November 1805 darüber ab, bei welchem Indianerstamm sie überwintern sollten. Bei dieser Abstimmung zählten auch die Stimme des schwarzen Sklaven York und der Indianerin Sacajawea als gleichberechtigt. Das Ergebnis der Abstimmung war, dass die Teilnehmer der Expedition an der Mündung des Columbia River, südlich des heutigen Ortes Astoria (Oregon), ein Holzfort errichteten. Dieses Wintercamp unweit der Clatsop-Indianer erhielt den Namen „Fort Clatsop".

Zum Stamm der Clatsop-Indianer, die sich vor allem vom Fischfang ernährten, gehörten etwa 400 Menschen, die in drei Dörfern lebten. Der Häuptling eines dieser Dörfer namens Coboway besuchte am 12. Dezember 1805 erstmals das noch im Bau befindliche „Fort Clatsop", das erst am 1. Januar 1806 fertig wurde. Dabei tauschte er einen Seeotter-Pelz für Angelhaken und eine Tasche mit Tabak ein. Der Winter 1805/1806 war lang und feucht.

Die Clatsop-Indianer waren lästig, wollten oft nicht gehen, hielten die Weißen von der Arbeit ab und brachten Flöhe mit ins „Fort Clatsop". Jeden Tag bei Sonnenuntergang mussten vier Expeditionsmitglieder alle im Fort befindlichen Indianer sammeln und vertreiben.

Weit im Osten von der Expedition entfernt hieß US-Präsident Jefferson am 4. Januar 1806 eine Delegation von Häuptlingen der Missouri-, Oto-, Arikara- und

Yankton Sioux-Indianer willkommen, die mehr als ein Jahr zuvor mit den Captains Lewis und Clark zusammengetroffen waren. Jefferson bedankte sich bei den Häuptlingen für die wertvolle Hilfe, die sie der Expedition zuteil hatten werden lassen. Außer sprach er die Hoffnung aus, dass die Weißen und die Indianer friedlich in einem Land zusammenleben könnten.

Am 8. Januar 1806 begleiteten Sergeant Nathaniel Pryor (1772–1831) und elf andere Expeditionsmitglieder – einschließlich Sacajawea und Ehemann Toussaint Charbonneau – Captain Clark auf einer Mission zur Pazifikküste. Ihr Ziel war ein etwa 40 Kilometer südlich von „Fort Clatsop" gestrandeter 105 Fuß (mehr als 30 Meter) langer Wal, vom dem sie durch Clatsop-Indianer erfahren hatten. Dort kaufen die Weißen Walspeck und Tran von Killamock-Indianern, die den Speck in Stücke geschnitten und das Öl ausgelassen hatten.

Die Clatsop-Indianer gaben den Expeditionsmitgliedern auch den Hinweise, wo man Elche jagen könne. Während des Aufenthaltes in „Fort Clatsop" erlegten die Jäger der Expedition 101 Elche, 20 Rehe, einige Biber und Fischotter sowie einen Waschbär. Aus den Elchhäuten fertigte man lederne Kleidungsstücke und Mokassins (absatzlose Wildlederschuhe) an. Clatsop-Indianer lieferten auf Bestellung für die Weißen bequeme Hüte aus enggeflochtenem Schilf, die oben breiter als in der Mitte waren. Getrübt wurden die Beziehungen zwischen der Expedition und den Clatsop durch den Diebstahl eines Kanus.

Bild auf Seite 209:

Das am 1. Januar 1806 fertiggestellte „Fort Clatsop"
an der Mündung des Columbia River (Oregon)
diente der Expedition als Winterlager.
Gemälde von Janis Lang,
Abdruck mit freundlicher Genehmigung
des United States Department of Agriculture (USDA) –
Natural Resources Conservation Service,
Lincoln, Nebraska

Wenn der einäugige Soldat Pierre Cruzatte im Februar 1806 im „Fort Clatsop" abends mit seiner Geige spielte, tanzte der ein Jahr alte Sohn „Pompy" von Sacajawea, der inzwischen allein gehen konnte, nach der Musik. Der kleine Junge hatte die Männer bei ihren ausgelassenen Tänzen beobachtet und ahmte ihre Bewegungen nach. Damit erntete er großes Gelächter. Captain Clark bezeichnete „Pompy" als „Tanzbübchen".

Am 23. März 1806 nahmen die Expeditionsmitglieder ihren Abschied von „Fort Clatsop". Ein schrecklicher Winter, an dem es nur an zwölf Tagen nicht geregnet hatte, lag hinter ihnen. Man schenkte das Fort dem Häuptling Coboway. Dessen Volk hatte Captain Clark und seine Begleiter freundlich im Dorf behandelt, als diese einen Platz für eine Salzsiederei an der Pazifikküste suchten.

Die Expedition fuhr in Booten den Columbia River flussaufwärts. An schwierigen Passagen versuchten Chinook-Indianer mehrfach, Ausrüstungsgegenstände zu stehlen. Die Chinook lebten vor allem an Flüssen und ernährten sich hauptsächlich von Lachs, Wild, Wurzeln und Beeren.

Einmal schoss Captain Clark auf einen Vogel. Damit erschreckte er die Chinook sehr. Daraufhin versuchte Clark mit Zeichensprache das Missverständnis aufzuklären. Als dies nicht gelang, führte man Sacajawea und ihr Baby in das Dorf der Chinook. Der Anblick der jungen Indianerfrau mit ihrem Baby auf dem Arm beruhigte die Chinook. Nun verstanden sie, dass die

Expedition friedlich sein musste, wenn eine Frau mit Kleinkind mit ihr reiste.

Hätte die Expedition nur aus Männern bestanden, wäre sie wohl mehrfach von Indianern als feindlicher Kriegstrupp betrachtet und angegriffen worden. Die Anwesenheit der Indianerfrau Sacajawea und ihres Babys auf dem Arm verriet den Indianerstämmen, denen die Expedition begegnete, dass diese Männer in Frieden kamen und keine Feindseligkeiten hegten. Sacajawea und ihr Baby dienten sozusagen als „lebendige weiße Flagge".

Nach dem Whiskey ging der Expedition auch der Tabak aus. Sergeant Gass notierte, die Männer hätten Baumrinde als Tabakersatz benutzt.

Ende April 1806 traf die Expedition im südlichen Teil des heutigen US-Bundesstaates Washington mit Walla Walla-Indianern zusammen, die früher am Walla Walla River, einem Nebenfluss des Columbia River, gelebt hatten. Weder Sacajawea noch deren Ehemann oder andere Teilnehmer der Expedition sprachen oder verstanden deren Sprache. Anfangs versuchte George Drouillard vergeblich, sich durch Zeichensprache mit den Walla Walla zu verständigen, deren Häuptling Yelleppit hieß. Doch dann fand man eine von den Walla Walla gefangene Shoshonin und nun konnte Sacajawea wieder als Übersetzerin aktiv werden.

Wieder einmal Pech hatte Charbonneau am 30. Mai 1806. Als er mit Jean Baptiste Lepage zu einem Indianerdorf unterwegs war, stürzte das mit Handelsware beladene Packpferd von einem Kliff in den Fluss und schwamm zum anderen Ufer. Die Tauschware wurde teilweise klitschnass oder ging verloren. Zu allem Überdruss kenterte auch ein Floß der Indianer, die versucht hatten, zu den Weißen zu kommen und mit ihnen zu tauschen.

Wegen damals ungünstiger Schneeverhältnisse konnten die Berge der Rocky Mountains erst Ende Juni 1806 von der Expedition überquert werden. Aus diesem Grund hielt sich die Expedition einige Wochen lang bei freundlich gesinnten Nez Percé-Indianern auf. Einige Indianer ließen sich als Führer über die Berge anwerben.

Bei der Überquerung der Rocky Mountains Anfang Juli 1806 trennten sich die Anführer Lewis und Clark, um weniger strapaziöse Wege über die Berge zu finden. Clark schlug einen südlichen Pfad entlang des Yellowstone River ein. Lewis wählte einen direkten Weg zum Missouri River. Sergeant Gass erhielt den Auftrag, mit zehn Männern die im Jahr zuvor am Jefferson River zurückgelassenen Boote über den Landweg zu transportieren. Damit umging man Mitte August 1806 erneut die „Großen Wasserfälle" („Great Falls") des Missouri River in Montana.

Mit lediglich drei Männern wagte Captain Lewis die Erforschung des Marias River in Richtung des heutigen Glacier-Nationalparks in Montana. Zuvor hatte man ihn vor kriegerischen Blackfeet-Indianern („Schwarzfuß-Indianer") gewarnt, die jene Gegend unsicher machten. Der Name der Blackfeet-Indianer soll von der Schwarzfärbung ihrer Mokassins herrühren, die zufällig durch die Asche der Präriefeuer oder absichtlich schwarz gefärbt wurden.

In der Gegend des Marias River wurde Captain Lewis am 27. Juli 1806 in der Morgendämmerung durch Lärm aus dem Schlaf gerissen. George Drouillard kämpfte mit einem Blackfeet-Indianer, der ihm seine Flinte entwenden wollte. Lewis griff nach seiner Flinte, bemerkte aber dabei, dass diese bereits gestohlen worden war. Der Captain zog seine Pistole und sah einen Indianer, der mit seiner Flinte wegrannte. Lewis verfolgte den Indianer und drohte diesem, dass er schießen werde. Dann eilten die beiden Fields-Brüder Reuben und Joseph („Joe") herbei und richteten ihre Flinten auf den flüchtenden Indianer, der nun die gestohlene Schusswaffe fallen ließ. Inzwischen hatte auch Drouillard seine Flinte dem Indianer entrissen, der sie ihm weggenommen hatte. Mittlerweile jagten die Fields-Brüder hinter einem anderen Indianer her, der zwei Flinten stibitzt hatte. Reuben Fields erwischte den Dieb und packte seine Flinte. Joseph Fields kam hinzu und versuchte vergeblich, die andere Flinte zu fassen. Beim Kampf stieß Reuben dem Indianer sein Messer ins Herz, worauf dieser nach einigen Schritten zu Boden fiel. Die Fields-Brüder rannten anschließend ins Lager zurück. Zwei andere Indianer raubten die Pferde der Weißen. Der Captain verfolgte diese Diebe, welche die Pferde in eine Felsenkluft trieben. Einer der beiden Indianer sprang hinter einen Felsen und rief den anderen, der mit erhobener Flinte herumschwenkte. Lewis schoss einen Indianer in den Bauch, worauf dieser

Bild auf Seite 215:

Abbildung „Captain Lewis shooting an Indian"
aus dem 1807 erstmals erschienenen Werk:
„A Journal of the Voyages and Travels of a Corps
of Discovery under the Command of Capt. Lewis
and Capt. Clarke of the Army of the United States,
from the Mouth of the River Missouri
Through the Interior Parts of North America,
to the Pacific Ocean During the Years 1804,
1805, & 1806"
von Patrick Gass (1771–1870)

Captain Lewis shooting an Indian.

auf die Knie und den rechten Ellenbogen stürzte und in dieser Haltung feuerte. Der Captain zog sich mit schussbereiter Pistole wieder zurück und fing mit Drouillard einige Pferde der Indianer ein. Später kehrten die anderen Begleiter mit vier ihrer eigenen Pferde zurück. Lewis warf die Speere, Pfeile und Bogen der Indianer ins Feuer. Der Indianer, den Lewis tödlich getroffen hatte, gehörte zu einer Gruppe, mit welcher der Captain sich am Abend zuvor unterhalten und eine Pfeife geraucht hatte. An seinem Hals hing jene Friedensmedaille, die er von Lewis als Geschenk entgegengenommen hatte.

Bald danach trafen Lewis und seine Begleiter jene Männer wieder, die mit vier Kanus auf dem Marias River gefahren waren. Die von der Expedition in Verstecken eingelagerte Ausrüstung war teilweise durch Wasser beschädigt oder von Indianern gestohlen worden. Von den versteckten Wasserfahrzeugen war die rote Piroge verfault, die weiße Piroge und ein Kanu dagegen blieben unversehrt.

Ende Juli 1806 verließ die von Lewis angeführte Gruppe die Mündung des Marias River und fuhr in den Yellowstone River ein. Dort ging es dank Wind und Strömung schnell vorwärts, oft mit sieben Meilen (mehr als elf Kilometer) pro Stunde.

Wohlbehalten gelangte die Gruppe von Captain Lewis am 6. August 1806 an einer Stelle am Yellowstone River an, wo Captain Clark etwa eine Woche vorher gelagert hatte. Auf einem Papierfetzen war zu lesen, Clark habe sich entschlossen, weiter zu fahren und einige Meilen flussabwärts am rechten Ufer zu warten.

Am Morgen des 11. August 1806 gingen Captain Lewis und der kleine, drahtige, einäugige Soldat Pierre Cruzatte am Yellowstone River auf die Elchjagd. Dabei brachten sie einen Elch zur Strecke und verwundeten einen zweiten. Lewis schlug vor, er und Cruzatte sollten versuchen, das verwundete Tier getrennt zu suchen. Rund eine halbe Stunde später traf den Captain eine Gewehrkugel, als er sich gerade einen Weg durch ein Weidendickicht bahnte. Die Kugel durchschlug sein linkes Bein, kam am Hüftknochen vorbei und auf der Rückseite des rechten Oberschenkels wieder heraus. Lewis trug einen Mantel aus braunem Elchfell, der im Gelände nicht zu erkennen war. Er befürchtete, ein Blackfeet-Indianer habe ihn entdeckt und auf ihn gefeuert. Als er nach Cruzatte rief und keine Antwort erhielt, humpelte Lewis zur weißen Piroge zurück. Man suchte und fand Cruzatte nach etwa 20 Minuten. Er erklärte, er habe zwischen den Bäumen einen Schimmer von einem Elch gesehen, dann geschossen, aber nichts entdeckt. Cruzatte war über sein Missgeschick so verzweifelt, dass er weinte. Der verletzte Lewis konnte in den folgenden Wochen nicht laufen, verzieh aber Cruzatte seinen Fehler.

Um die Mittagszeit am 12. August 1806 stieß die Gruppe von Captain Lewis am Missouri River wieder auf den Trupp von Captain Clark. Von da an betreute Clark fürsorglich seinen verwundeten Freund „Merne".

Wie Lewis war auch Clark vom Bitter-Root-Tal aus über einen anderen Pass gegangen, als jenen, über den sie bei der Hinweise zum Pazifik gekommen sind. Jener Pass über die Wasserscheide lag etwa 30 Meilen (rund 48 Kilometer) oberhalb der Stelle, wo die erste Überquerung erfolgt ist. Am 8. Juli 1806 gelangte Clark zu einer Landspitze, an welcher der Prairie Creek in den Jefferson River mündet.

Am 14. Juli 1806 erreichte die Gruppe von Clark den Zusammenfluss des Madison River mit dem Jefferson River. Dann trennte sich die Gruppe. Sergeant Ordway brachte mit zehn Männern die Kanus den Missouri River hinunter, um die anderen dort zu erwarten, wo der Yellowstone River einmündet.

Zur Gruppe von Clark gehörten insgesamt 13 Personen, darunter auch Sacajawea und ihr Baby. Später trennte sich eine von Sergeant Pryor angeführte kleine berittene Gruppe an einer Stelle, wo Clark und seine Leute einige Kanus anfertigten, um auf dem Yellowstone River zu dessen Mündung zu fahren.

Bei der weiteren Heimreise profitierte die Gruppe von Clark von der Ortskenntnis von Sacajawea. Sie riet davon ab, nach etwa 20 Meilen (rund 32 Kilometer) Pfade zu benutzen, die das Steilufer durchschnitten. Stattdessen empfahl sie einen weiter südlich folgenden Pfad, der heute Bozeman Pass heißt. Die Gruppe ritt am folgenden Tag auf jenen Pass zu und fand dort einen Büffelpfad, den man „Sacajawea's Road" nannte. Dort überschritten sie einen niedrigen Abschnitt der Wasserscheidenkette und erreichten die Quelle eines Flusses, der in den Yellowstone River mündete, nahe des heutigen Livingston. Als man an einen unbekannten Fluss kam, nannte man ihn nach dem beliebten Schmied Shields.

Am 20. Juli 1806 fällte man zwei große Bäume, um aus deren Stämmen zwei Kanus herzustellen, die man seitlich zu einem Doppelkanu zusammenband. Tags darauf stahlen Crow-Indianer etwa die Hälfte der Pferde von Clarks Gruppe. Mit dem Doppelkanu ging es schnell voran: rund 70 Meilen (mehr als 110 Kilometer) an einem Tag.

Sergeant Pryor und zwei andere Männer brachten die restlichen Pferde auf dem Landweg dorthin, wo der Bighorn River in den Yellowstone River einmündet. Pryor hatte viel Ärger mit den Pferden. Immer wenn sie in die Nähe einer Bisonherde kamen, rannten die Pferde alle davon und mussten dann mühsam wieder eingefangen werden.

Einen Tag später bestieg Captain Clark am rechten Ufer des Yellowstone River in Montana einen etwa 200 Fuß (rund 60 Meter) hohen Felsen aus hellem Sandstein. Dieser Felsen stieg auf drei Seiten senkrecht empor. Nur auf der Nordostseite konnte man ihn erklimmen. Auf dem Gipfel wuchs Gras. Von dort aus genoss Clark eine herrliche Aussicht auf ferne Berge, weite Ebenen, das Nordufer des Yellowstone River mit hohen Klippen, die aus dem Wasser ragten, sowie einen schlammigen Fluss, der gegenüber des Felsens einmündete. In diesen Felsen hatten Indianer merkwürdige Tierfiguren eingemeißelt. In geringer Entfernung von diesen Figuren meißelte Clark seinen Namen in den Felsen ein. Der Captain bezeichnete den Felsen als „Pompey's Tower" („Pompey's Turm"). Jener Name wurde später in „Pompey's Pillar" („Pompey's Pfeiler") abgewandelt. Er erinnert noch heute an den Sohn von Sacajawea. Einige Meilen von diesem Felsen entfernt, entdeckten Clark und ein Begleiter das Skelett eines fossilen Fisches, das in einen Felsen eingebettet war.

Am 3. August 1806 war der Missouri River erreicht. In einem Lager auf einer Landspitze zwischen zwei Flüssen stieß die Gruppe von Captain Clark auf diejenige von Sergeant Ordway. Dort litten die Männer sehr unter lästigen Moskitos, von denen es offenbar Millionen gab.

Wegen der Moskitoplage schrieb Captain Clark im Gehen einen Brief an Captain Lewis. Jenes Schreiben wickelte er in Leder und befestigte es an einem Pfahl. Lewis hat diesen Brief allerdings nicht vorgefunden. Denn Sergeant Pryor kam mit seinen Männern an jene Stelle, glaubte irrtümlich, Captain Lewis hätte den Brief bereits gelesen, nahm das Schreiben mit überreichte es später dem verblüfften Captain Clark.

Sergeant Pryor war mit seinen Leuten hinter Captain Clark mit zwei Fellkanus auf dem Missouri River gefahren, statt mit Pferden dorthin zu reiten. Beim Wiedersehen mit Clark erzählte Pryor, dass Indianer ihnen alle Pferde gestohlen hatten. Deshalb kehrten er und seine Männer zu Fuß um, trugen ihr Gepäck auf dem Rücken und marschierten zum Yellowstone River. An dem Felsen, in den Clark seinen Namen eingemeißelt hatte, stellten Pryor und seine Begleiter zwei Fellkanus her und setzten damit ihre Reise fort.

Am 11. August 1806 begegnete die Gruppe von Captain Clark zwei Biberjägern, die gemeinsam mit Captain Lewis gereist waren. Tags darauf waren alle Mitglieder der Expedition wieder glücklich vereint. Anschließend setzten sie die restliche Heimreise gemeinsam fort. Bei der Rückfahrt ging es merklich schneller als bei der Hinfahrt voran. Denn nun konnte man mit der Strömung und nicht gegen sie auf dem Missouri River fahren.

Während der Heimreise hielt die Expedition am 14. August 1806 beim „Fort Mandan", das im Winter 1804/ 1805 als Lager errichtet worden war, an. Zur Überraschung der Männer lagen von dem Fort nur noch verkohlte Überreste vor. Die Ursache des Feuers, welches das Fort zerstörte, ist nicht bekannt. In Nähe des ursprünglichen „Fort Mandan" befindet sich heute eine Nachbildung.

Nach der Ankunft in „Fort Mandan" bat der Soldat John Colter (um 1775–1813) darum, man möge ihn aus dem Team entlassen, damit er sich den Fallenstellern Forerst Hancock und Joseph Dickson anschließen könnte, die den Yellowstone River hinauffuhren. Colter soll später als erster Weißer das Gebiet des jetzigen Yellowstone-Nationalparks entdeckt haben.

Toussaint Charbonneau verabschiedete sich am 17. August 1806 in einem Dorf der Hidatsa-Indianer am Oberen Missouri River von der Expedition. Er wollte wieder sein altes Leben als Pelzjäger und Pelzhändler führen. Saint Louis sei für ihn nichts, erklärte er, denn dort gäbe es für ihn nichts zu tun und kenne er auch niemand. Captain Clark sprach lange mit Toussaint Charbonneau, der 500,33 US-Dollar als Lohn für die 19 Monate erhielt, die er mit der Expedition unterwegs gewesen war, und zusätzlich den Preis für ein Pferd. Falls ein Häuptling der Hidatsa-Indianer mit nach Washington zum US-Präsidenten Jefferson reisen wolle, sollte Charbonneau mitkommen und weiter als Dolmetscher arbeiten. Doch hierfür war kein Häuptling der Hidatsa bereit. Clark wollte das 19 Monate alte „Tanzbübchen" Jean Baptiste Charbonneau adoptieren, ihm die beste Erziehung ermöglichen und ihn wie seinen Sohn behandeln. Doch seine Mutter Sacajawa stillte „Pompy" noch, wie es bei Indianerfrauen üblich war und Charbonneau war nicht damit einverstanden, dass ihn seine Frau und sein Sohn verließen. Aber ein Jahr später könne „Pompy" zu Clark kommen, erklärte Charbonneau. Der Abschied von „Pompy" und Sacajawea tat Clark weh. Denn er liebte den kleinen Jungen und empfand für dessen kleine tapfere Mutter, die alle Strapazen der Forschungsreise klaglos ertragen und der Expedition oft geholfen hatte, eine „große Zärtlichkeit".

Sacajawea weinte, als sich Captain Clark herzlich von ihr verabschiedete, ihr für ihre Hilfe dankte und noch einmal versprach, er würde „Pompy" gern die beste Erziehung geben und wie seinen Sohn behandeln. Sie hätte es gern gesehen, dass ihr Sohn bei „Häuptling Rotkopf" sei, wie sie Clark nannte, denn Charbonneau sei nicht gut. Bei der Abfahrt der Expedition aus „Fort Mandan" im August 1806 war der Häuptling Sheheke (1766–1812), auch Shakaka, „Gros Blanc", „Big White" oder „White Coyote" genannt", von den Mandan-Indianern mitsamt Frau „Yellow Corn" und Sohn dabei. Sheheke sah seine Heimat erst 1809 wieder.

Drei Tage nach der Abfahrt von „Fort Mandan" schrieb Captain Clark einen Brief an Charbonneau, in dem er seine Freundschaft mit ihm beteuerte. Erneut erklärte Clark, dass er gerne die Erziehung von Jean Baptiste und die Kosten für seine Ausbildung übernehmen würde. Außerdem bedauerte er sein Unvermögen, Sacajawea eine Belohnung zukommen zu lassen und bot Charbonneau Landbesitz und Viehbestand an. Falls Charbonneau seine Freunde in Montreal besuchen wolle, würde er ihm ein Pferd leihen und dessen Familie aufnehmen. Außerdem bot Clark dem Trapper und Pelzjäger Charbonneau zwei Optionen an. Erstens könne er als Dolmetscher in einem amerikanischen Fort arbeiten, das in der Gegend der Hidatsa-Indianer geplant sei. Zweitens könne er in einem kleinen Handelsunternehmen tätig sein. Charbonneau könne dies tun, wenn er im nächsten Jahr Jean Baptiste zu Clark brächte.

Ohne Probleme verlief die Begegnung mit Teton Sioux-Indianern, die bei der Hinweise zum Pazifik so lästig gewesen waren. Als die Expedition am 30. August 1806 einer großen Anzahl von Teton Sioux begegnete, ließ Captain Clark sie durch den Dolmetscher Jesseaume warnen: Jeder, der versuchen würde, auf ihre Uferseite herüber zu kommen, würde erschossen. Zuvor hatten die Teton Sioux versucht, die weißen Pelzhändler Forest Hancock und Joseph Dickson zu töten und letzteren an der Schulter verwundet. Die Teton Sioux seien böse Leute und kein Händler werde mit ihnen Handel treiben, erklärte Clark. Alle Weißen, die mit den Stämmen weiter stromaufwärts Handel treiben wollen, würden so stark bewaffnet, das jeder Schurke, der ihnen etwas Böses antun wolle, getötet werde. Diese Warnung von Clark erzürnte die Teton Sioux sehr. Sie kletterten auf einen Hügel, riefen Schimpfworte und forderten die Weißen auf, an ihr Ufer zu kommen. Dann würden sie erleben, wie schnell sie ihre Skalps verlieren könnten.

Am 2. September 1806 gelangte die Expedition zu der Stelle, wo sie ein Jahr zuvor auf dem Gipfel des Calumet Bluff eine Fahnenstange mit US-Flagge errichtet hatten. Dort wurden sie von Yankton Sioux-Indianern begrüßt, mit denen sie im Vorjahr eine Versammlung abgehalten hatten.

Zwei Tage später begegnete die Expedition am 4. September 1806 auf dem Missouri River zwei großen Schiffen, die stromaufwärts fuhren. Sie gehörten dem Händler James Airt und hatten Waren an Bord, mit denen Pelze eingetauscht werden sollten. Die beiden großen Schiffe und die Boote der Expedition legten am Ufer des Missouri River an. Dort freundeten sich die Männer an. Die Captains Lewis und Clark wurden von Airt zu einem Essen eingeladen, bei dem sie erfuhren, was sich während ihrer Abwesenheit in ihrer Heimat ereignet hatte.

Nur wenige Stunden später besuchten die Captains Lewis und Clark sowie einige ihrer Männer das Grab des am 20. August 1804 verstorbenen Sergeanten Floyd. Seine letzte Ruhestätte war von Indianern geöffnet und nur halb wieder aufgefüllt worden. Man brachte das Grab wieder in Ordnung.

Auf der letzten Strecke nach Saint Louis begegnete die Expedition noch weiteren Schiffen, die auf dem Missouri River stromaufwärts fuhren. Unterwegs gab es ein Wiedersehen der Captains Lewis und Clark mit drei alten Freunden. Einer davon war der ehemalige Scout und Lieutenant Robert McClellan (1770–1815), der wie Lewis und Clark unter General Anthony Wayne gedient hatte. Die beiden anderen waren Joseph Graveline und Pierre Dorion senior, die 1805 mit dem Kielboot „Experiment" von „Fort Mandan" zurückgefahren waren. Sie berichteten, der Ricara-Häuptling, der sie dabei begleitet habe, sei in Washington gestorben. Graveline und Dorion senior freuten sich sehr, die Captains Lewis und Clark gesund und munter zu sehen. Denn seit einiger Zeit habe man vermutet, sie seien nicht mehr am Leben.

Am 20. September 1806 erreichte die Expedition die kleine Siedlung La Charette am Missouri River. Einen Tag später – am 21. September 1806 – hießen die Einwohner von Saint Charles die Forschungsreisenden willkommen. Danach wurden die Expeditionsteilnehmer mit Einladungen zum Mittagessen, Abendessen und Übernachten geradezu überschüttet. Vor dem Aufbruch nach Saint Louis kleidete man den mitgereisten Mandan-Häuptling Sheheke in einem Laden mit einem Mantel, einer Hose und einem breitkrempigen Hut ein

In Saint Louis wurde die Expedition am 23. September 1806 gegen zwölf Uhr mittags freudig begrüßt. In der Menschenmenge entdeckte Captain Lewis einen alten Freund, den ehemaligen Major Christie. Dieser hatte nach seinem Abschied von der Armee in Saint Louis ein Wirtshaus eröffnet, in dem sie sich die Expeditionsmitglieder zum Essen einfanden. Dazu lud man auch die Pelzhändler Peter Choteau und August Choteau ein, bei denen die beiden Captains übernachten konnten.

Die Captains Lewis und Clark zahlten die Expeditionsmitglieder aus und ließen die noch vorhandene Ausrüstung verwahren. Meriwether Lewis schrieb nach der Ankunft in Saint Louis einige Briefe an US-Präsident Jefferson, in denen er vorläufig über die Expedition berichtete.

Bevor sich die Expeditionsmitglieder in verschiedene Richtungen aufmachten, traf man sich erneut zu einem Essen im Wirtshaus von Major Christie. Dort hielten die Captains Lewis und Clark sowie die Sergeanten Abschiedsreden an ihre Untergebenen. Zum Schluss marschierten die Männer an beiden Captains vorbei, schüttelten ihnen die Hände und sagten ihnen Lebewohl. Hinterher reiste Captain Lewis mit dem Mandan-Häuptling Sheheke („Big White") zu US-Präsident Jefferson nach Washington. Clark suchte sein Zuhause auf und wollte sich mit Lewis in Washington treffen.

226

Die Captains Meriwether Lewis und William Clark galten fortan in den USA als Nationalhelden. Im Capitol in Washington erklärte ein amerikanischer Senator, die Rückkehr der Captains vom Pazifik sei ähnlich bedeutend wie eine Rückkehr vom Mond. Übrigens: Für die fast zweieinhalb Jahre lange Forschungsreise zum Pazifik und zurück hatte man ursprünglich 2.500 US-Dollar bereit gestellt, am Ende kostete sie rund 38.000 US-Dollar.

Als Lohn für die erfolgreiche Expedition von 1804 bis 1806 erhielten Meriwether Lewis und William Clark jeweils den doppelten Sold in Höhe von 1.228 US-Dollar und jeder zudem 1.600 Morgen Land. Außerdem machten beide in der Folgezeit politisch Karriere. Von der Presse und der Öffentlichkeit wurden sie mit Lob überhäuft. Lewis rühmte man als größten amerikanischen Pfadfinder aller Zeiten. Er selbst lobte die Festigkeit, Geduld und Stärke aller Expeditionsteilnehmer.

Obwohl Politik nicht zu seinen größten Talenten gehörte, ernannte man William Lewis im März 1807 zum Gouverneur des Louisiana-Territoriums mit Sitz in Saint Louis. Kurz danach reiste er nach Philadelphia, um Herausgeber und Verlage für seine Berichte über die Expedition und diejenigen von Clark zu suchen. Sergeant Patrick Gass (1771–1870), ein relativ ungebildeter Soldat und Handwerker, veröffentlichte als Erster zu Beginn des Jahres 1807 seinen Bericht über die Expedition, die er als „Corps of Discovery" bezeichnete. Erst später bürgerte sich der Name „Lewis-und-Clark-

Expedition" ein, der an die beiden Anführer erinnert. Durch die frühe Veröffentlichung von Gass soll Lewis entmutigt worden sein und sich nicht mehr intensiv um die Veröffentlichung seiner Expeditionsberichte gekümmert haben.

Die US-Regierung befürwortete am 3. März 1807 einen Gesetzentwurf, wonach jedes Mitglied der Expedition 320 Acre westlich des Mississippi erhalten sollte. Ein Acre entspricht 4.047 Quadratmetern.

Für kurze Zeit kamen Charbonneau, Sacajawea und ihr kleiner Sohn Jean Baptiste im Frühjahr 1807 nach Saint Louis. Was danach geschah, ist Spekulation. Im späten Mai 1807 verließ die Familie Charbonneau wieder Saint Louis und kehrte in die Gegend der Hidatsa- und Mandan-Indianer zurück. In den folgenden zwei Jahren arbeitete Charbonneau als Dolmetscher für den amerikanischen Pelzhändler Manuel Lisa (1772–1820) und für einen kanadischen Händler, der in der Gegend der Hidatsa- und Mandan-Indianer seine Geschäfte betrieb. Im Sommer 1807 misslangen Versuche von Lewis, eine passende Ehefrau zu finden und zu heiraten. Um 1807 malte der amerikanische Maler, Soldat und Naturalist Charles Willson Peale (1742–1827) ein Porträt von ihm. Lewis trank zuviel Alkohol, weshalb seine freundschaftliche Beziehung zu US-Präsident Jefferson abkühlte, und nahm Opium oder Morphium ein. Wegen diverser Fehlspekulationen wuchsen seine Schulden besorgniserregend an. Erst im März 1808, ein Jahr nach seiner Ernennung zum Gouverneur, kehrte Lewis nach St. Louis zurück. Ständig wurde er in politische und andere Streitigkeiten verwickelt. In der letzten Zeit seines Lebens war er sehr depressiv.

Im September 1809 trat Lewis eine Reise nach Washington D. C. an, wo er einiges erledigen wollte. Auf seinem Programm standen politische Gespräche und Arbeiten für die Veröffentlichung seiner Tagebücher über die Expedition. Nachdem er einen Flussdampfer in Saint Louis bestiegen hatte, versuchte er zwei Mal, sich im Mississippi River zu ertränken. Am Morgen des 11. Oktober 1809 starb der erst 35 Jahre alte Meriwether Lewis in der Taverne „Grinder's Stand" an der alten Handelsstraße „Natchez Trace" nahe Hohenwald in Lewis County, etwa 100 Kilometer südlich von Nashville in Tennessee, unter rätselhaften Umständen. Seine Pulsadern waren aufgeschnitten. Schüsse hatten ihn in Kopf und Brust getroffen. Offiziell nahm man an, Lewis habe Selbstmord begangen. Seine Familie dagegen glaubte, er sei einem Mord zum Opfer gefallen.

William Clark kam nach dem Ende der Expedition besser als Meriwether Lewis mit dem Leben zurecht. Nach der Rückkehr verwendete er viel Zeit dafür, die gesammelten Informationen zu verarbeiten. Man ernannte ihn zum Brigadegeneral der Miliz und 1807 zum Superintendenten für „Indianische Angelegenheiten" im Lousiana-Territorium. Sein Hauptquartier befand sich in Saint Louis, das von Indianern als „Red-Headed Chief's town" bezeichnet wurde. Am 5. Januar 1808 heiratete Clark in Fincastle County (Virginia) Julia „Judith" Hancock, nach der er den Hancock River in Montana benannte. Aus dieser Ehe gingen die vier Söhne Meriwether Lewis, William Preston, George Rogers Hancock und John Julius sowie die Tochter Mary Margaret hervor. Die Vornamen des ersten Sohnes Meriwether Lewis drückten die Sympathie für Capitain Meriwether Lewis aus.

Nach dem Tod von Lewis im Herbst 1809 kümmerte sich Clark um die Veröffentlichung von dessen Berichten über die Expedition. 1810 malte der erwähnte Künstler Charles Willson Peale auch ein Porträt von Clark.

Im Herbst 1809 zog Toussaint Charbonneau mit seiner Familie doch nach Saint Louis, wo sie am 20. November eintrafen. Am 30. Oktober erhielt Charbonneau ein Stück Land an der Südseite des Missouri River in Saint Ferdinand im Saint Louis District. Doch das geregelte Leben als Farmer gefiel dem ehemaligen Trapper und Pelzjäger auf Dauer nicht. Im März 1811 verkaufte Charbonneau sein Land für 100 US-Dollar an Clark, dem er auch seinen kleinen Sohn Jean Baptiste anvertraute. Der Rechtsanwalt Henry Marie Brackenridge (1786–1871) notierte am 2. Mai 1811 in Saint Charles, er habe Charbonneau und seine indianische Frau an Bord eines Schiffes getroffen. Auf jenem Schiff sei der amerikanische Pelzhändler Manuel Lisa mitsamt Begleitern auf dem Missouri River gefahren, um sich mit der Gruppe des Pelzhändlers Wilson Price Hunt (1783–1842) zu treffen. Charbonneau und die Indianerin hätten erzählt, sie seien der Zivilisation überdrüssig. Brackenridge beschrieb Sacajawea als mild und sanftmütig und behauptete, sie würde stark die Sitten und die Kleidung der Weißen imitieren.

Bald danach kamen Toussaint Charbonneau und Saca-
jawea im Gebiet der Hidatsa- und Mandan-Indianer
an, wo sie vorher zeitweise gelebt hatten. Im Juni 1811
verließ Charbonneau bereits wieder diese Gegend und
heuerte anschließend bei dem Pelzhändler Lisa als
Dolmetscher an. Meistens arbeitete Charbonneau unter
Reuben Lewis, dem jüngeren Bruder von Meriwether
Lewis und Partner der „Missouri Fur Company" von
Lisa in „Fort Manuel" (South Dakota). Pro Jahr erhielt
Charbonneau 250 US-Dollar als Lohn für seine
Dolmetschertätigkeit.

Die vom Erfolg gekrönte „Lewis-und-Clark-Expedition" ermutigte verschiedene andere Expeditionen in
den Westen, die dieses Gebiet zunehmend zugänglich
machten. Der aus Deutschland stammende New Yorker
Pelzhändler John Jacob Astor (1763–1848) gründete
1810 das Pelzhandelsunternehmen „Pacific Fur Company" und rüstete dank der Unterstützung durch Präsident Jefferson eine neue Überland-Expedition in den
pazifischen Nordwesten aus. Die Männer der „Pacific
Fur Company" gründeten 1811 die erste amerikanische
Siedlung am Pazifik namens „Fort Astoria".

Während des „Krieges von 1812" (auch „Britisch-
Amerikanischer Krieg" oder „Zweiter Unabhängigkeitskrieg" genannt) leitete William Clark viele militärische Aktionen. Dieser Krieg begann mit der
Kriegserklärung der USA am 18. Juni 1812 und wurde
durch den „Frieden von Gent" am 24. Dezember 1814
beendet. Es folgten aber weitere Kämpfe, die bis 1815
dauerten.

Am 4. Juni 1812 wurde das Louisiana-Territorium in Missouri-Territorium umbenannt, um Verwechslungen mit dem neuen US-Staat Louisiana zu vermeiden. 1813 berief man William Clark als Gouverneur des Missouri-Territoriums. Nach Ende des „Krieges von 1812" kehrte er auf seinen Posten als Generalintendent für „Indianische Angelegenheiten" zurück. Den Rest seines Lebens hatte er mit der Beilegung von Streitigkeiten zwischen Indianern und weißen Siedlern sowie mit der Unterzeichnung von Friedensverträgen zwischen US-Regierung und Ureinwohnern zu tun. Die Indianer nannten ihn „Red-haired Chief" („Rothaariger Häuptling").

Verwirrendes liest man über das weitere Schicksal des schwarzen Sklaven York von William Clark. Manche Historiker glauben, York sei bereits nach der im Herbst 1806 abgeschlossenen Expedition von Clark freigelassen worden. Die Freiheiten, die York während der Expedition zum Pazifik und zurück genossen habe, hätten es unmöglich gemacht, dass er weiterhin Sklave geblieben sei. Es heißt aber auch, York habe wegen seiner Verdienste bei der Expedition von Clark seine Freilassung gefordert. Laut einer anderen Version soll York in die Freiheit geflüchtet sein. 1988 fand man Dokumente, die eine andere Geschichte erzählen. Demnach war York noch im Mai 1809 versklavt. Damals schrieb Clark, er habe York wegen seiner Unverschämtheit und Bockigkeit geschlagen. Möglicherweise war York 1808 nicht damit einverstanden gewesen, dass er sich von seiner Frau, die er nur selten sah, trennen sollte. Clark sperrte York ein und drohte angeblich, ihn einem strengeren Herrn in Kentucky zu überlassen. Dies soll York gefügig gemacht haben. Nach einer anderen Version wäre York in den 1810-er Jahren freigelassen worden. Es hieß auch, York sei Fuhrmann geworden und an Cholera gestorben. Andererseits liest man, Clark habe 832 auf die Frage nach der Freilassung von York erklärt, dieser habe wieder bei ihm als Sklave in Saint Louis dienen wollen, weil er beruflich gescheitert sei. Nach einer anderen Version kehrte York zu den Crow-Indianern zurück, hatte vier Frauen, mit denen er abwechseln lebte, wurde Anführer eines Dorfes und erreichte ein hohes Alter.

An den Sklaven York erinnert eine von dem amerikanischen Bildhauer Ed Hamilton geschaffene Statue mit Gedenktafel in Louisville (Kentucky) am Schiffsanleger am Ohio River. In Kansas City (Missouri) befindet sich die Statue „Corps of Discovery" von Eugene L. Daub, die York zusammen mit dem Hund „Seaman" zeigt. Eine weitere Statue von York steht auf dem Campus des „Lewis and Clark College" in Portland (Oregon). Nach York sind die „Yorks Isles", eine Gruppe von Inseln in Broadwater County (Montana) benannt. Captain Clark hatte den Namen „Yorks 8 Islands" in eine Tabelle der Bäche und Flüsse eingetragen. Auf York geht auch die Bezeichnung „York's Dry Creek" für einen Nebenfluss des Yellowstone River in Custer County (Montana) zurück, der später Custer Creek hieß. US-Präsident Bill Clinton ernannte York 2001 posthum zum Ehrenoffizier der US-Armee. Der amerikanische Dichter Frank X. Walker schrieb zwei poetische Werke über York namens „Buffalo Dance: the Journey of York" (2004) und „When Winter Come: the Ascension of York" (2008). Der Komponist Bruce Trinkley und der Librettist Jason Charnesky schufen die Oper „York", die auf dem Leben des gleichnamigen Sklaven beruht.

Im Dezember 1812 litt Sacajawea unter hohem Fieber. Vermutlich war sie an Diphterie erkrankt. Kurz vor Weihnachten starb sie am 20. Dezember 1812 im Alter von nur rund 25 Jahren in „Fort Raymond" (auch „Fort Manuel" genannt). In jenem Fort hatte man sie – laut dem Trapper John C. Luttig – als „die beste Frau" geschätzt. Charbonneau, der damals zwei indianische Frauen hatte, war zum Zeitpunkt des Todes von Sacajawea mit einer Expedition der „Missouri Fur Company" unterwegs gewesen.

Über die Todesursache von Sacajawea gibt es unterschiedliche Versionen. Einerseits heißt es, sie sei kurz nach der Geburt ihrer zweiten Tochter Lissette (Lizette) gestorben. Andererseits wird behauptet, sie sei bei einer Epidemie ums Leben gekommen. Über die Reaktion von Charbonneau auf die Todesnachricht ist nichts bekannt. Sicherlich wird er den Verlust von Sacajawea sehr bedauert haben. Schließlich war sie rund acht Jahre lang seine Frau und zudem die Mutter von zwei seiner Kinder gewesen. Sicherlich war sie die Beste unter seinen vielen indianischen Frauen. In einer 1825 von William Clark erstellten Liste mit den Namen der Expeditionsmitglieder wurde Sacajawea als bereits tot erwähnt.

Offenbar hatte ihm eine entsprechende Information vorgelegen.

Nach einem Überfall von Sioux-Indianern auf „Fort Raymond" im Frühjahr 1813 fuhr der Pelzhändler Manuel Lisa mit seinen Leuten, unter denen Charbonneau nicht dabei war, auf dem Missouri River nach Saint Louis. Mit ihm kamen Ende Mai 1813 auch der Trapper John C. Luttig und Lissette, die Tochter von Charbonneau und Sacajawea, nach Saint Louis. Charbonneau galt in jener unruhigen Zeit irrtümlich als tot. In einem Dokument des Gerichts von Saint Louis vom 11. August 1813 erklärte man William Clark zum Vormund des zehnjährigen Jean Bapiste und der einjährigen Lissette. Der totgeglaubte Charbonneau machte anscheinend 1814 quicklebendig einen Tripp in das Gebiet der Shoshonen-Indianer. Dort soll er – einem Gerücht zufolge – eine Nachfolgerin für seine 1812 verstorbene Ehefrau Sacajawea gesucht haben. Sicher ist dagegen die Teilnahme von Charbonneau an einer Handelsreise der Pelzhändler August Pierre Choteau (1786–1838) und Jule DeMun (1782–1843) im Jahre 1815 in das amerikanisch-mexikanische Grenzgebiet entlang des Unteren Arkansas River.

Erst 1814 erschienen die von dem Finanzier Nicholas Biddle (1786–1844) für den Druck vorbereiteten Berichte von Captain Lewis und von Captain Clark über ihre Expedition zum Pazifik und zurück. Biddle gewann Präsident Jefferson dafür, einen einführenden Beitrag über Lewis zu schreiben. Die Nachfrage nach diesen wissenschaftlichen Aufzeichnungen über die Expedition, die in Auszügen veröffentlicht wurden, war schwach und das Werk blieb deswegen ein Ladenhüter. Lewis und Clark hatten 178 bisher unbekannte Pflanzenarten und 122 Tierarten erkannt und eine schier unglaubliche Menge geographischer, ethnologischer, botanischer und zoologischer Informationen zusammengetragen. Doch die junge amerikanische Nation war an wissenschaftlichen Erkenntnissen nicht sonderlich interessiert. Die friedlichen Absichten von Lewis und Clark bei ihrer Mission zum Pazifik gerieten bald in Vergessenheit.

William Clark zahlte für den jungen Jean Baptiste Charbonneau das Schulgeld für die „Saint Louis Academy". Diese Einrichtung heißt heute „Saint Louis University High School".

Nach zwölfjähriger Ehe mit William Clark starb dessen erste Ehefrau Julia Hancock am 27. Juni 1820 auf dem Landsitz ihres Vaters in Fotheringay (Montgomery, Alabama). Zweite Ehefrau des Witwers Clark wurde am 28. November 1821 Harriet Kennerly, die Witwe von Dr. John Radford. Aus dieser Verbindung ging der Sohn Edmund hervor. Harriet starb am 25. Dezember 1831 in Saint Louis.

Im Alter von 18 Jahren traf Jean Baptiste Charbonneau 1823 in einem Dorf an der Mündung des Kansas River in den Missouri River den deutschen Prinzen Paul Wilhelm von Württemberg (1797–1860), einen Neffen des Königs Friedrich I. von Württemberg (1754–1816). Der Prinz war ein bedeutender deutscher Naturforscher und Entdecker und unternahm im frühen 19. Jahrhundert zahlreiche Forschungsreisen nach Nordamerika, Nordafrika und Australien. Von 1822 bis 1824 erfolgte seine erste große Forschungsreise nach Kuba und Nordamerika. Der Prinz lud Jean Baptiste ein, mit ihm nach Europa zu reisen. Die Reise von Jean Baptiste erfolgte vermutlich mit Billigung seines Vaters, der im August 1823 ebenfalls den Prinzen getroffen und sich mit ihm angeregt unterhalten hatte.

Der junge Charbonneau lebte sechs Jahre lang in Europa, erlernte vier europäische Sprachen (Englisch, Französisch, Deutsch und Spanisch), reiste durch mehrere Länder und besuchte sogar Afrika. Mit einer Frau namens Anastasia Katharina Fries zeugte er einen Sohn namens Anton Fries, der am 20. Februar 1829 zur Welt kam. Dieses Kind starb am 15. Mai 1829 im Säuglingsalter in Bad Mergentheim (Deutschland). 1829 kehrte Jean Baptiste nach Nordamerika zurück. Dort arbeitete er als Fallensteller in den Rocky Mountains und als Pfadfinder für die US-Armee.

Der alte Charbonneau betätigte sich zwischen 1811 und 1839 zeitweise als Dolmetscher für die Sprachen der Hidatsa-, Mandan- und Crow-Indianer im Auftrag des Indianer-Büros der „Upper Missouri Behörde". Hierfür erhielt er jährlich 300 bis 400 US-Dollar. Diesen Job verschaffte ihm aber nicht Gouverneur William Clark, sondern dessen Neffe, der „Missouri River Indian Agent" Benjamin O'Fallon (1793–1842).

Im Herbst 1823 entging Toussaint Charbonneau knapp einem gewaltsamen Tod. Damals verhielten sich die Arikara-Indianer gegenüber den Männern der „French

Company" feindselig. Am 11. Oktober 1823 kamen Charbonneau und fünf Pelzhändler der „French Company", die mit einem Kanu zu den Mandan-Indianern fahren wollten, zu einem Dorf der Arikara-Indianer am Canonball River. Charbonneau stieg aus dem Kanu aus und schlich vorsichtig um das Dorf herum. Dagegen marschierten die vier anderen Männer in das Dorf und wurden danach nie mehr lebend gesehen. Vermutlich hatten die Arikara sie ermordet. Charbonneau dagegen erreichte wohlbehalten die Mandan-Indianer.

Im Februar 1825 fielen Toussaint Charbonneau und fünf andere Männer, die zum Lake Traverse unterwegs waren, in die Hände der Assiniboine-Indianer. Diese nahmen ihnen ihren Wagen, ihre Pferde und ihre Pferde ab, ließen ihnen aber ihr Leben.

Bei der Rückreise zu den Mandan-Indianern begegnete Toussaint Charbonneau Ende Juli 1825 General Henry Atkinson (1782–1842), der mit nahezu 500 Soldaten unterwegs war. Jenem General diente Charbonneau als Dolmetscher bei Vertragsverhandlungen mit Mandan- und Hidatsa-Indianern als Dolmetscher. Damals war Charbonneau mit einer indianischen Ehefrau, vermutlich einer Hidatsa-Indianerin, unterwegs gewesen.

Als der Missouri River am 6. April 1826 die Dörfer der Hidatsa-Indianer überschwemmte, half Toussaint Charbonneau den bedauernswerten Flutopfern. Drei Tage lang wärmten sich von dieser Naturkatastrophe betroffene Hidatsa in der Scheune von Charbonneau am Feuer, während draußen eisiger Nordwind und Schneetreiben tobten.

In „Fort Clark" hatte Toussaint Charbonneau am 18. Juni 1833 erneut mit einem deutschen Adeligen zu tun. Damals diente er bei einem Treffen zwischen Mandan-, Hidatsa- und Crow-Indianern mit dem Indianer-Agenden John Sanford, „American Fur Company"-König Kenneth McKenzie und dem deutschen Prinzen Maximilian zu Wied-Neuwied (1782–1867) als Dolmetscher. Danach begleitete Charbonneau den Prinzen bei dessen Expedition zu den Dörfern der Mandan- und Hidatsa. Mit von der Partie war der schweizerische Maler Karl Bodmer (1809–1893), der prächtige Gemälde von Indianern schuf. Bei dieser Expedition zum Oberen Missouri kamen Charbonneau seine Erfahrungen bei der Lewis-und-Clark-Expedition zugute.

1834 soll Toussaint Charbonneau den für die „Columbia Fur Company" tätigen Pelzhändler James Kipp (1788–1880) aus „Fort Clark" bei einer Pelz-Expedition schmählich im Stich gelassen haben. Einzelheiten hierüber sind heute nicht mehr bekannt.

Eine der indianischen Ehefrauen von Toussaint Charbonneau starb am 22. September 1836 in einem Dorf der Hidatsa-Indianer an Pocken. Rund vier Wochen später berichtete Charbonneau am 27. September 1836, es seien bereits zehn Hidatsa gestorben. Täglich erlägen zwei oder drei Arikara-Indianer den Pocken. Ende Dezember 1838 kam Charbonneau in das Gros Ventre Camp. Bis dahin waren weitere 117 Indianer den Pocken zum Opfer gefallen.

Insgesamt hatte Toussaint Charbonneau mindestens fünf Ehefrauen. Allesamt waren indianische Mädchen, die zum Zeitpunkt der Heirat erst 16 Jahre alt oder noch jünger waren. Man munkelte sogar, er hätte noch mehr Ehefrauen gehabt, von denen aber nichts Schriftliches überliefert ist. Die letzte Frau von Charbonneau, ein Mädchen vom Stamm der Assinibon-Indianer, war erst 14 Jahre alt, als er es 1837 heiratete. Damals war Charbonneau mindestens 70, wenn nicht sogar 79 Jahre alt. Nach dem Tod von William Clark am 1. September 1838 im Alter von 68 Jahren in Saint Louis (Missouri) endete plötzlich die Beschäftigung von Toussaint Charbonneau als Dolmetscher im Auftrag der Regierung. Clark fand auf dem Friedhof „Bellefontaine Cemetery" in Saint Louis seine letzte Ruhe. Ein zehn Meter hoher Obelisk aus grauem Granit markiert sein Grab.

Aus einer Notiz vom 27. Oktober 1839 von August Chardon geht hervor, Charbonneau habe damals seinen Job als Dolmetscher verloren. Die jungen Männer im Fort hätten ihm einen ehrenvollen Abschied mit Trommelwirbel und Gewehrschüssen bereitet. Charbonneau habe Grog spendiert und sei nach der Feier mit seiner jungen Frau ins Bett gegangen, wo er sein Bestes getan hätte.

Am 12. August 1843 ist Toussaint Charbonneau im Alter von 76 oder 85 Jahren in „Fort Mandan" gestorben. Sein Sohn Jean Baptiste Charbonneau führte 1846/1847 das Mormomen-Batallion von New Mexico bis San Diego in Kalifornien. Dort übernahm er 1847 das Amt des Verwaltungschefs der „San Luis Rey Mission". Weil er versuchte, die Lage der dort ansässigen Indianer, die den Status von Sklaven hatten, zu verbessern, entließ man ihn bereits nach einiger Zeit. Wie Tausende anderer Amerikaner wurde auch Jean Baptiste um 1849 vom Goldrausch in Kalifornien gepackt und suchte in Placer County nach dem Edelmetall. Weil er dabei nicht reich wurde, arbeitete er 1861 in einem Hotel in Auburn (Kalifornien). Auf dem Weg von Kalifornien zu neuen Goldfeldern in der Gegend von Virginia City (Montana) starb Jean Baptiste Charbonneau am 16. Mai 1866 in Danner (Oregon) im Alter von 61 Jahren an Bronchitis. Grabmäler für ihn befinden sich bei Jordan Ville (Oregon) und in „Fort Washakie" (Wyoming). Vom Ersteren wird angenommen, dass es das Richtige ist.

1925 beauftragte man den indianischen Arzt und Schriftsteller Dr. Charles Eastman (1858–1939), die sterblichen Überreste von Sacajawea zu finden. Bei seinen Nachforschungen hörte er von einer Shoshonen-Indianerin namens Porivo, die angeblich mit Sacajawea identisch gewesen sein soll. Porivo hatte den Comanchen Jerk Meat geheiratet und mit ihm mehrere Kinder. Sie soll mit weißen Männern eine lange Reise unternommen, ihnen dabei geholfen und eine Friedensmedaille jener Art erhalten haben, wie sie die „Lewis-und-Clark-Expedition" unterwegs verteilte. Nach dem gewaltsamen Tod ihres Mannes Jerk-Meat habe Porivo die Comanchen verlassen. Danach habe Porivo einige Zeit in „Fort Bridger" in Wyoming mit ihren Söhnen Bazil und Baptiste gelebt, die mehrere Sprachen beherrscht hätten. Irgendwann sei Porivo zu den Lemhi-Shoshonen zurückgekehrt und dort am 9. April 1884 gestorben. Ein Reverend namens John Roberts habe an ihrer Beerdigung teilgenommen.

Auch die amerikanische Historikerin Grace Raymond Hebard (1861–1936) vertrat 1907 die Theorie, Sacajawea sei erst am 9. April 1884 im hohen Alter von 96 Jahren gestorben. Begraben sei sie in der „Wind River Shoshone Indian Reservation". Hebard veröffentlichte diese Theorie 1932 in ihrem Buch „Sacajawea: A Guide and Interpreter of the Lewis and Clark Expedition". Laut „Indianer-Wiki" ist diese weit verbreitete Theorie aber falsch.

Nach der Shoshonen-Indianerin Sacajawea wurden ein Berg, ein Fluss und ein Pass benannt. Keiner anderen Amerikanerin – gleich welcher Hautfarbe – hat man mehr Denkmäler errichtet als ihr. Besonders interessiert an der „Lewis-und-Clark-Expedition" war der amerikanische Maler, Bildhauer, Illustrator und Schriftsteller Charles M. Russel (1864–1926). Sein Wandgemälde „Lewis und Clark treffen die Flathead-Indianer" ziert das „State Capitol" in Helena (Montana). Unter seinen insgesamt mehr als 4.000 Kunstwerken befinden sich etliche Darstellungen der „Lewis-und-Clark-Expedition".

In dem Film „The Far Horizons" (1955), deutsch: „Am fernen Horizont", wurde die Shoshonen-Indianerin Sacajawea von der amerikanischen Schauspielerin Donna Reed (1921–1986) sympathisch dargestellt. Der 1,91 Meter große Filmschauspieler Charlton Heston

242

(1923–2008) verkörperte Captain Lewis und der 1,90 Meter-Mann Fred MacMurray (1908–1991) den Captain Clark.

Die Rolle von Sacajawea bei der „Lewis-und-Clark-Epedition" wird in Büchern, in der Presse und im Internet sehr unterschiedlich bewertet. Manche Autoren behaupteten sogar, Sacajawea sei die eigentliche Führerin der Expedition gewesen. Doch in Wirklichkeit waren die Captains Lewis und Clark uneingeschränkte Anführer. Zweifellos erleichterte die Teilnahme von Sacajawea die Expedition, beschleunigte sie und verhinderte einmal sogar ihr Scheitern, als es um die Beschaffung dringend benötigter Pferde bei den Shoshonen ging. Vielleicht wäre die Expedition aber auch ohne ihre Hilfe erfolgreich abgeschlossen worden. Jedoch wären weder die Verhandlungsgespräche, noch das Durchqueren fremden Territorium so friedlich verlaufen., meinte 2009 der deutsche Autor Stefan Nehl in seiner Hausarbeit.

Nachfahren von William Clark sammelten für die Restaurierung des im späten 20. Jahrhundert verfallenen Grabes von Captain Clark 100.000 US-Dollar. Die Wiederherstellung wurde am 21. Mai 1904, dem 100. Jahrestag des Beginns der „Lewis-und-Clark-Expedition" gefeiert. Zur Feier kamen viele der Nachkommen von Clark, Menschen in altertümlicher Kostümierung sowie Anführer vom Indianerstamm der Osage und der Lemhi Band vom Stamm der Nördlichen Shoshonen.

Captains Meriwether Lewis (links) und William Clark.
Gemälde von Janis Lang,
Abdruck mit freundlicher Genehmigung
des United States Department of Agriculture (USDA) –
Natural Resources Conservation Service,
Lincoln, Nebraska

Teilnehmer der Lewis-und-Clark-Expedition

Permanent Party
(Teilnehmer an der ganzen Expedition zum Pazifik
und zurück):

Captain Meriwether Lewis (1774–1809) begann 1803
im Auftrag von US-Präsident Thomas Jefferson mit
den Vorbereitungen für die Expedition zum Pazifik und
zurück. Im Juni 1803 wählte er Lieutenant William
Clark, den er während seines Militärdienstes kennen-
und schätzen gelernt hatte, als gleichberechtigten Kommandanten. Lewis studierte während der Expedition
von 1804 bis 1806 die Pflanzen- und Tierwelt. Seine
Erkenntnisse über die Natur, Geologie, Geographie,
Indianerstämme sowie seine Einschätzungen über die
Errichtung von Militär- und Handels-Stützpunkten
notierte er in Tagebüchern und Berichten. 1807 ernannte
man ihn, obwohl Politik nicht zu seinen größten Talenten
gehörte, zum Gouverneur des Louisiana-Territoriums
mit Sitz in Saint Louis. Er hatte zunehmend private und
berufliche Probleme, trank zu viel Alkohol und litt unter
Depressionen. Am 11. Oktober 1809 beging er Selbstmord. Er starb unverheiratet und hatte keine Kinder.
Seine Aufzeichnungen über die Expedition wurden erst
1814 nach seinem Tod veröffentlicht.

Captain William Clark (1770–1838),
Gravierung des französischen Malers
Charles Balthazar Julien
Fevret de Saint-Mémin (1770–1852)

Lieutenant William Clark (1770–1838) war neben Captain Meriwether Lewis ein gleichberechtigter Anführer der Expedition. Er kommandierte die Männer auf den Booten, fertigte Landkarten an und führte ein Tagebuch. Nach der im Herbst 1806 beendeten Expedition wurde er 1807 zum Brigadegeneral der Miliz und zum Superintendenten für „Indianische Angelegenheiten" ernannt. Am 5. Januar 1808 heiratete er Julia Hancock, mit der er fünf Kinder hatte. William Clark gehörte am 24. Februar 1809 zu den Gründern der „Missouri Fur Company", die als eines der frühesten Pelzhandels-Unternehmen in Saint Louis gilt. Zu den Gründungsmitgliedern zählten der spanische Pelzhändler Manuel Lisa, Benjamin Wilkinson (Neffe des Louisiana Territorium-Gouverneurs James Wilkinson), der Pelzhändler Jean Pierre Chouteau und dessen Sohn Auguste Pierre Chouteau, Reuben Lewis (Bruder von Meriwether Lewis), William Clark, Pierre Menard, Andrew Henry, Sylvester Labadie, William Morrison und Andrew Fitzhugh. 1813 adoptierte Clark den Sohn Jean Baptiste („Pompy")und die Tochter Lissette des französisch-kanadischen Trappers und Pelzhändlers Toussaint Charbonneau und der Shoshonen-Indianerin Sacajawea, die an der Forschungsreise zum Pazifik und zurück teilgenommen hatten. Nach dem Freitod von Captain Lewis kümmerte er sich um die Veröffentlichung von dessen Tagebüchern und Berichten. Am 28. November 1821 heiratete Clark, der seit 1820 Witwer war, Harriet Kennerly Radford, die zwei Kinder gebar.

Squads der Expedition

Die Soldaten der Expedition waren folgenden Squads (Trupps) zugeordnet:

1st Squad
Sergeant Nathaniel Hale Pryor
Privates:
George Gibson
Thomas Proctor Howard
George Shannon
John Shields
John Collins
Joseph Whitehouse
Peter Weiser
Hugh Hall

2nd Squad
Sergeant Charles Floyd
Privates:
Hugh McNeal
Patrick Gass
Reuben Field
Joseph Field
John B. Thompson
?John Newman?
Richard Windsor
Richard Worthington
Robert Frazer

3rd Squad
Sergeant John Ordway
Privates:
William Bratten
John Colter
?Moses B. Reed?
Alexander Hamilton Willard
William Warner
Silas Goodrich
John Potts
John Robertson
John Boley

Ein Soldat (Private) der Expedition erhielt damals einen monatlichen Sold von 5 US-Dollar, ein Korporal 7 US-Dollar, ein Sergeant 8 US-Dollar, ein Lieutenant 30 US-Dollar und ein Captain 40 US-Dollar. Die Dolmetscher der Expedition bekamen pro Monat 25 US-Dollar. Der afrikanische Sklave York und die Indianerin Sacajawea erhielten kein Geld.

Sergeant Patrick Gass (1771–1870), Abbildung aus dem Werk
„The centennial history of Oregon, 1811–1912",
Vol. 1, von Joseph Gaston und George H. Himes von 1912

Sergeant Patrick Gass (1771–1870) hatte irische Vorfahren, wurde am 12. Juni 1771 in Falling Springs bei Chambersburg in Cumberland County (Pennsylvania) geboren und war der Vetter von Sergeant Nathaniel Pryor. Seine Eltern Benjamin Gass und Mary McLene zogen in seinen ersten Lebensjahren oft um. Von 1777 bis 1780 lebte Patrick bei seinem Großvater. 1789 trat er in die US-Armee ein. Mit 21 Jahren kämpfte er 1792 gegen Indianer, die Siedler angegriffen hatten. Ab 1794 machte er eine zweijährige Tischlerlehre. Zwischen 1796 und 1799 arbeitete er als Zimmermann. Als 1799 ein Krieg der USA mit Frankreich drohte, diente Gass bis Juni 1800 im 10. Regiment unter General Alexander Hamilton. Ab Mai 1801 war er Soldat im „Fort Kaskaskia" (Illinois-Territorium) unter Captain Russel Bissell (1756–1807). Bissell erhielt im Sommer 1803 vom „Secretary of War" den Befehl, für die geplante Expedition von Lewis und Clark einen Sergeanten und acht gute Männer zur Verfügung zu stellen. Als sich Gass freiwillig für die Expedition meldete, wollte ihn sein Vorgesetzter nicht gehen lassen, weil er einer seiner besten Soldaten war. Doch Lewis zog Gass aufgrund eines Befehls des Kriegsministers Henry Dearborn (1751–1829) am 3. Januar 1804 ein. Eigentlich sollte Gass als erfahrener Bootsmann die Expedition nur bis zum Winterlager 1804/1805 begleiten. Doch nach dem Tod von Sergeant Charles Floyd am 20. August 1804 wurde er zum Sergeant befördert,, führte die „2nd Squad" an und begleitete die Expedition bis zum Ende. Als Zimmermann arbeitete er am Bau von drei

Winterquartieren („Camp Dubois", „Fort Mandan",
„Fort Clatsop") und von Kanus mit. Im Sommer 1806
teilte sich die Expedition auf dem Rückweg zum
Missouri in mehrere Gruppen auf. Dabei erhielt Gass
den Auftrag, die im Jahr zuvor zurückgelassenen Boote
mit seinen Leuten über den Landweg, vorbei an den
großen Wasserfällen des Missouri, zu transportieren.
Gass diente nach Rückkehr der Expedition weiter bei
der US-Armee in „Fort Kaskaskia". Obwohl die
Original-Aufzeichnungen von Gass verloren gingen
oder zerstört wurden, veröffentlichte er im Juli 1807
mit Hilfe des Schriftstellers und Druckers David
McKeehan aus Pittsburgh als Erster einen Bericht über
die Expedition. Als Honorar erhielt er 100 kostenlose
Exemplare. In dem Bericht wurden Ereignisse von Mai
1804 bis September 1806 geschildert. Dieses Werk
enthielt Details über Personen und Situationen, die
später von Lewis und Clark nicht erwähnt wurden.
Captain Lewis hatte McKeehan gewarnt, einen unauto-
risierten Bericht über die Expedition herauszubringen.
Als der Finanzier Nicholas Biddle 1814 den ersten
offiziellen Bericht der Captains Lewis und Clark über
die Expediton veröffentlichte, war bereits die siebte
Auflage des Werkes von Gass auf dem Markt. Gass
nahm am „Krieg von 1812" teil, verlor bei Lundy Lane
durch den Splitter eines fallenden Baumes ein Auge
und verließ 1815 die US-Armee. In der Folgezeit
arbeitete er in einer Brauerei, als Zimmermann, als
Cowboy, der verlorene Pferde wieder einfing, und in
einer Mühle. Im März 1831 heiratete er im Alter von 60

Jahren die 21-jährige Maria Hamilton, mit der er innerhalb von 15 Jahren bis zum Tod seiner Gattin am 15. Februar 1847 sieben Kinder zeugte. Er hatte drei Söhne (Benjamin F., William, James Waugh) und vier Töchter (Elizabeth, Sarah Ann, Annie Jane, Rachel Maria). Die Abenteuerlust und der Patriotismus von Gass waren so groß, dass er 1858 mit 87 Jahren noch für die USA in den Krieg ziehen wollte. Patrick Gass hat alle anderen Mitglieder der Lewis-und-Clark-Expedition überlebt. Er starb am 2. April 1870 im Alter von 98 Jahren in Wellsburg in Brooke County (Virginia).

Sergeant John Ordway (um 1775–um 1817) wurde als eines von zehn Kindern seiner Eltern unweit von Dunbarton in Merrimack County (New Hampshire) geboren. Er trat 1800 in die US-Armee ein und diente als Sergeant in „Fort Kaskaskia" (Illinois-Territorium) unter Captain Russel Bissell, bevor er sich im Januar 1804 im Alter von 28 Jahren der Expedition anschloss. Ordway war sehr gut ausgebildet und leistete einen wichtigen Beitrag für das Gelingen der Forschungsreise zum Pazifik und zurück. Bei Abwesenheit von Captain Lewis und Captain Clark hatte er die Befehlsgewalt. In einem Brief vom 8. April 1804 an seine Eltern schrieb Ordway, er erhalte einen monatlichen Sold von 15 US-Dollar. Ordway führte die „3rd Squad" der Expedition an, kümmerte sich um die Wachdienste und wurde angehalten, ein Tagebuch über die Expedition zu schreiben. Lewis und Clark zahlten ihm 300 US-Dollar für seine Aufzeichnungen und integrierten sie in ihr Werk. Nach der 1806 beendeten Expedition kehrte Ordway nach New Hampshire zurück. 1807 erwarb er unweit von New Madrid in Missouri 320 Acres Land. Damals heiratete er seine erste Frau Gracey, die 1809 starb. Zweite Ehefrau wurde um 1809 die Witwe Elisabeth Johnson, mit der er zwei Kinder namens Hannah (gestorben 1839) und John (gestorben 1836) zeugte. Ordway bewirtschaftete Plantagen mit Apfel- und Pfirsichbäumen. Bei einer Serie von drei katastrophalen Erdbeben („New-Madrid-Erdbeben"), deren Epizentrum im Gebiet von New Madrid lag, am 12. Dezember 1811, am 23. Januar 1812 und am 7. Februar 1812 wurden seine Gebäude zerstört und sein Land verwüstet. Von diesem Schicksalsschlag erholte sich Ordway nicht mehr. Er starb am 5. Februar 1817 in New Madrid in Madrid County (Missouri) im Alter von nur etwa 42 Jahren. Eine Statue von Sergeant Ordway steht im „Fort Lewis Memorial Park".

Sergeant Nathaniel Hale Pryor (1772–1831) stammte vermutlich aus Amherst County in Virginia und war ein Vetter des am 20. August 1804 gestorbenen Sergeanten Charles Floyd. 1783 zog er mit seinen Eltern nach Kentucky, wo er rund 20 Jahre lang lebte. Ab 17. Mai 1798 war er mit Margaret („Peggy") Patton verheiratet, mit der er sechs Kinder hatte (Jane B., James, Nancy, Robert L., Eliza, Nathaniel). Captain Clark rekrutierte ihn am 20. Oktober 1803 zusammen mit acht anderen Soldaten. Diese neuen Rekruten nannte man fortan „Nine young men from Kentucky" („Neun junge Männer aus Kentucky") und ordnete sie der „Permanent Party" zu, die vom Anfang bis zum Ende der Forschungsreise an den Pazifik und zurück dabei sein sollte. Pryor war unter den Teilnehmern der Expedition der einzige Soldat, der eine Ehefrau hatte. Ansonsten galt die Maxime, dass nur unverheiratete Soldaten für die Expedition engagiert wurden. Pryor galt als „Mann mit Charakter" und führte die „1st Squad" der Expedition an. Er hatte den Vorsitz über das Kriegsgericht, das die Soldaten John Collins und Hugh Hall im Juni 1804 wegen Trunkenheit im Dienst verurteilte. Collins erhielt 100 Peitschenhiebe auf den nackten Rücken, Hall „nur" 50. Nach dem Ende der Expedition im Herbst 1806 blieb Pryor beim Militär. Ab 27. Februar 1807 war er Fähnrich in der US-Infantry. 1807 begleitete er eine Truppe, die den Mandan-Häuptling Sheheke zurück in seine Heimat bringen sollte, was aber durch Arikara-Indianer verhindert wurde. Vom 3. Mai 1808 bis zum 1. April 1810 diente Pryor als zweiter Lieutenant. Am 23. Februar 1811 heiratete er Nancy S. Melton, die am 15. November 1811 den Sohn William Stokes gebar. Am „Krieg von 1812" nahm er bis zum 20. August 1813 als erster Lieutenant der US-Infantry teil. Bei einem Angriff auf „Fort Madison" verlor er 1812 fast sein Leben. Zwei seiner Männer wurden erschlagen, aber er selbst konnte über den gefrorenen Mississppi fliehen. Ab 1. Oktober 1814 war er Captain und am 8. Januar 1815 kämpfte er bei der „Schlacht von New Orleans" mit. Am 15. Juni 1815 erfolgte seine ehrenvolle Entlassung aus der US-Armee. 1818 trennten sich Nathaniel Pryor und seine Ehefrau Nancy. Danach handelte Pryor mit Osage-Indianern in der Gegend des heutigen Oklahoma. In den 1820-er Jahren heiratete er eine Osage-Indianerin. Mit seiner dritten Ehefrau zeugte Pryor drei Töchter (Mary Jane, Angelique, Marie). Nathaniel Pryor ist vermutlich am 9. oder 10. Juni 1831 im Alter von etwa 59 Jahren gestorben. Man hat ihn in Mayes County (Oklahoma) begraben. An Pryor erinnern der Fluss Pryor Creek in Oklahoma, die Stadt Pryor und das Gebirge Pryor Mountains in Montana.

Der Soldat William E. Bratton (1778–1841), auch Bratten, kam am 27. Juli 1778 in Augusta County (Virginia) zur Welt und hatte irische Eltern. Sein zweiter Vorname könnte Elliot gewesen sein. Seine Familie zog 1790 nach Kentucky. Bratton gehörte ab 20. Oktober 1803 zur Expedition und war einer der „Nine young men from Kentucky". Der mehr als sechs Fuß (über 1,80 Meter) große Bratton machte sich als Waldarbeiter, Jäger, Schmied und Büchsenmacher nützlich. Bei einem Spaziergang im heutigen Nordosten von Montana begegnete er am 11. Mai 1805 einem Grizzlybären, auf den er schoss. Der verwundete Bär jagte Bratton mehr als eine halbe Meile hinterher. Schließlich konnte Bratton mit Hilfe anderer Expeditionsteilnehmer den Grizzly zur Strecke bringen. Kurz nach Weihnachten 1905 produzierten Bratton, Joseph Field und George Gibson an der Pazifikküste Salz, das man zur Haltbarmachung von Elch- und Hirschfleisch sowie zum Kochen benötigte. Außer unter Grippe und Flöhen litt Bratton in „Fort Clatsop" unter starken Rückenschmerzen, die er bis zum Ende der Forschungsreise nicht mehr los wurde. Im April 1806 war Bratton halb gelähmt, weshalb er als einziges Expeditionsmitglied reiten durfte. Alle anderen Expeditionsmitglieder gingen zu Fuß und führten Packpferde. Erst ein Schwitzbad bei den Nez Percé-Indianern im Mai 1806 linderte sein qualvolles Leiden. Dabei trank er viel starken Pfefferminztee und wurde zwei Mal in kaltes Wasser getaucht. Nach der Expedition kehrte er nach Kentucky zurück, lebte dort gewisse Zeit, zog dann aber nach Missouri, wo er einige Jahre lang unweit von John Ordway lebte. Am „Krieg von 1812" nahm er als Soldat bei. Im Alter von 41 Jahren heiratete Bratton am 25. November 1815 in Warren County (Kentucky) die 19-jährige Mary („Polly") Maxwell (1796–1875), mit der er in Greenville (Ohio) lebte. Aus dieser Ehe gingen acht Söhne und zwei Töchter hervor. 1816 verkaufte Bratton sein Land an einen Mann namens Samuel Bacley. Im Juni 1822 erwarb er Land in der Gegend von Waynetown (Indiana). Zwei Jahre später wählte man ihn im Juni 1824 zum Friedensrichter. Dieses ehrenvolle Amt bekleidete er fünf Jahre lang. Bratton starb am 11. November 1841 im Alter von 63 Jahren in Waynetown in Montgomery County (Indiana). Sein Grab liegt auf dem Friedhof „Old Pioneer Cemtery" im Osten von Waynetown.

Der Soldat John Collins (1823 gestorben) stammte aus Frederick County in Maryland. Er gehörte ab 1. Januar 1804 zur Expedition und war einer von deren Jägern. Um den großen Appetit der Expeditionsmitglieder zu stillen, mussten ständig Elche, Hirsche, Rehe oder Büffel erlegt werden. Collins erhielt am 17. Mai 1804 in Saint Charles, einer der letzten weißen Siedlungen am Missouri River, wegen verschiedener Verstöße 50 Peitschenhiebe auf den nackten Rücken. Er war unerlaubt abwesend gewesen, hatte sich am Abend des 16. Mai 1804 bei einem Ball in Saint Charles in ungehöriger Weise benommen und nach der Rückkehr ins Camp in despektierlicher Sprache auf die Befehle seines Vorgesetzten reagiert. Während des Aufenthaltes in „Camp Dubois" erlegte er vermutlich das Hausschwein eines Farmers und deklarierte dieses als Bärenfleisch. Am 29. Juni 1804 wurde Collins wegen Trunkenheit im Dienst sogar zu 100 Peitschenhieben auf den nackten Rücken verurteilt. Danach musste er mit schmerzendem Rücken wieder seinen Dienst versehen. Im September 1806 verkaufte Collins das Land, auf das er wegen seiner Teilnahme an der Expedition zum Pazifik und zurück Anspruch hatte, für 300 US-Dollar an George Drouillard. 1807 beteiligte sich Collins an der Expedition von John McClellan zu den Rocky Mountains. An dieser Reise nahmen insgesamt 42 Trapper teil, von denen innerhalb von etwa drei Jahren rund 30 durch Indianer getötet wurden. Einer der Überlebenden war John Collins. Womöglich ist er mit jenem John Collins identisch, der Elisabeth Yager aus

Madison County in Virginia heiratete und später nach Missouri zurückkehrte. Collins verlor am 2. Juni 1823 bei einem Kampf mit Arikara-Indianern in South Dakota sein Leben.

Der Soldat John Colter (1774–1813), auch Coalter oder Coulter, wurde bei Staunton in Augusta County (Virginia) geboren. Seine Eltern zogen nach Maysville in Kentucky, als er etwa fünf Jahre alt war. Colter wurde am 15. Oktober 1803 von Captain Lewis in Maysville rekrutiert und galt als einer der „Nine young men from Kentucky". Er hatte eine Körpergröße von 1,78 Meter, blaue Augen und eine ausgezeichnete Konstitution, galt als ziemlich schüchtern und war ein tüchtiger Jäger, der täglich seiner Arbeit nachging. Seinen Lohn von fünf US-Dollar pro Monat durfte er durch den Fang von Pelztieren aufbessern. Wegen seiner Verdienste für die Expedition bezeichnete man einen Bach nach ihm als „Colter's Creek". Nach Rückkehr der Expedition zur Pazifikküste in „Fort Mandan" lernte Colter am 15. August 1806 die Fallensteller Forest Hancock und Joseph Dickson aus Illinois kennen. Er wollte sich ihnen als Trapper anschließen und bat Captain Lewis erfolgreich um seine Entlassung. Für seine Dienste bei der Expedition erhielt Colter 178,33 US-Dollar. Colter sowie seine Partner Hancock und Dickson kehrten in die Region Three Forks am Oberen Missouri zurück. Im Frühling 1807 war ihre Zusammenarbeit bereits beendet, weil sich die drei Männer nicht mehr gut verstanden und wenig Biber gefangen wurden. Ab Juli 1807 arbeitete

Colter mit dem spanischen Pelzhändler Manuel Lisa am Big Horn River zusammen, den er damals zusammen mit dessen Expedition an der Mündung des Platte River in den Missouri River getroffen hatte. Colter entdeckte als erster Weißer die heißen Quellen des Yellowstone-Nationalparks. An ihn erinnert der Begriff „Colter's Hell" für eine vulkanische Gegend beim Shoshone River nahe von Cody im US-Bundesstaat Wyoming, in die Colter im Winter 1807/1808 vorstieß. Legendenumwoben ist eine gefährliche Begegnung von John Colter und John Potts, der ebenfalls an der „Lewis-und-Clark-Expedition" teilgenommen hatte, beim Biber-Fang unweit von Three Forks mit Blackfeet-Indianern („Schwarzfüße"). Diese Story wird im Wilden Westen oft und in unterschiedlichen Versionen erzählt. Die traurige Story begann damit, dass sich John Colter im Gebiet der Blackfeet-Indianer einer Gruppe von mehreren Hundert Absarokee-Indianern („Kinder des langschnabeligen Vogels") und Flathead-Indianern („Flachköpfe") angeschlossen hatte. Absarokee hieß in der Sprache dieser Indianer ein krähenähnlicher Vogel, der bereits ausgestorben war, als sie erstmals weißen Pelztierjägern begegneten. Von den Engländern wurden sie Crow („Krähen-Indianer") genannt. Am Gallatain River griff eine noch größere Gruppe der Blackfeet an, die traditionell mit dem Absarokee verfeindet war, Colter half seinen indianischen Gefährten, den Angriff der Blackfeet abzuwehren, wurde dabei an einem Bein verwundet, weswegen er sich beim restlichen Kampf nur kriechend verteidigen konnte. Die unterlegenen

Blackfeet griffen in den folgenden 50 Jahren immer wieder Weiße an. Denn wegen der unfreiwilligen Hilfe von Colter glaubten sie, die Weißen hätten sich mit den Absarokee verbündet. Colter brach nach dem Kampf mit den Blackfeet seine Reise ab und kehrte zum „Fort Raymond" (auch „Fort Manuel" genannt) zurück. Als seine Beinwunde verheilt war, ging er im Gebiet der Blackfeet-Indianer auf Biber-Fang. Dabei begleitete ihn der deutschstämmige John Potts, der ebenfalls an der „Lewis-und-Clark-Expedition" teilgenommen hatte. Eines Morgens im Jahre 1808 fuhren Colter und Potts unweit von Three Forks in Gallatin County (Montana) auf dem Jefferson River mit zwei Kanus zu ihren Fallen, um nachzusehen, ob sich darin Biber befänden. Dabei wurden sie von einigen hundert Blackfeet überrascht. Die Indianer forderten die beiden Weißen auf, mit ihren Kanus ans Flussufer zu kommen. Colter folgte dieser Aufforderung, warf seine Fallen ins Wasser und paddelte zum Ufer. Dort angekommen, packten ihn die Blackfeet sofort und rissen ihm die Kleider vom Leib. Daraufhin weigerte sich Potts, mit seinem Kanu ebenfalls ans Ufer zu fahren. Nachdem er durch den Pfeil eines Indianers schwer verletzt wurde, schoss Potts mit seinem Gewehr zurück und tötete dabei einen Blackfeet. Im anschlie-ßenden Pfeilhagel verlor Potts sein Leben. Die Blackfeet zogen seine Leiche ans Ufer und zerstückelten sie. Nur mit Mühe konnten Verwandte des getöteten Indianers von anderen Stammesgenossen davon abgehalten wer-den, an Colter Rache zu üben. Statt dessen wurde Colter gezwungen, nackt und barfuß um sein Leben zu laufen.

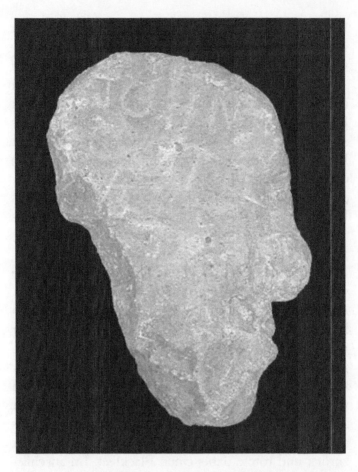

*„Colter-Stein" heißt ein 33 Zentimeter langer Stein,
der zu einem Menschenkopf geschnitzt und in den der Name
„John Colter" eingeritzt wurde. 1931 haben der Farmer
William Beard und dessen Sohn unweit von Tetonia (Idaho)
diesen Stein entdeckt. Heute wird er im „Moose Visitor
Center" im „Grand-Teton-Nationalpark" aufbewahrt.*

262

Auf der Flucht konnte Colter einem Indianer dessen Speer entreißen, ihn töten und seine Decke nehmen. Bevor ihn die Verfolger entdeckten, sprang er in einen Fluss und versteckte sich bis in die Nacht in einem Biberbau. Nach einem tagelangen Fußmarsch von etwa 500 Kilometern nach Nordosten, bei dem er sich nur von Wurzeln und Baumrinde ernährte, kam er völlig erschöpft in „Fort Raymond" an.

Im Mai 1809 kehrte Colter nach Saint Louis zurück, wo er das Land, auf das er wegen seiner Teilnahme an der Lewis-und-Clark-Expedition einen Anspruch hatte, vermutlich an den Spekulanten John G. Comegys verkaufte. Colter heiratete irgendwann zwischen Mai 1810 und März 1811 in Missouri eine Frau namens Sarah oder Sally Dye und hatte mit ihr vermutlich einen Sohn namens Hiram. Während des „Krieges von 1812" diente Colter vom 3. März bis zum 6. Mai 1812 als Soldat. Das Ehepaar Colter bewirtschaftete eine Farm. Am 22. November 1813 starb John Colter auf seiner Farm bei Sullen Springs in Saint Louis County (Missouri) im Alter von etwa 37 Jahren an Gelbsucht. Man hat ihn auf einem Friedhof bei Dundee (Missouri) begraben. Seine Habe wurde am 10. Dezember 1813 versteigert und brachte 124 US-Dollar ein, von denen seine Witwe Sarah Dye einen Anteil von 69 US-Dollar erhielt. Sarah hat wieder geheiratet, sie starb 1822. An Colter erinnern der Ortsname Colter Bay im Grand-Teton-Nationalpark (Wyoming), der Berg Colter Peak im Gebirge Absaroka Range (Wyoming) in den Rocky Mountains und ein Museum in New Haven (Missouri).

1931 entdeckten der Farmer William Beard und sein Sohn unweit von Tetonia (Idaho) einen Stein, der von Menschenhand zu einem menschlichen Kopf geschnitzt worden war und den Schriftzug „John Colter 1808" trug. Dieser so genannte „Colter-Stein" kann heute im „Moose Visitor Center" im Grand-Teton-Nationalpark bewundert werden. Zur Erinnerung an die legendäre Flucht von John Colter vor den Blackfeet-Indianern findet alljährlich im Quellgebiet des Missouri Rivers der „John Colter Run" statt. Die Stadt New Haven in Missouri eröffnete am 6. September 2003 ein Museum über John Colter. Unweit seines Geburtsortes in Virginia, an der U.S. Route 340, etwas nördlich der Kreuzung mit der U.S. Route 608, befindet sich eine Gedenktafel, die an Colter erinnert.

Pierre Cruzatte hatte einen Franzosen als Vater und eine Omaha-Indianerin als Mutter. Sein Geburtstag und sein Todestag sind unbekannt. Bevor er sich am 16. Mai 1804 in Saint Charles (Missouri) der Expedition anschloss, hatte er als Pelzhändler am Missouri River gearbeitet. Der kleine und drahtige Cruzatte besaß nur ein Auge, was seine Sehfähigkeit einschränkte. Bei Begegnungen der Expedition mit Indianerstämmen am Unteren Missouri machte er sich als Dolmetscher nützlich, weil er die Sprache der Omaha und die Zeichensprache beherrschte. Im Juli 1804 beispielsweise wurden Pierre Cruzatte und George Drouillard als Scouts in Dörfer der Oto-Indianer und Missouri-Indianer geschickt, mit denen Lewis und Clark eine Versammlung abhalten wollten. Im September 1804 dienten Cruzatte und François Labiche als Dolmetscher bei schwierigen Verhandlungen mit unberechenbaren Teton Sioux-Indianern. Als Geigenspieler sorgte Cruzatte in seiner Freizeit oft für Unterhaltung. Am Neujahrstag 1805 veranstalteten Cruzatte und andere 17 Expeditionsmitglieder während ihres Aufenthaltes in „Fort Mandan" (North Dakota) mit Geige, Tamborin und Horn ein „Konzert" mit Musik, Tanz und Frohlocken. Solche beliebten Aufführungen gab es während der Forschungsreise zum Pazifik und zurück mehrfach. Während der Rückreise der Expedition schoss Cruzatte am 11. August 1806 bei einer Elchjagd versehentlich Captain Lewis an, worauf dieser in den folgenden Wochen nicht gehen konnte. Nach der Expedition zum Pazifik und zurück soll Cruzatte – Spekulationen zufolge – 1807 an der Expedition von John McClellan zu den Rocky Mountains teilgenommen haben. Von den ursprünglich 42 Trappern sollen innerhalb von etwa drei Jahren rund 30 durch Indianer getötet worden sein. Zu den Überlebenden gehörte John Collins, der vermutlich William Clark über den Tod von Cruzatte berichtete. Captain Clark erwähnte Cruzatte in der „List of Men on Lewis and Clark's Trip" (1825–1828) als bereits verstorben.

Die Soldaten Reuben Fields (um 1781–um 1822) und Joseph Fields (um 1780–1807) oder Field wurden beide in Culpeper County (Virginia) geboren und waren Brüder. Sie traten am 1. August 1803 in das Team der

Expedition von Lewis und Clark ein und waren zwei der frühesten Mitglieder. Weil sie in Kentucky aufgewachsen waren, gehörten auch sie zu den „Nine youg men from Kentucky". Reuben (auch Reubin) und Joseph machten sich bei der Expedition als Waldarbeiter, Jäger und Scout nützlich. Am 23. August 1804 erlegte Joseph Fields den ersten Bison während der Forschungsreise zum Pazifik und zurück. Solchen Büffeln begegnete die Expedition bei ihrer Weiterreise noch häufig. Kein Wunder: Damals zogen noch schätzungsweise 60 bis 70 Millionen Bisons durch die Prärie. Zeitweise waren die Bisonherden so dicht, dass Teilnehmer der Expedition mit Steinen werfen mussten, um sich einen Weg zu bahnen. Während des Aufenthaltes in „Fort Clatsop" in Oregon fertigte Joseph vor Weihnachten 1805 aus grob behauenen Brettern zwei Schreibtische für die Captains Lewis und Clark an. Die Fields-Brüder gehörten zusammen mit George Drouillard zu den Begleitern von Captain Lewis, als dieser während der Rückreise ab Mitte Juli 1806 den Marias River erforschte. Im Gebiet der Blackfeet-Indianer nahe Cut Bank in Montana erreichten sie den nördlichsten Punkt dieser Mission, den Lewis später als „Camp Disappointment" „Camp der Enttäuschung") bezeichnete. Am nächsten Tag kam es zu einem Kampf mit Blackfeet, bei dem zwei Indianer starben. Der Ort der Auseinandersetzung erhielt den Namen „Two Medicine River Fight Site". Lewis schrieb später, die Fields-Brüder seien zwei der aktivisten und unternehmungslustigsten jungen Männer gewesen, die ihn begleitet hätten. Reuben Fields ging nach der Expedition zum Pazifik und zurück wieder zur US-Armee und wurde Lieutenant. Für seine Teilnahme an der Forschungsreise erhielt er ein Anrecht auf Land in Missouri, ging aber nach Kentucky zurück. 1808 heiratete er Mary Myrtle in Indiana. 1822 starb er in Jefferson County (Kentucky). Joseph Fields erhielt Anrecht auf Land in Franklin County (Missouri). Er starb zwischen dem 27. Juni und dem 20. Oktober 1807 im Alter von nur etwa 27 Jahren. Es wird spekuliert, Joseph Fields könne 1807 bei einem Kampf mit Arikara-Indianern ums Leben gekommen sein. Captain Clark erwähnte ihn in der „List of Men on Lewis and Clark's Trip" (1825–1828) als „killed" (getötet).

Der Soldat Robert Frazer kam um 1775 in Augusta County (Virginia) zur Welt. Er schloss sich im Winter 1803/1804 in „Camp Dubois" (Illinois-Territorium) der Expedition an. Zunächst war er für die „Extra Party" vorgesehen, die nicht an der ganzen Forschungsreise teilnehmen sollte. Doch am 8. Oktober 1804 ordneten ihn die Captains der „Permanent Party" zu. Frazer ersetzte den desertierten Soldaten Moses B. Reed. Als die Expedition in „Fort Mandan" überwinterte, erlebten Frazer, George Drouillard und John Newman am 15. Februar 1805 eine abenteuerliche Begegnung mit zahlreichen Sioux-Indianern. Die drei Männer holten Bison- und Elchfleisch ab, das Jäger der Expedition in etwa 24 Meilen Entfernung auf dem gefrorenen Missouri River zwischengelagert hatten. Der Schlitten mit dem Fleisch wurde von drei Pferden gezogen. Plötzlich tauchten zahlreiche Indianer auf, schnitten Halsbänder der Pferde durch, schwangen sich auf zwei der Tiere und flüchteten damit. Nur mit Mühe konnten Frazer, Drouillard und Newman das dritte Pferd festhalten. Ende Mai 1806 machte Frazer im Nordwesten von Ohio bei einem Tauschhandel mit einer Nez Percé-Indianerin ein gutes Geschäft. Er erhielt für ein altes Rasiermesser zwei silberne „spanische Dollar" („Peso"). Zu einem unbekannten Zeitpunkt heiratete er seine Ehefrau Tabitha. Während des „Krieges von 1812" könnte er als Soldat gedient haben. Ein von Frazer verfasster Bericht über die Expedition sollte mit Erlaubnis der Captains Lewis und Clark veröffentlicht werden. Doch das geplante 400 Seiten umfassende Werk zum Subscriptionspreis von drei US-Dollar ist nie erschienen und die Aufzeichnungen gingen irgendwann verloren. Robert Frazer starb zwischen dem 29. Juli 1836 und dem 31. Januar 1837 im Alter von 62 Jahren in Franklin County (Missouri).

Der Soldat George Gibson wurde in Mercer County (Pennsylvania) geboren. Sein Geburtstag ist unbekannt. Er wurde am 26. Oktober 1803 von Captain Lewis in Clarksville im Indiana Territorium für die Expedition rekrutiert. Aus unbekannten Gründen rechnete man ihn den „Nine young men from Kentucky". Am 1. Januar 1804 notierte Captain Clark, bei einem Wettschießen mit Männern, die in das „Camp Dubois" (Illinois-Territorium) gekommen seien, habe Gibson gewonnen.

Während der Forschungsreise diente Gibson als Waldarbeiter, Jäger und Dolmetscher. Laut Sergeant Ordway herrschte zwischen den Dolmetschern George Gibson und George Drouillard eine gewisse Rivalität. Gibson war auch einer der Teilnehmer, die mit der Geige spielen konnten. Nach Rückkehr der Expedition im Herbst 1806 gehörte Gibson womöglich zu jenen Männern, die 1807 den Mandan-Häuptling Sheheke in seine Heimat zurückbringen sollten, was durch feindliche Arikara-Indianer verhindert wurde. Beim Kampf mit den Arikara soll Gibson verwundet worden sein. 1808 heiratete Gibson eine Frau namens Maria Reagan. Irgendwann zwischen dem 14. Januar und 10. Juli 1809 ist George Gibson vermutlich einer Krankheit in Saint Louis erlegen.

Der Soldat Silas Goodrich, auch Guthrich, wurde vielleicht am 3. Juni 1778 in Massachusetts geboren und starb vor 1825. Über sein Leben vor dem Eintritt in die Expedition am 4. Januar 1804 in „Camp Dubois" (Illinois-Territorium) weiß man nicht viel. Eventuell war er mit Elisha Goodrich verwandt, die Landbesitz in Saint Charles am Missouri River hatte. Über Silas Goodrich heißt es, er sei unter den Teilnehmern der Expedition der beste Fischer gewesen. Am Unteren Missouri zog Goodrich einen großen Wels mit einem Gewicht von mehr als 100 lbs. aus dem Wasser. An den Great Falls des Missouri River fing er zwei bis drei Pfund schwere Forellen einer bisher unbekannten Art. Als Köder benutzte er Fleischstücke und Heuschrecken.

Außerdem erledigte Goodrich verschiedene Routinearbeiten. Nach der Expedition diente Goodrich weiterhin in der US-Armee. Er soll eine Frau namens Betsey geheiratet haben, mit der er acht Kinder hatte. Captain Clark erwähnte Goodrich in der „List of Men on Lewis and Clark's Trip" (1825–1828) als bereits verstorben.

Der Soldat Hugh Hall wurde 1772 in Carlisle in Cumberland County (Pennsylvania) geboren. Er war etwas mehr als 1,70 Meter groß und trat am 13. Dezember 1798 in die US-Armee ein. Bevor er sich der Expedition von Lewis und Clark anschloss, gehörte er dem „Second Infantry Regiment" von Captain John Campbell in „Fort South West Point" (Tennessee) an. Am 17. Mai 1804 stand er wegen unerlaubter Abwesenheit von der Truppe vor dem Kriegsgericht. Für dieses Vergehen drohten ihm 20 Peitschenhiebe auf den nackten Rücken. Doch diese Strafe wurde nicht vollzogen. Hall trank gern reichlich Alkohol und fiel auch während der Expedition durch Trinkgelage auf. Am 29. Juni 1804 wurden Hall und der Soldat John Collins vom Kriegsgericht wegen Trunkenheit im Dienst zu Peitschenhieben verteilt. Als Anstifter erhielt Collins 100 Peitschenhiebe auf den nackten Rücken, der von ihm überredete Hall „nur" 50. Die Verstöße von Hall reichten nicht aus, um ihn zu entlassen. Captain Clark verlor nach dem Ende der Expedition im Herbst 1806 den Kontakt zu Hall. In der „List of Men on Lewis and Clark's Trip" (1825–1828) wird Hall nicht erwähnt.

Hugh Hall soll irgendwann zwischen 1820 und 1830 gestorben sein.

Der Soldat Thomas Proctor Howard (1779–1814) wurde in Brimfield in Hampden County (Massachusetts) geboren. Er trat 1801 in die US-Armee ein und schloss sich am 1. Januar 1804 in „Camp Dubois" (Illinois-Territorium) der Expedition an. Captain Clark notierte ironischerweise über Howard, dieser trinke niemals Wasser. Im Wintercamp „Fort Mandan" (North Dakota) musste sich Howard vor dem Kriegsgericht verantworten. Er hatte am 9. Februar 1805 ein Dorf der Mandan-Indianer besucht und war erst nach mehreren Stunden nachts zum Fort zurückgekehrt. Ob er wegen Alkohol oder wegen eines Techtelmechtels mit einer Frau das Indianerdorf aufgesucht hatte, lässt sich nicht sagen. Weil das Tor des Forts bereits verschlossen war, kletterte er über die Palisade und ein Indianer folgte seinem Beispiel. Wegen dieses Vergehens, das Indianern „ein verderbliches Beispiel" lieferte, wie leicht man die Palisade überwinden konnte, drohten Howard schmerzhafte 50 Peitschenhiebe. Doch das Gericht empfahl Milde und Captain Lewis erließ diese Strafe. Ein Soldat namens Thomas Howard diente als Bootsmann bei der „First Infantry" unter Captain H. Stark und verließ im Mai 1808 „Fort Adams". Er heiratete Genevieve Roy in Saint Louis und hatte mit ihr zwei Söhne namens Joseph und Louis. Am 23. März 1814 starb Thomas Proctor Howard in Saint Louis im Alter von nur 35 Jahren.

Der Soldat François (William) Labiche, nach anderer Schreibweise auch LaBiche, schloss sich vermutlich zusammen mit Pierre Cruzatte am 28. November 1803 in Kaskasia (Illinois-Territorium) der Expedition an. Labiche und Cruzatte waren erfahrene Bootsmänner, Händler im Indianergebiet und beherrschten Französisch sowie einige Sprachen der Missouri-Indianer. Von Labiche sind weder das Geburtsdatum noch das Todesdatum bekannt. Er hatte auch Englischkenntnisse. Am 16. Mai 1805 wurden Labiche und Cruzatte in Saint Charles (Missouri) von Captain Clark in die „Permanent Party" aufgenommen, die bis zum Pazifik und zurück reiste. Am 6. August 1804 diente Labiche in Nebraska als Dolmetscher bei einer Versammlung der Expediton mit den Oto-Indianern unter Häuptling Petieit Villelu („Little Thief'), den Labiche von seiner früheren Tätigkeit als Händler kannte. Im September 1804 dolmetschten Labiche und Pierre Cruzatte bei schwierigen Verhandlungen mit lästigen Teton Sioux-Indianern, die wiederholt um Tabak bettelten und die Expedition an der Weiterfahrt hinderten. Neben der Indianerin Sacajawea und deren Ehemann Toussaint Charbonneu war auch Labiche als Übersetzer bei den Verhandlungen mit dem Shoshonen-Häuptling Cameahwait beteiligt. Captain Clark verwendete außer Labiche unter anderem die Schreibweisen La Buish und Leebiche. Nach der Rückkehr der Expedition im Herbst 1806 diente Labiche als Dolmetscher für Indianerhäuptlinge. Um 1810 heiratete er Genevieve Flore, mit der er zwischen 1811 und 1834 sieben Kinder zeugte. Labiche soll in den späten 1830-er Jahren gestorben sein.

Der Soldat Jean Baptiste Lepage (1761–1809), nach anderer Schreibweise auch LePage, wurde am 20. August 1761 in Kaskasia (Illinois) geboren. Vor der Expedition war er ein französisch-kanadischer Pelzhändler gewesen und hatte bei den Hidatsa-Indianern und Mandan-Indianern in der Gegend von Bismarck (North Dakota) gelebt. Lepage schloss sich am 2. November 1804 in „Fort Mandan" (North Dakota) der Expedition an und diente in der „Permanent Party" als Dolmetscher. Er nahm an der Forschungsreise bis zum Pazifik und zurück teil und verabschiedete sich am 10. November 1806 in Saint Louis von der Expedition. Weil er nicht an der ganzen Forschungsreise beteiligt war, erhielt er nur zwei Drittel von dem Lohn (111,50 US-Dolllar), den andere Teilnehmer erhielten. Mit seiner Ehefrau, deren Name heute nicht mehr bekannt ist, hatte er fünf Kinder. In der zweiten Jahreshälfte von 1809 starb Jean Baptiste Lepage im Alter von 48 Jahren.

Der Soldat Hugh McNeal, auch Neel, Niel oder O'Nall, wurde um 1776 in Pennsylvania geboren und wuchs dort auf. Sein Geburtstag und sein Todestag sind heute nicht mehr bekannt. Ein Soldat namens Hugh McNeal diente im August 1803 in der „First Infantry". Sein Eintritt in das Team der Expedition von Lewis und Clark erfolgte am 1. April 1804. Am 10. August 1805 bezeichnete Captain Lewis den Fluss McNeal Creek (heute

Bild auf Seite 275:

Abbildung „An American having struck a ‚Bear
but not killed him, escapes into a Treee"
aus dem 1807 erstmals erschienenen Werk:
„A Journal of the Voyages and Travels of a Corps
of Discovery under the Command of Capt. Lewis
and Capt. Clarke of the Army of the United States,
from the Mouth of the River Missouri
Through the Interior Parts of North America,
to the Pacific Ocean During the Years 1804,
1805, & 1806"
von Patrick Gass (1771–1870)

Page 239.

An American having struck a Bear but not killed him, escapes into a Tree.

275

Beaverhead River) in Montana nach ihm. In einer Januarnacht 1806 wäre MacNeal fast das Opfer eines heimtückischen Täuschungsmanövers geworden. Statt der erträumten Tillamook-Indianerin, von der er sich ein sexuelles Abenteuer erhoffte, kam ein männlicher Tillamook-Indianer zu ihm, wollte ihn ermorden sowie seine Decke und seine Kleidung rauben. Doch einige Kameraden von McNeal konnten herbeieilen und ihn retten. Mitte Juli 1806 erschreckte ein Grizzlybär das Pferd von McNeal, das scheute und den Reiter abwarf. Als der Bär näher kam, schlug MacNeal ihn mit dem Gewehr auf den Kopf, wobei die Schusswaffe brach. Danach flüchtete McNeal auf einen nahen Baum, unter dem der Bär lange auf ihn wartete, sich aber irgendwann doch davon trollte. McNeal war dabei, als Captain Lewis am 12. August 1806 das Quellgebiet des Missouri entdeckte. Ein Dokument der US-Armee nennt einen Soldaten mit dem Namen Hugh McNeal noch im September 1811, als dieser aus dem Militärdienst entlassen wurde. In der „List of Men on Lewis and Clark's Trip" (1825–1828) wird McNeal bereits als verstorben aufgeführt.

Der Soldat John Potts (um 1776–1808) war der einzige aus Deutschland stammende Teilnehmer der Expedition von Lewis und Clark sowie Müller von Beruf. Er wurde um 1776 in Dillenburg (Hessen) geboren, trat 1800 in die US-Armee ein, diente im „Second Infantry Regiment" unter Captain Robert Purdy im „Fort South West Point" (Tennessee) und schloss sich im November

1803 der Expedition an. Nach dem Ende dieser Expedition im Herbst 1806 arbeitete Potts für den spanischen Pelzhändler Manuel Lisa am Oberen Missouri River. Potts starb 1808 unweit von Three Forks in Gallathin County (Montana) im Alter von etwa 32 Jahren, als er und John Colter, der ebenfalls an der „Lewis-und-Clark-Expedition" teilgenommen hatte, in zwei Kanus beim Biber-Fang unterwegs waren. Als die beiden Männer am Morgen im Jefferson River ihre Fallen absuchten, wurden sie von einigen hundert Blackfeet-Indianern überrascht. Die Indianer verlangten von ihnen, sie sollten ihre Kanus verlassen und an Land kommen. Colter warf seine Fallen ins Wasser und paddelte ans Ufer, wo ihn Indianer sofort packten und die Kleider vom Leib rissen. Potts sah dies erschrocken, blieb in seinem Kanu und weigerte sich, ans Ufer zu kommen. Daraufhin schoss ein Indianer einen Pfeil auf Potts, der ihn schwer verletzte. Nun feuerte Potts mit dem Gewehr zurück, traf einen Blackfeet tödlich und starb danach selbst im Pfeilhagel. Die Indianer zogen seine Leiche ans Ufer und zerstückelten sie. Hinterher zwangen die Blackfeet den gefangenen Colter, nackt und barfuß um sein Leben zu laufen. Wie durch ein Wunder konnte Colter entkommen, weil er einem seiner Verfolger den Speer entriss und ihn erstach. Danach stürzte er in den Fluss und verbarg sich bis in die Nacht in einem Biberbau. Nach einem tagelangen Fußmarsch über Hunderte von Kilometern hinweg kam Colter völlig erschöpft im „Fort Raymond" an. Potts hinterließ nach seinem Tod Schulden in Höhe von 1.000 US-Dollar.

Der Soldat George Shannon (1785–1836) wurde in Claysville in Washington County (Pennsylvania) geboren und hatte irisch-protestantische Vorfahren. 1800 zog er mit seinen Eltern George Shannon und Jane Milligan nach Belmont County in Ohio. 1803 war er wieder in Pennsylvania. Am 30. August 1803 bewarben sich acht Soldaten, ein Scout und drei junge Männer in Pittsburgh für die Expedition. Einer der drei jungen Männer soll der 18-jährige Shannon gewesen sein. Nach einer siebenwöchigen Probezeit wurde er am 19. Oktober 1803 als Soldat („Private") in Maysville (Kentucky) angenommen. Wohl deswegen bezeichnet man ihn als einen der „Nine young men from Kentucky". Mit Ausnahme des Babys Baptiste Charbonneau (1805–1866) und des Hundes „Seaman" von Captain Lewis war der 18-jährige Shannon der jüngste männliche Teilnehmer der Expedition. Sein Bruder William Shannon wurde später Mitglied des Kongresses in Ohio. George Shannon diente in der „1st Squad" von Sergeant Nathaniel Pryor. Während der Expedition ging Shannon zwei Mal verloren. Einmal wurde er bei der Suche nach zwei geflüchteten Packpferden in der heutigen Gegend von Yankton (South Dakota) ab 26. August 1804 für insgesamt 16 Tage von der Expedition getrennt und wäre fast verhungert. Ein andermal irrte er beim Jagen in der Gegend von Three Forks ab 6. August 1805 drei Tage lang umher. Als die Expedition am 18. August 1806 die Mandan-Dörfer verließ und die Heimfahrt fortsetzte, nahmen sie in einer Piroge den Mandan-Häuptling Sheheke („Big White") und seine Frau mit, die den US-Präsidenten besuchen sollten. Im Herbst 1807 begleiteten amerikanische Soldaten den Mandan-Häuptling Sheheke zurück in seine Heimat. Die Soldaten, unter ihnen George Shannon, wurden von Nathaniel Pryor angeführt, der mittlerweile Fähnrich war. Unterwegs überfielen Arikara-Krieger die Gruppe. Dabei wurde ein Bein des 22-jährigen Shannon schwer verwundet und musste vier Wochen später wegen Wundbrand oberhalb des Knies amputiert werden. Erst sieben Jahre nach diesem tragischen Ereignis erhielt Shannon eine Rente von acht US-Dollar pro Monat. 1810 arbeitete Shannon an dem von Nicholas Biddle bearbeiteten Bericht über die „Lewis-und-Clark-Expedition" mit. Später fragte Captain Clark, ob Shannon ein Pelzhandels-Unternehmen namens „George Shannon & Company" führen wolle. Doch dieser entschied sich dazu, Jura an der „University of Kentucky" in Transylvania bei Lexington zu studieren. Am 19. September 1813 wurde Ruth Snowden Price in Lexington in Fayette County (Kentucky) die Ehefrau von Shannon. Mit ihr hatte er sieben Kinder namens Samuel Price, Mary Jane, Elizabeth Prize, George Ross, Sarah Lavina, Anna Marie und William Russel. Nach 1818 führte Shannon eine Anwaltskanzlei in Lexington. 1820 und 1822 wählte man ihn als Senator in das „Kentucky House of Representatives". Das Land, auf das er wegen seiner Teilnahme an der Lewis-und-Clark-Expedition Anspruch hatte, verkaufte er an Henry Clay, der ihn später bei vielen Gelegenheiten unterstützte. Nach seiner Zeit in Kentucky betätigte sich Shannon als Anwalt und Senator in Missouri. Er erlag am 31. August 1836 in Palmyra in Marion County (Missouri) im Alter von 51 Jahren einer Krankheit. Man hat ihn auf dem Friedhof „Massie Mill Cemetery", eine Meile nördlich von Palmyra, begraben.

Der Soldat John Shields (1769–1809) wurde in Harrisonburg in Augusta County (Virginia) als eines von elf Kindern geboren. Er war der sechste Sohn und hatte neun Brüder sowie eine ältere Schwester. Seine Eltern zogen 1784 nach Pigdgeon Forge (heute Servier County, Tennessee). Dort arbeiteten John Shields und sein Schwager Samuel Wilson als Müller und Schmied. Um 1790 heiratete John Shields seine Frau Nancy White, mit der er eine Tochter namens Janette Martha (oder Martha Janette) zeugte. Bei der Rekrutierung von Shields am 19. Oktober 1803 in Kentucky machte Captain Clark eine Ausnahme von der Regel, dass man nur unverheiratete Männer engagieren wolle. Shields galt als einer der „Nine young men from Kentucky". Mit 34 Jahren war er neben Toussaint Charbonneau einer der ältesten Teilnehmer der Expedition zum Pazifik und zurück. Während der Forschungsreise machte er sich als Schmied, Waffenschmied und Mechaniker nützlich. Oft pflegte und reparierte er die Schusswaffen der Expeditionsmitglieder. Captain Lewis und Captain Clark bezeichneten zwei Flüsse als Shields River. Lewis lobte Shields für sein ungewöhnliches Geschick und seinen Einfallsreichtum. 1806 erhielt Shields 180 US-Dollar und 1807 weitere 178,50 US-Dollar extra sowie das Anrecht auf Land in Franklin County (Missouri) für seine Teilnahme und besonderen Leistungen bei der Expedition. John Shields starb im Dezember 1809 bei Corydon in Harrison County (Indiana) im Alter von 40 Jahren. Begraben wurde er auf dem Friedhof „Little Flock Baptist Church Cemetery" südlich von Corydon.

Der Soldat John B. Thompson, dessen Geburtsjahr nicht bekannt ist, lebte vor der Expedition zum Pazifik und zurück im Indiana-Territorium. Vorher beteiligte er sich vielleicht bereits an einigen anderen Forschungsreisen. Am 20. Februar 1799 trat er in die US-Armee ein. Während der Expedition betätigte er sich als Landvermesser und Koch. Captain Clark lobte ihn als „a valuable member of our party" („wertvolles Mitglied unserer Gruppe"). Thompson war ab einem unbekannten Zeitpunkt mit einer Frau namens Peggy verheiratet. Im Juli 1815 verlor er auf gewaltsame Weise sein Leben. In der „Men on Lewis and Clark's Trip" (1825–1828) von Clark wird Thompson als „killed" (getötet) erwähnt.

Der Soldat Peter M. Weiser (1781–1810), auch Wiser, Wyser oder Wyzer, kam am 3. Oktober 1781 in Tulpehocken in Berks County (Pennsylvania) zur Welt und wuchs dort vermutlich auf. Er war einer der Soldaten im „First Infantry Regiment" unter Captain Russel Bissell in „Fort Kaskasia" (Illinois-Territorium) und schloss sich im November 1803 der Expedition an. Für seinen Dienst während der Expedition vom 1. Januar 1804 bis zum 10. Okober 1806 erhielt er 166,66 US-Dollar. Captain Clark erwähnte 1810 in einem Bericht einen Fluss namens Weiser River, der nach seinem ehemaligen Soldaten benannt ist. Nach der Expedition arbeitete Weiser für den Pelzhändler Manuel Lisa am Missouri River. Vom 22. April 1813 bis zum 21. Mai 1813 diente Weiser als Soldat. Über eine Ehefrau und Kinder ist nichts bekannt. Zwischen 1825 und 1828 fand er einen gewaltsamen Tod.

Der Soldat William Werner wurde zu einem unbekannten Zeitpunkt in Kentucky geboren. Aufzeichnungen von seinem Dienst in der Armee vor der Expedition liegen nicht vor. In „Camp Dubois" (Illinois-Territorium) fiel er im Winter 1803/1804 durch einen Kampf mit dem deutschstämmigen Soldaten John Potts unangenehm auf und wurde deswegen diszipliniert. Während des Aufenthaltes in Saint Charles (Missouri) am 17. Mai 1804 entfernte er sich unerlaubt von der Truppe. Das Kriegsgericht verurteilte ihn deswegen zu 20 Peitschenhieben. Diese Strafe wurde aber nicht vollstreckt. William Werner heiratete um 1807. Der Name seiner Ehefrau ist heute nicht mehr bekannt. Aus dieser Ehe gingen einige Kinder, darunter ein Sohn namens William, hervor. William Werner senior soll um 1839 gestorben sein.

Der Soldat Joseph Whitehouse wurde um 1776 in Fairfax County (Virginia) geboren. Im Alter von neun Jahren zog er mit seiner Familie nach Kentucky. 1798 trat er in die US-Armee ein. Als Soldat diente er unter Captain Russell Bissell in der „First Infantry" im „Fort Kaskaskia" (Illinois-Territorium). Im November 1803 rekrutierte ihn Captain Lewis für seine Expedition. In einem Dokument vom 26. Dezember 1803 ist von „Corporal Whitehouse" die Rede. Doch diesen Rang verlor er anscheinend durch eine Unbotmäßigkeit. 1806 verabschiedete sich Whitehouse von der US-Armee, trat aber im „Krieg von 1812" wieder ein. Am 1. Februar 1817 ist er von der US-Armee desertiert. Zu einem heute nicht mehr bekannten Zeitpunkt hat Whitehouse seine Ehefrau Mary geheiratet. Mit ihr hatte er einen Sohn namens Alfred Eldoris. Joseph Whitehouse soll in den 1850-er Jahren gestorben sein. Wenn dies zuträfe, wäre er mehr als 70 Jahre alt geworden. Ein von Whitehouse verfasster Bericht über die Expedition zum Pazifik und zurück erschien erst 1905 in fragmentarischer Form.

Der Soldat Alexander Hamilton Willard (1778–1865) wurde am 24. August 1778 in Charlestown in Sullivan County (New Hampshire) als einziges Kind von Lieutenant Jonathan Willard und seiner Ehefrau Betty Caswell geboren. Später lebte er in Kentucky, wo er am 9. Juni 1800 in die reguläre US-Armee eintrat und in der Artillerie diente. Während des Dienstes für die Expedition schliefen Willard und George Shannon am 12. Juli 1804 am Missouri River ein. Diese Gelegenheit nutzten Indianer, um ihre Waffen zu stehlen. Schlafen während der Wache galt als schweres militärisches Vergehen, das mit dem Tod bestraft hätte werden können. Doch man ließ Willard am Leben und bestrafte ihn mit 100 Peitschenhieben auf den nackten Rücken. Für die Expedition arbeiteten Alexander Hamilton Willard und John Shields als Schmiede. Im Juli 1805 griff in der Gegend der Wasserfälle am Missouri River ein „Weißer Bär" den Soldaten Willard an. Danach verfolgten drei Jäger diesen Bären. Eine Insel in der Nähe erhielt später den Namen White Bear Island. Ein halbes Jahr nach der Expedition heiratete Willard am 14. Februar 1807 in Missouri seine Ehefrau Eleanor Mcdonald (1790–1868). Er wurde Vater von zwölf Kindern (Austin James, George Clark, Alexander Hamilton, Eliza Martha, Roland Rudolph, Christina D., Joel, Nancy Adeline, Narcissa C., Eleanor C., Lewis Augustus, Willis). Meriwether Lewis engagierte 1808 sein ehemaliges Expeditionsmitglied Willard als Schmied für die Sauk- und Fox-Indianer. Ein Jahr später arbeitete Willard als Schmied für die Delawares und Shawnees. 1852 zog Willard in das sonnige Kalifornien. Am 6. März 1865 starb Alexander Hamilton Willard in Franklin in Sacramento County im Alter von 86 Jahren. Auf dem Friedhof „Franklin Cemetery" fand er seine letzte Ruhe.

Der Soldat Richard Windsor war einer der Soldaten, die vor der Expedition im „First Infantry Regiment" unter Captain Russell Bissell im „Fort Kaskaskia" (Illinois-Territorium) dienten. Sein Geburtstag, Geburtsort, Sterbetag und Sterbeort sind nicht bekannt. Am 1. Januar 1804 trat Windsor in „Camp Dubois" in die Expedition von Lewis und Clark ein. Er erwies sich als einer der tüchtigsten Waldarbeiter und Jäger der Expedition. Für seinen Dienst in der Expedition vom 1. Januar 1804 bis zum 10. Oktober 1806 erhielt er 166,66 US-Dollar. Captain Clark erwähnte in der „List of Men on Lewis and Clark's Trip" (1825–1828). Windsor lebe am Sangoman River in Illinois. Richard Windsor starb vermutlich nach 1825 oder 1828.

Toussaint Charbonneau (1758/1767–1843) kam vermutlich am 22. März 1767 in Boucherville (Quebec, Kanada) zur Welt. Er war ein französisch-kanadischer Trapper und Pelzhändler, der sich im November 1804 zusammen mit seiner schwangeren Ehefrau, der Shoshonen-Indianerin Sacajawea, der Expedition anschloss. Im Wintercamp „Fort Mandan" kam am 11. Februar 1805 sein Sohn Jean Baptiste (genannt „Pompy") zur Welt. Während der Forschungsreise zum Pazifik und zurück diente Toussaint als Scout und Dolmetscher (Französisch und Sprache der Hidatsa). Im August 1806 verließ er zusammen mit seiner Familie die Expedition. 1812 brachte seine Frau Sacajawea die Tochter Lissette zur Welt und starb kurz danach. 1813 adoptierte Captain Clark die beiden Kinder von Toussaint, der damals irrtümlicherweise für tot gehalten wurde. In der Folgezeit arbeitete Toussaint wiederholt im Auftrag der Regierung als Dolmetscher. Charbonneau kommt in Berichten über die Lewis-und-Clark-Expedition mei-

Bildausschnitt auf Seite 286:

*Vermutlich
der Trapper, Pelzjäger
und Dolmetscher
Toussaint Charbonnean,
der Ehemann
von Sacajawea*

Bild auf Seite 287:

*Begegnung mit Hidatsa-Indianern (auch Minitari-Indianer).
Rechte Bildhälfte in der ersten Reihe von rechts nach links:
der schweizerische Maler Karl Bodmr mit Zylinder,
der deutsche Prinz Maximilian zu Wied-Neuwied
und vermutlich der französisch-kanadische Trapper,
Pelzjäger und Dolmetscher Toussaint Charbonneau.
Gemälde des schweizerischen Künstlers
Karl Bodmer (1809–1893)*

287

Sacajawea auf einem Gemälde
des amerikanischen Künstlers Edgar S. Paxson (1852–1919).
Original im „State Museum of Fine Arts"

stens sehr schlecht weg. Darin heißt es, bei Gefahr sei er schnell in Panik geraten und wiederholt habe er sich unzuverlässig verhalten. In etwas milderem Licht wird er von Dennis R. Ottoson in der Publikation „Toussaint Charbonneau. A Most Durable Man" beurteilt. Zu seinen Gunsten führt Ottoson an, William Clark sei bis zu seinem Tod der Schirmherr von Charbonneau gewesen. Französische und deutsche Reisende, für die Charbonneau arbeitete, hätten nicht schlecht über ihn gesprochen. Indianer hätten ihn offenbar als ihren Freund betrachtet. Laster und Tugenden wie Charbonneau hatten viele gewöhnliche Menschen jener Zeit gehabt. Er sei kein Held, aber auch kein Bösewicht gewesen. Charbonneau ist auf einem Gemälde des schweizerischen Künstlers Carl Bodmer zusammen mit anderen abgebildet. Toussaint Charbonneau starb am 12. August 1843 in „Fort Mandan".

Sacajawea (um 1787–1812), eine Indianerin der Nördlichen Shoshonen, kam um 1787 in der Gegend von Lemhi County (Idaho) zur Welt. Sie wurde um 1800 oder 1801 im Alter von etwa 13 Jahren von feindlichen Hidatsa-Indianern gefangengenommen und entführt. Der französisch-kanadische Trapper und Pelzhändler Toussaint Charbonneau kaufte Sacajawea und eine andere gefangene Indianerin namens „Otter Woman" von den Hidatsa und betrachtete sie als seine Ehefrauen. Zusammen mit Charbonneau schloss sich Sacajawea im November 1804 der Expedition an und brachte in deren Wintercamp „Fort Mandan" am 22.

Jean Baptiste Charbonneau (1805–1866),
der Sohn von Toussaint Charbonneau und Sacajawea

Februar 1805 einen Sohn namens Jean Baptiste (genannt „Pompy") zur Welt. Sacajawea diente während der Forschungsreise zum Pazifik und zurück als Dolmetscherin (Sprache der Shoshonen und Hidatsa) und zeitweise in ihrer ehemaligen Heimat als Scout. Im August 1806 verließ sie zusammen mit Ehemann und Kind die Expedition. 1812 erfolgte die Geburt ihrer Tochter Lissette. Kurz danach ist sie am 22. Dezember 1812 im Alter von etwa 25 Jahren in „Fort Raymond" (auch „Fort Manuel") in Montana gestorben. Nach einer umstrittenen anderen Version soll Sacajawea viel länger gelebt, einen Comanchen geheiratet und mit ihm mehrere Kinder gehabt haben. Nach dem gewaltsamen Tod ihres Mannes sei sie zu den Shoshonen zurückgekehrt und am 9. April 1884 im hohen Alter von 96 Jahren gestorben. Man hätte sie in der „Wind River Shoshone Indian Reservation" in „Fort Washakie" (Wyoming) begraben.

Jean Baptiste Charbonneau (1805–1866) war der am 11. Februar 1805 im „Fort Mandan" (North Dakota) geborene Sohn des französisch-kanadischen Trappers und Pelzhändlers Toussaint Charbonneau und der Shoshonen-Indianerin Sacajawea. Er war gerade 55 Tage alt, als er mit seinem Vater und seiner Mutter am 7. April 1805 in „Fort Mandan" mit der Expedition aufbrach. Manche Autoren bezeichnen ihn als den „jüngsten Entdecker". Als er mit seinen Eltern im August 1806 die Expedition verließ, war er etwa anderthalb Jahre alt. Captain Clark adoptierte ihn 1813 und finanzierte seinen Schulbesuch. Im Erwachsenenalter arbeitete Jean Baptiste als Reiseführer und reiste nach Europa, wo er sich sechs Jahre lang aufhielt. Während seines Europaaufenthaltes wurde am 20. Februar 1829 in Bad Mergentheim (Deutschland) sein Sohn Anton Fries geboren, der bereits am 15. Mai 1829 starb. Die Mutter hieß Anastasia Katharina Fries. Jean Baptiste kehrte 1829 nach Amerika zurück und betätigte sich zeitweise als Fallensteller, Pfadfinder für die US-Armee und Goldsucher. Am 16. Mai 1866 starb Jean Baptiste Charbonneau in Danner in Malheur County (Oregon) und wurde dort begraben.

George Drouillard (1773–1810), auch Drewer oder Drewyer, kam im Dezember 1773 bei Detroit zur Welt. Seine Eltern waren der Franko-Kanadier Pierre Droillard und die Indianerin Asoundechris Flat Head. Am 27. September 1775 hat man ihn in der katholischen Kirche in Sandwich gegenüber von Detroit getauft. Drouillard wurde von Captain Daniel Bissell als exzellenter Jäger und Dolmetscher empfohlen und am 11. November 1803 von Captain Lewis in „Fort Massac" (Illinois-Territorium) für die Expedition rekrutiert. Er beherrschte Französisch und Zeichensprache und war einer der wenigen Zivilisten, die das Team in „Fort Wood" komplettierten. Drouillard nahm an der gesamten Forschungsreise zum Pazifik und zurück teil. Er diente als Scout, Jäger und Dolmetscher. In gefährlichen Situationen reagierte er beherzt. Dolmetscherdienste leistete er bei Begegnungen mit Oto-, Missouri- und Mandan-Indianern. Im November 1804 transportierte er zusammen mit sechs anderen Männern, die von Jägern der Expedition erlegten 32 Hirsche, elf Elche und fünf Bisons in einer Piroge zum Winterlager „Fort Mandan". Er gehörte im Februar 1805 auch zu den vier Männern, die abends beim Transport erlegter Bisons von zahlreichen Sioux-Indianern überfallen wurden. Dabei stahlen die Indianer zwei der drei Packpferde und einige Schusswaffen. Nachdem die Expedition am 2. September 1806 in Saint Louis ankam, wurde Drouillard von Captain Lewis beauftragt, erste Briefe mit Berichten über die Expedition an den Postmaster in Cahokia zu übergeben. Diese Briefe waren für US-Präsident Thomas Jefferson bestimmt. 1807 arbeitete Drouillard als Führer für eine 42-köpfige Handels-Expedition, die der spanische Pelzhändler Manuel Lisa zusammenstellte. Mit von der Partie bei dieser „Lisa-und-Drouillard-Expedition" waren John Potts und Peter Weiser, die schon an der Lewis-und-Clark-Expedition teilgenommen hatten. Lisa fuhr mit der Expedition den Missouri River hinauf bis zur Mündung des Bighorn River. Dort errichteten die Männer im November 1807 eine Handelsstation, die man nach dem Sohn Raymond von Manuel Lisa als „Fort Raymond" (auch „Fort Manuel") bezeichnete. Am 24. Februar 1809 gründete Manuel Lisa zusammen mit dem Pelzhändler Jean Pierre Choteau und dessen Sohn Auguste Pierre Choteau sowie anderen Personen die „Missouri Fur Company". Für jene Company arbeitete neben angesehenen Trappern wie John Colter (ehemaliges Mitglied der Lewis-und-Clark-Expedition) und

Andrew Henry (1775–1832) auch George Drouillard. 1809 errichteten Männer von Manuel Lisa am Missouri River, umgerechnet 20 Kilometer von der heutigen Stadt Omaha entfernt, die Handelsstation „Fort Lisa". Jenes Fort lag mitten im Gebiet feindlich gesinnter Blackfoot-Indianer. Im April 1810 kehrte der 36 Jahre alte George Drouillard von einem Biberfang nahe Three Forks in Gallatin County (Missouri) nicht mehr zurück. Ein Suchtrupp fand seine Leiche und sein totes Pferd. Drouillard hatte mit Indianern gekämpft und mehrere von ihnen getötet. Die Indianer hatten ihn enthauptet und seine Eingeweide aus rituellen Motiven zerstreut. Der Suchtrupp beerdigte die Leiche von Drouillard hastig in einem anonymen Grab. Bei Kämpfen vor „Fort Lisa" starben etwa 20 Weiße und 40 Blackfoot-Indianer. Die überlebenden Trapper zogen sich 1810 unter der Führung von Andrew Henry aus „Fort Lisa" zurück. – Zu Ehren von George Drouillard hat man den Berg Mount Drouillard (früher Mount Drewyer) in Teton County (Montana) benannt. 1996 wurde bei Bellefontaine (Ohio) das „George Drouillard Museum" eröffnet.

Der afrikanisch-amerikanische Sklave York (um 1770 geboren) war etwa so alt wie sein Herr, Captain William Clark (1770–1838). Sein Vorname soll „Ben" gewesen sein. Dieser wird allerdings in keinem historischen Bericht erwähnt. Clark hatte York sowie dessen Vater („Old York"), Mutter Rose, jüngere Schwester Rose und jüngeren Bruder von seinem Vater geerbt, der 1799 gestorben war. Vor der Expedition lebten Clark und York in Clarksville (Indiana-Territorium) gegenüber Louisville. York war während der ganzen Forschungsreise (1803–1806) von Lewis und Clark zum Pazifik und zurück als einziger Schwarzer dabei. Er war nicht ausschließlich Diener von Clark, sondern erledigte zusammen mit anderen Männern verschiedene Aufgaben. Zeitweise betätigte er sich als Scout, Jäger, Krankenpfleger und Arbeiter. Aus einer Notiz vom 5. Juni 1804 geht hervor, dass York zu einer Sandbank im Missouri River schwamm, um Gemüse für das Abendessen zu beschaffen. Demnach konnte York im Gegensatz zu anderen Expeditionsmitgliedern schwimmen. In den letzten Stunden von Sergeant Charles Floyd, der am 20. August 1804 an einem Blinddarmdurchbruch starb, wich York offenbar nicht von dessen Seite. Am 9. September 1804 erlegte der Sklave zusammen mit seinem Herrn Clark einen Bison. Obwohl Schwarze normalerweise keine Schusswaffen tragen durften, wird York in Berichten über die Expedition öfter als Jäger erwähnt. York war offenbar nicht so sportlich, wie mitunter erwähnt. Nach Rückkehr von einem rund 30 Kilometer langen Marsch zu einem Ort namens „Spirit Mound", vor dem sich abergläubische Indianer fürchteten, lag York völlig erschöpft bei Sonnenuntergang auf dem Boot. Der dicke und unsportliche Sklave hatte sehr unter der Hitze und unter seinem Durst gelitten. Außerdem war er es nicht gewohnt, so schnell wie die Anderen zu gehen. Andererseits betätigte er sich als fleißiger Helfer beim Aufbau verschiedener Lager.

Bild auf Seite 297:

Der afrikanische Sklave York auf Bisonjagd.
Normalerweise durften Sklaven keine Waffe tragen.
Gemälde von Janis Lang,
Abdruck mit freundlicher Genehmigung
des United States Department of Agriculture (USDA) –
Natural Resources Conservation Service,
Lincoln, Nebraska

296

Manchmal betrieb York auch dreisten Schabernack, der Captain Clark aber mitunter zu weit ging. Bei einer Begegnung mit Arikara-Indianern, die den Schwarzen bestaunten, erklärte York angeblich, er sei ein Wilder gewesen und habe kleine Kinder gegessen, bevor ihn Clark gefangen habe. Im Dezember 1805 litt York drei Mal an Erkältungskrankheiten. Über das Leben des Sklaven York nach der Expedition im Herbst 1806 gibt es sehr unterschiedliche Versionen (siehe Seite 163). Der Name seiner Ehefrau ist nicht bekannt. York soll irgendwann zwischen 1816 und 1832 in Tennessee an Cholera gestorben sein.

Weitere Teilnehmer:

Der Sergeant Charles Floyd (1782–1804) stammte aus Kentucky. Sein Vater Captain Charles Floyd hatte zusammen mit General George Rogers, dem Bruder von Captain William Clark, in der US-Armee gedient. Außerdem war Charles Floyd ein Cousin von Sergeant Nathaniel Pryor. Er schloss sich bereits am 1. August 1803 der Expedition an und gehörte zu den „Nine young men from Kentucky". Floyd war das erste und einzige Todesopfer unter den zahlreichen Teilnehmern der Expedition. Am 20. August 1804 starb er nach einem Blinddarmdurchbruch im Alter von nur 22 Jahren. Sein Begräbnis erfolgte mit militärischen Ehren nahe eines kleinen Flusses, den man „Floyd River" nannte. Für seinen Dienst vom 1. August 1803 bis zum 20. August 1804 zahlte man seiner Familie 86,33 US-Dollar.

Zu seinen Ehren errichtete man später ein Grabmal in Sioux City (Iowa) mit einem rund 30 Meter hohen Obelisk aus Sandstein. Der 56-seitige Bericht, den Charles Floyd während seiner einjährigen Teilnahme an der Expedition verfasste, wurde 1894 gemeinsam mit den Tagebüchern von Sergeant John Ordway veröffentlicht.

Der Korporal Richard Warfing Es kursieren auch die Schreibweisen Worthington, Worbington und Worthyton seines Familiennamens. 1799 trat er in die „Second Infantry" der US-Armee ein. Bei der Expedition gehörte er nicht der „Permanent Party an", die an der ganzen Forschungsreise bis zum Pazifik und zurück teilnahm. Er reiste nur bis zum Winterlager „Fort Mandan" (North Dakota) mit. Im April 1805 fuhr er von dort mit dem etwa 16,50 Meter langen Kielboot „Experiment" auf dem Missouri River nach Saint Louis zurück. An Bord hatte er die bis dahin über die Expedition verfassten Berichte, wissen-schaftliche Objekte (darunter vier lebende Elstern und einen Präriehund). Unter den Männern an Bord waren auch die von der Expedition ausgeschlossenen Soldaten Moses B. Reed und John Newman sowie die Soldaten John Boley, John Dame, Ebenerzer Tuttle, Isaac White und Aleander Willard.

Der Soldat John Boley (nach anderer Schreibweise auch Boleye), dessen Geburtstag und Todestag unbekannt sind, diente als junger Mann in der „First Infantry" unter dem Kommando von Captain Russel Bissell im „Fort

Kaskaskia" (Illinois-Territorium). Der Expedition gehörte er nicht lange an, weil er im „Camp Dubois" (Illinois) wegen Disziplinlosigkeiten aus dem Corps ausgeschlossen wurde. 1805 nahm Boley an der ersten Expedition des Offiziers und Entdeckers Zebulon Pike (1775–1813) teil, bei der er das Quellgebiet des Mississippi River erkunden sollte. Auch bei der zweiten Epedition von Pike in den Südwesten und die Rocky Mountains, der eigentlichen „Pike-Expediton" vom 15. Juli 1806 bis zum 1. Juli 1807 war Boley mit von der Partie.

Der Soldat John Dame (1784 geboren) diente in der Artillerie-Kompanie von Captain Amos Stoddard (1762–1813) in „Fort Kaskaskia" (Illinois-Territorium). Dame wird in den Berichten über die Expedition nur einmal erwähnt. Er gehörte nicht der „Permanent Party" an, welche die ganze Forschungsreise von Lewis und Clark zum Pazifik und zurück unternahm. Statt dessen fuhr er im April 1805 mit dem Kielboot „Experiment" unter dem Kommando von Korporal Richard Warfington auf dem Missouri River nach Saint Louis zurück.

Der Soldat John Newman (um 1785–1838) wurde in Pennsylvania geboren. Als junger Mann diente er im „First Infantry Regiment" von Captain Russel Bissell im „Fort Kaskaskia" (Illinois-Territorium), bevor er sich der Expedition anschloss. Im Oktober 1804 beging er wiederholt Disziplinlosigkeiten, über die

300

man heute nichts Genaues mehr weiß. Allgemein heißt es über Newman, er habe öfter respektlose Bemerkungen gemacht. Das Kriegsgericht verurteilte ihn am 13. Oktober 1804 wegen Meuterei zu 75 Peitschenhieben auf den nackten Rücken. Außerdem wurde er aus der Expedition ausgeschlossen. Weil man sich in der Wildnis befand, nahm man ihn aber weiter mit. Im Winterlager „Fort Mandan" (North Dakota) versuchte Newman durch harte Arbeit wieder die Gunst der Captains Lewis und Clark zu gewinnen. Doch man schickte ihn im April 1805 mit dem Kielboot „Experiment" unter dem Kommando von Korporal Richard Warfington zurück nach Saint Louis. Nach der im Herbst 1806 beendeten Expedition empfahl Captain Lewis, der Kongress solle Newman einen Lohn für seine Dienstzeit bis zu seiner Degradierung gewähren. Daraufhin erhielt Newman etwas Geld und Land. Er ließ sich in Missouri nieder, heiratete am 5. Juli 1832 in Saint Louis seine Frau Olympia Debreuil (1810–1843), hatte aber anscheinend keine Kinder. In den 1830-er Jahren arbeitete Newman als Trapper in den Dakotas. Am 10. Juni 1838 wurde er von Yankton Sioux-Indianern getötet.

Der Soldat Moses B. Reed, dessen Geburtstag und Todestag unbekannt sind, machte nicht die ganze Forschungsreise zum Pazifik und zurück mit. Seine Reise endete bereits im April 1805 in „Fort Mandan" (North Dakota). Er hasste das Leben in der Wildnis während der Expedition. Die Captains Meriwether Lewis und William Clark hielt er angeblich für verrückt. Eines

Nachts verließ er das Camp in der Hoffnung, er könne in die Zivilisation zurückkehren. Doch die Captains schickten ihm George Drouillard und drei weitere Männer hinterher, die ihn ins Lager zurückbrachten. Dort wurde Reed unehrenhaft aus dem Corps entlassen. Er fuhr im April 1805 mit dem Kielboot „Experiment" unter dem Kommando von Korporal Richard Warfington auf dem Missouri River zurück nach Saint Louis.

Der Soldat John Robertson kam um 1780 zur Welt. Als Erwachsener diente er in der Artillerie-Kompanie von Captain Amos Stoddard in „Fort Kaskaskia" (Illinois-Territorium). Er hatte den Rang eines Korporals und Autoritätsprobleme, bevor er sich der Expedition von Lewis und Clark anschloss. Captain Clark bescheinigte Korporal Robertson am 4. Januar 1804, er genieße bei seinen Männern keine Autorität. Weil Robertson im „Camp Dubois" bzw. „Camp Dubois" (Illinois-Territorium) einen Streit zwischen seinen Leuten nicht beendete, degradierte ihn Captain Clark vom Korporal zum Soldaten („Private"). Robertson war vermutlich der erste Soldat, der die Expedition verließ. Am 12. Juni 1804 schrieb Joseph Whitehouse in sein Tagebuch, ein Soldat, der zum Artillerie-Captain Stoddard gehöre, sei in Saint Louis eingetroffen. Vermutlich kehrte Robertson zu seiner früheren Artillerie-Kompanie in „Fort Kaskasia" zurück.
Der Soldat Ebenezer Tuttle kam 1773 zur Welt. Er diente in der Artillerie-Kompanie unter Captain Amos

Stoddard in „Fort Kaskaskia" (Illinois-Territorium). In den Berichten über die Expedition zum Pazifik und zurück von Lewis und Clark wurde er lediglich am 26. Mai 1804 lapidar erwähnt. Tuttle gehörte nicht der „Permanent Party" an, welche an der gesamten Forschungsreise zum Pazifik und zurück teilnahm. Er kehrte im April 1805 mit dem Kielschiff „Experiment" unter dem Kommando von Korporal Korporal Richard Warfington auf dem Missouri nach Saint Louis zurück.

Der Soldat Isaac White wurde um 1774 geboren. Er diente in der Artillerie-Kompanie von Captain Amos Stoddard in „Fort Kaskaskia" (Illinois-Territorium), als man ihn für die Expedition von Lewis und Clark rekrutierte. White zählte nicht zur „Permanent Party", die an der gesamten Forschungsreise zum Pazifik und zurück teilnahm. Er wurde lediglich einmal am 26. Mai 1804 in den Berichten über die Expedition erwähnt. Im April 1805 trat er auf dem Kielboot „Experiment" unter dem Kommando von Korporal Richard Warfington die Rückreise auf dem Missouri River nach Saint Louis an.

Der französisch-kanadische Trapper Pierre Dorion senior (um 1740–um 1810) kam vermutlich in Quebec City (Kanada) zur Welt. Im Juli 1804 wurde er von den Captains Lewis und Clark als Dolmetscher für die Sprache der Sioux-Indianer engagiert. Damals war Dorion senior mehr als 60 Jahre alt, hatte über 20 Jahre lang bei den Yankton Sioux-Indianern gelebt, war seit 1780 mit einer Sioux-Frau namens Wihmunke-Wakan („Holy Rainbow") verheiratet, hatte damals elf Kinder, darunter den Sohn Pierre Dorion junior (1780/1782–1814), und beherrschte die Sprache der Sioux. Außerdem kannte Dorion den älteren Bruder George Rogers Clark von Captain Clark. Im August 1804 dolmetschte Dorion senior bei einem Treffen der Expedition mit Yankton Sioux-Indianern in Calumet Bluff. Im September 1804 verhandelte die Expedition mit den Bois Brule-Indianern und Teton Sioux-Indianern wegen der Weiterreise zum Oberen Missouri River. Dabei erwiesen sich die Sprachkenntnisse von Dorion senior als wertvoll. Um die Beziehungen zwischen den verfeindeten Omaha-Indianern und Bois-Brule-Indianern zu verbessern, überzeugte Captain Clark die Bois Brule, sie sollten 48 gefangene Omaha freilassen und an Dorion senior übergeben, der stromabwärts bei den Yankton Sioux lebte. Nach der Übergabe kümmerte sich Dorion senior darum, dass die Freigelassenen wieder zu ihren Familien kamen. Ende September 1804 erfolgte das erwähnte nervenaufreibende Zusammentreffen der Expedition mit Teton Sioux-Indianern, bei dem glücklicherweise kein Schuss fiel und niemand getötet oder verletzt wurde. Dorion senior erhielt nicht nur Geld für seine Übersetzertätigkeit, sondern auch für 300 Pfund Büffelfett, mit denen die Forschungsreisenden lästige Insekten fernhielten. Auf der Rückreise im Jahre 1805 begleitete Dorion senior einige Häuptlinge der Yankton Sioux-, Omaha-, Oto- und

Missouri-Indianer auf dem Weg nach Saint Louis. Die Häuptlinge besuchten anschließend US-Präsident Thomas Jefferson in Washington. 1806 arbeitete Dorion senior für das US-Kriegsministerium als „Sub-Agent" für Indianer-stämme am Missouri River und Unteren Mississippi River.

Bootsmänner der Expedition

Die Captains Lewis und Clark stellten insgesamt zwölf „französische Bootsmänner" für das Kielboot „Experiment" und die beiden Pirogen ein. Diese Männer waren teilweise nur bei der Fahrt vom 14. Mai bis zum 24. Oktober 1804 auf dem Missouri River von „Camp Dubois" bis zu den Dörfern der Mandan-Indianer dabei, wo die Expedition das Winterlager „Fort Mandan" errichtete. Einige Bootsmänner verließen sofort nach der Ankunft bei den Mandan die Expedition. Andere blieben bei der Expedition und überwinterten mit ihr im „Fort Mandan". Ein Teil der Bootsmänner reiste am 7. April 1805 auf dem Missouri River mit dem Kielboot unter dem Kommando von Korporal Warfington von „Fort Mandan" nach Saint Louis zurück. Als die Expedition im August 1806 bei der Rückreise vom Pazifik wieder in die Gegend der Mandan-Dörfer kam, fuhren einige der „französischen Bootsmänner" mit. Über die „französischen Bootsmänner" ist meistens weniger bekannt als über die Mitglieder der „Permanent-Party", welche die ganze Forschungsreise zum Pazifik und zurück mitmachten.

Baptiste Deschamps, auch Dechamps, wurde vermutlich im „Fort Kaskaskia" (Illinois-Territorium) für die Expedition rekrutiert. Der tüchtige französische Bootsmann gehörte nicht der „Permanent Party" an, die an der gesamten Forschungsreise bis zum Pazifik und zurück teilnahm. Stattdessen war er nur auf der Strecke von „Camp Dubolis" (Illinois-Territorium) bis zum „Fort Mandan" (North Dakota) dabei, die vom 14. Mai bis zum 24. Oktober 1804 bewältigt wurde. Bei der Abfahrt in „Camp Wood" am 14. Mai 1804 ernannte man ihn zum „Patron" der französischen Bootsleute, die mit zum „Fort Mandan" reisten. Unterwegs kommandierte er neun Ruderer in der „roten Piroge" und die Kameraden in der etwas kleineren „weißen Piroge". Als „Flaggschiff" diente das 16,50 Meter lange Kielboot „Experiment" unter dem Kommando der Captains Lewis und Clark. Dechamps gehörte zu den Männern, die am 7. April 1805 auf dem Missouri River mit dem Kielboot von „Fort Mandan" nach Saint Louis zurückfuhren. Über ihn ist ansonsten wenig bekannt.

E. Cann (1775–1836), auch Carrn, Carr oder Cane, war einer der so genannten „französischen Bootsmänner". Eigentlich hieß er Alexander Carson und war Amerikaner. Er lebte so lange unter Franzosen, dass man ihn selbst für einen solchen hielt. Carson kam mit der Expedition nur von „Camp Dubois" (Illinois-Territorium) bis zum „Fort Mandan" (North Dakota). Diese Strecke wurde vom 14. Mai bis zum 24. Oktober 1804 bewältigt. Vermutlich reiste Carson am 7. April 1805 auf dem Missouri River mit dem Kielboot „Experiment" unter Korporal Warfington nach Saint Louis zurück. In der Folgezeit arbeitete er als Jäger, Trapper und Waffenschmied und erlebte allerlei Abenteuer in der Wildnis und mit Indianern. 1809 gehörte er zu der von dem Pelzhändler Pierre Choteau angeführten Expedition, die den Mandan-Häuptling Sheheke („Big White") in seine Heimat zurückbrachte. Sheheke war 1806 mitsamt Frau „Yellow Corn" und Sohn mit der „Lewis-und-Clark-Expedition" nach Saint Louis mitgefahren und hatte anschließend US-Präsident Thomas Jefferson in Washington besucht. Ein erster Versuch, Sheheke in seine Heimat zu begleiten, ist 1807 wegen eines Angriffes von Arikara-Indianern gescheitert. Im April oder Mai 1836 wurde Alexander Carson vermutlich im Yamhill County von einem Tualatin-Indianer getötet. Einer der Nachfahren von Alexander Carson war der berühmte „Kit Carson" (1809–1868), eigentlich Christopher Houston Carson, ein amerikanischer Pionier, Trapper, Führer, Scout, Rancher, Indianer-Agent und Soldat im Rang eines Brevet-Brigadegenerals.

Charles Caugee, dessen Geburts- und Todesjahr unbekannt sind, wurde von Captain Clark am „Independence Day" („Unabhängigkeitstag"), 4. Juli 1804, in einem Bericht erwähnt. Er bezeichnete ihn als einen von neun Männern, die damals als Bootsmänner engagiert worden waren. Sonst ist über Caugee nichts bekannt.

Joseph Collin wurde von Sergeant Patrick Gass in dessen 1807 erschienenen Bericht als junger Mann erwähnt, der für die „North West Company", eine kanadische Firma für Pelzhandel, gearbeitet hatte. Offenbar begleitete Collin die Expedition nur bis zu den Dörfern der Arikara-Indianer. Als die Expedition bei der Rückreise vom Pazifik 1806 wieder bei den Arikara vorbeikam, lebte Collin immer noch bei ihnen.

Charles Herbert (auch Hebert) könnte womöglich jener Mann gewesen sein, der 1792 in Saint Louis eine Frau namens Julie Hebert heiratete und mit ihr elf Kinder zeugte, die allesamt getauft wurden. Herbert war bei der Fahrt vom 14. Mai bis zum 24. Oktober 1804 auf dem Missouri River von „Camp Dubolis" bis zu den Dörfern der Mandan-Indianer dabei. Er durfte die Expedition im Winter 1804 verlassen.

Jean Baptiste La Jeunesse (gestorben 1806), auch Lageuness oder Lajeuness, diente als Soldat in der US-Armee, als er sich der Expedition als Bootsmann anschloss. Man weiß nicht, ob er in einem Dorf der Mandan-Indianer blieb oder ob er am 7. April 1805 auf dem Missouri River mit dem Kielboot „Experiment" unter dem Kommando von Korporal Warfington von „Fort Mandan" nach Saint Louis zurückfuhr.

La Liberté (gestorben 1837), auch Liberty, Joseph Le Bartee, Joseph oder Jo Barter genannt, war laut Captain

Lewis ein Soldat der US-Armee in „Fort Kaskaskia"
(Illinois-Territorium), als er sich der Expedition als
Bootsmann anschloss. Er desertierte bereits Anfang
August 1804 im Gebiet der Oto-Indianer. Vier Männer
der Expedition konnten Liberté gefangennehmen, aber
er entwischte ihnen während der zweiten Nacht wieder.
Außer seinem Todesjahr 1837 ist über sein weiteres
Leben nichts bekannt.

Étienne (Steven) Malboeuf, auch Étienne Mubbauf oder
Malboeuff, soll um 1775 geboren worden sein. Er wurde
von Captain Lewis in „Fort Kaskaskia" (Illinois-Territorium) als Bootsmann für die Expedition rekrutiert.
Die Schwester von Malboeuf war mit dem ebenfalls
als Bootsmann engagierten Jean Baptiste La Jeunesse
verheiratet.

Peter Pinaut (geboren 1776) war der Sohn eines französisch-kanadischen Händlers und einer Missouri-
Indianerin. Er wurde im Mai 1804 als Bootsmann für
die Expedition eingestellt. Pinaut fuhr vermutlich am
7. April 1805 auf dem Missouri River mit dem Kielboot
„Experiment" unter dem Kommando von Korporal
Warfington von „Fort Mandan" nach Saint Louis zurück.

Peter Pinaut, auch Preemau, Premor oder Primaut, kam
1776 zur Welt. Er wurde in „Fort Kaskaskia" (Illinois-
Territorium) als Bootsmann für die Forschungsreise
eingestellt und im Mai 1804 als Mitglied der Expedition

Häuptling der Mandan-Indianer.
Gemälde des schweizerischen Künstlers
Karl Bodmer (1809–1893)

310

erwähnt. Es ist nicht bekannt, ob er am 7. April 1805 auf dem Missouri River mit dem Kielboot „Experiment" unter Korporal Warfington von „Fort Mandan" nach Saint Louis zurückfuhr oder ob er am Unteren Missouri River blieb.

François Rivet (1757–1852) wurde 1804 in „Fort Kaskaskia" (Illinois-Territorium) als Bootsmann für die Expedition angeheuert. Er blieb zusammen mit den drei Bootsmännern Jean Baptiste Deschamps, Étienne Malboeuf und E. Cann (auch Alexander Carson) im Winter 1804/1805 im Dorf der Mandan-Indianer, nachdem sie die Expedition verlassen hatten. Rivet wollte am 7. April 1805 auf dem Missouri River mit dem Kielboot „Experiment" von „Fort Mandan" nach Saint Louis zurückfahren, blieb dann aber doch weiterhin im Mandan-Dorf. Dort lebte er immer noch, als die Expedition bei der Rückreise vom Pazifik im August 1806 erneut zu den Mandan-Indianern kam.

Peter Roi, auch Roie, gehört zu den französischen Bootsmännern, über die man sehr wenig weiß. Er könnte nach der Ankunft der Expedition im Herbst 1804 bei den Mandan-Indianern geblieben oder am 7. April 1805 auf dem Missouri River mit dem Kielboot „Experiment von „Fort Mandan" nach Saint Louis zurückgefahren sein. Der Name Roi (zu deutsch: König) war unter den Franzosen in Saint Louis weit verbreitet.

Die „Lewis-und-Clark-Expedition"
auf dem Vorstoß in unbekanntes Gebiet,
Gemälde des amerikanischen Künstlers
Thomas Burnham (1818–1866) um 1838.
Original im „Buffalo Bill Historical Center",
Cody (Wyoming)

Chronologie der Lewis-und-Clark-Expedition

1804

14. Mai 1804: Die Expedition verlässt „Camp Dubois River" (Illinois-Territorium), auch „Camp Wood River" genannt, nachmittags um 4 Uhr, und tritt auf dem Missouri River die Forschungsreise zur Pazifikküste an.

14. Mai 1804: Die Expedition erreicht Saint Charles (Missouri).

21. Mai 1804: Die Expedition kommt in Saint Louis an.

25. Mai 1804: Die Expedition erreicht La Charette am Missouri River, die letzte weiße Siedlung am Missouri River.

1. Juni 1804: Die Expedition erreicht den Osage River, einen rechten Nebenfluss des Missouri River.

12. Juni 1804: Die Captains Lewis und Clark begegnen drei Trappern, die in zwei Pirogen unterwegs sind. Einer dieser Trapper ist Pierre Dorion senior, der George Rogers Clark, den älteren Bruder von Captain Clark kennt. Die Captains überreden Dorion, er solle mit ihnen als Dolmetscher in das Gebiet der Sioux-Indianer reisen.

26. Juni 1804: Die Expedition erreicht Kaw Point, wo der Kansas River (auch Kaw genannt) in den Missouri River mündet.

28./29. Juni 1804: Der Soldat John Collins, der als Wache eingeteilt ist, macht sich nachts heimlich am Whiskey-Faß zu schaffen und überredet den Soldaten Hugh Hall, wie er ebenfalls Alkohol zu trinken. Das Kriegsgericht verurteilt Collins zu 100 Peitschenhieben und Hall zu 50.

4. Juli 1804. Die Expedition benennt am „Independence Day" („Unabhängigkeitstag") einen Fluss bei Atchinson (Kansas) als Independence Creek.

11./12. Juli 1804: Das Kriegsgericht verurteilt den Soldaten Alexander Hamilton Willard, der auf Wache geschlafen hatte, zu 100 Peitschenhieben. Für ein solches Vergehen hätte er auch mit dem Tode bestraft werden können.

21. Juli 1804: Die Expedition erreicht den Platte River, der etwa 640 Meilen von Saint Louis entfernt ist, und kommt in das Gebiet der Sioux-Indianer.

1. August 1804: Captain Clark feiert seinen 34. Geburtstag.

3. August 1804: Die Expedition hält in Council Bluff (Iowa) die ersten offiziellen Versammlungen zwischen Repräsentanten der USA sowie Oto- und Missouri-Indianern ab. Die Indianer erhalten Friedensmedaillen, US-Flaggen mit 15 Sternen und andere Geschenke. Die Soldaten zeigen eine Parade.

4. August 1804: Der Soldat Moses B. Reed desertiert.

18. August 1804: Georges Drouilliard bringt den desertierten Soldaten Moses B. Reed und den Häuptling der Oto-Indianer namens „Little Thief" ins Lager. Reed behauptet, er habe nur in einem früheren Camp ein verlorenes Messer holen wollen. In Wirklichkeit war er auf dem Weg zurück nach Saint Louis. Reed wird zum Spießrutenlaufen und 50 Peitschenhieben verurteilt.

Außerdem schließt man ihn von der „Permanent Party" aus, welche die ganze Forschungsreise bis zum Pazifik und zurück unternehmen soll.

18. August 1804: Captain Lewis feiert seinen 30. Geburtstag.

20. August 1804: Sergeant Charles Floyd stirbt im Alter von 22 Jahren an einer Blinddarmentzündung.

23. August 1804: Der Soldat Joseph Field erlegt den ersten Bison.

26. August 1804: Der Soldat Patrick Gass wird als Ersatz für den gestorbenen Charles Floyd zum Sergeant gewählt. Der Soldat George Shannon soll verlorene Pferde von den Sioux wieder zurückholen.

30. August 1804: die Expedition hält mit den Yankton Sioux-Indianern eine Versammlung ab. Laut einer Legende wickelt Captain Lewis ein Neugeborenes der Indianer in die Flagge der USA und erklärt, dies sei ein Amerikaner.

4. September 1804: Die Expedition erreicht die Mündung des Niobrara River.

7. September 1804: Die Expedition fängt einen Präriehund, indem man Wasser in seine Höhle schüttet. Der Präriehund wird später an US-Präsident Thomas Jefferson geschickt.

14. September 1804: Jäger der Expedition erlegen eine Prärieziege.

25. bis 29. September 1804: Teton Sioux-Indianer nerven die Expedition mit ständigen Forderungen nach Tabak und hindern sie an der Weiterfahrt. Es entstehen gefährliche Situationen, bei denen sich die Weißen und

A Canoe striking on a Tree.

Abbildung „A Canoe striking on a Tree"
aus dem 1807 erstmals erschienenen Werk:
„A Journal of the Voyages and Travels of a Corps
of Discovery under the Command of Capt. Lewis
and Capt. Clarke of the Army of the United States,
from the Mouth of the River Missouri
Through the Interior Parts of North America,
to the Pacific Ocean During the Years 1804,
1805, & 1806"
von Patrick Gass (1771–1870)

316

die Indianer mit Waffen gegenüberstehen. Obwohl das Schlimmste zu befürchten ist, geht es dank des mutigen Verhaltens der Expedition letztlich ohne Blutvergießen ab.

8. bis 11. Oktober 1804: Die Expedition erreicht das Gebiet der Arikara-Indianer, in dem die weißen Händler Joseph Gravelins und Pierre Antoine Tabeau leben.

13. Oktober 1804: Der Soldat John Newman wird wegen einer Disziplinlosigkeit zu 75 Peitschenhieben verurteilt und von der „Permanent Party" ausgeschlossen.

24. Oktober 1804: Die Expedition trifft sich mit Häuptling „Big White" von den Mandan-Indianern. Der Händler Joseph Gravelins betätigt sich als Dolmetscher.

24. Oktober 1804: Die Expedition erreicht Dörfer der Mandan-Indianer und Hidatsa-Indianer. Am Missouri wird das Wintercamp „Fort Mandan" (North Dakota) errichtet.

26. Oktober 1804: René Jessaume, der seit mehr als zehn Jahren bei den Mandan-Indianern lebt, fungiert für die Expedition als Dolmetscher mit den Mandan. Hugh McCracken, ein Händler der „North West Company", besucht die Captains Lewis und Clark. Auch die Händler François-Antoine Laroque und Charles MacKenzie besuchen die Expedition.

2. November 1804: Baptist Lapage (La Page) wird Ersatzmann für den Soldaten John Newman.

5. November 1805: Die Captains Lewis und Clark treffen sich mit dem französisch-kanadischen Trapper und Pelzhändler Toussaint Charbonneau, der zusammen mit

zwei Shoshonen-Frauen namens Sacajawea und „Little Otter" bei den Hidatsa-Indianern lebt.

24. Dezember 1804: Das nach den Mandan-Indianern benannte Wintercamp „Fort Mandan" ist fertig. Die Expedition überwintert dort.

1805

1. Januar 1805: Das Team der Expedition feiert den Neujahrstag mit Musik, Gesang und Tanz.

9. Februar 1805: Der Soldat Thomas Howard wird im „Fort Mandan" zu 50 Peitschenhieben verurteilt. Er war nach dem mehrstündigen Besuch eines Dorfes der Mandan-Indianer erst nachts zurückgekehrt, hatte das Tor verschlossen vorgefunden und war deswegen über die Palisade geklettert. Ein Indianer war sofort seinem Beispiel gefolgt.

11. Februar 1805: Die Shoshonen-Indianerin Sacajawea bringt in „Fort Mandan" einen Sohn namens Jean Baptiste Charbonneau zur Welt. Dieser ist das jüngste Mitglied der Expedition.

7. April 1805: Die „Permanent Party" der Expedition verlässt „Fort Mandan" und setzt die Forschungsreise zum Pazifik fort.

7. April 1805: Das 16,50 Meter lange Kielboot unter dem Kommando von Korporal Richard Warfington tritt auf dem Missouri River die Heimreise nach Saint Louis an. An Bord sind außer dem Korporal die Soldaten John Boley, John Dame, John Newman, Moses B. Reed, Ebenezer Tuttel, Isaac White und Alexander Willard. Außerdem werden wichtige Schriftstücke sowie Proben

von Pflanzen und Tieren (darunter ein gefangener Präriehund) zur US-Präsident Thomas Jefferson transportiert.

7. bis 25. April 1805: Die Expedition fährt mit zwei Pirogen und sechs Kanus vom „Fort Mandan" zum Yellowstone River.

25. April 1805: Die Expedition erreicht den Yellowstone River. Dort sieht man erstmals Dickhornschafe („Big Horn Sheep") mit großen Hörnern. Solche Tiere erreichen eine Gesamtlänge bis zu 1,95 Meter. Captain Lewis denkt, diese Gegend sei ein guter Standort für ein Fort. Später errichtete man dort „Fort Union" und „Fort Buford".

14. Mai 1805: Während eines Sturms gerät eine Piroge der Expedition in Gefahr. Dabei fallen viele Ausrüstungsgegenstände und Berichte über die Expedition ins Wasser. Die beherzte Sacajawea kann aber einiges retten.

25. April bis 3. Juni 1805: Die Reise geht vom Yellowstone River zum Marias River weiter.

27. April 1805: Die Expedition erreicht das Gebiet von Montana.

5. Mai 1805: Captain Lewis und ein Jäger der Expedition erlegen den ersten Grizzlybären. „Diese Bären sind kaum zu erlegen, sie schüchtern uns alle ein", notierte Lewis später.

8. Mai 1805: Die Expedition erreicht den Milk River, der seinen Namen der weißlichen Farbe seines Wassers verdankt. Die Indianer bezeichnen den Milk River als „Fluss, der alle anderen schimpft".

3. Juni 1805: Die Expedition erreicht die Mündung des Marias River und errichtet „Camp Deposit". In verschiedenen Depots lagert man Werkzeuge (Schmiedebalg, Äxte, Bohrer, Meißel, Feilen), Jagdgeräte (Biberfallen), Waffen (zwei Gewehre, 24 Pfund Pulver), Lebensmittel (2 Fässer mit gerösteten Körnern, zwei Fässer mit Schweinefleisch, 1 Faß mit Salz) und Bärenfelle ein.

3. Juni 1805: An einer Gabelung des Marias River ist unklar, welche von zwei Gabeln der Marias River oder der Missouri River ist Nach einer Erkundungsfahrt von jeweils einem Team in jeden dieser beiden Flüsse deuten die Captains die nördliche Gabel als Marias River und die südliche Gabel als Missouri. Dies stellt sich später als richtig heraus.

3. Juni bis 20. Juni 1805: Die Expedition fährt vom Marias River zu den „Großen Wasserfällen" („Great Falls") des Missouri River im heutigen US-Bundesstaat Montana.

13. Juni 1805: Captain Lewis und vier Begleiter sehen die „Großen Wasserfälle" („Great Falls") des Missouri River.

14. Juni 1805: Captain Lewis erlegt einen Bison. Bevor er diesen erreicht, taucht ein Grizzlybär auf und verfolgt ihn 70 Meter weit. Lewis flüchtet in einen Fluss und der Bär zieht ab.

21. Juni bis 2. Juli 1805: Teilnehmer der Expedition tragen die Boote und die Ausrüstung an Land an den „Großen Wasserfällen" des Missouri River vorbei.

Juni 1805: Captain Clark sieht als erster Weißer die „Großen Wasserfälle" („Great Falls") des Missouri River

320

von der Südseite des Flusses her. Unweit davon entdeckt er kurz danach „Giant Springs", die größte Frischwasserquelle der Welt.

22. Juni bis 9. Juli 1805: Nach einem Entwurf von Captain Lewis wird aus einem Eisenrahmen sowie Tierfellen von Elch und Bison ein großes Boot konstruiert, um die beiden Pirogen zu ersetzen. Doch dieses Boot erwies sich als untauglich. Nach einem starken Sturm sickert Wasser durch. Daraufhin wird es demontiert und am 10. Juli 1805 zwischengespeichert.

10. bis 15. Juli 1805: Statt eines großen Bootes mit Eisenrahmen baut man zwei Einbaum-Kanus.

15. Juli bis 8. August 1805: Die Expedition reist von den „Great Falls" des Missouri River in das Gebiet der Shoshonen-Indianer. Mit inzwischen acht Kanus fährt man zu den Three Forks, wo die Quellflüsse des Mississippi, nämlich Jefferson River und Madison River zusammenfließen. Die Expedition ist nun 2.464 Meilen von der Mündung des Mississippi River entfernt.

1. August 1805: Captain Clark feiert seinen 35. Geburtstag.

11. August 1805: Captain Clark sieht erstmals seit „Fort Mandan" (North Dakota) wieder Indianer.

12. August 1805: Captain Lewis überquert mit einem Erkundungstrupp am Lemhi Pass die „Kontinentale Wasserscheide" („Continental Divide") und damit als erster Amerikaner die damalige Westgrenze der USA. Bei der „Continental Divide" handelt es sich um einen Gebirgspass, der die Einzugsgebiete jener Flüsse voneinander trennt, die in verschiedene Ozeane fließen.

Nämlich der Pazifik (nach Westen), der Arktische Ozean (nach Norden) und der Atlantische Ozean über den Golf von Mexiko (nach Südosten).

13. August 1805: Captain Lewis begegnet einer Gruppe von Shoshonen mit ihrem Anführer Cameahwait.

15. bis 17. August 1805: Captain Lewis kehrt über den Lemhi Pass mit Häuptling Cameahwait zurück zum „Camp Fortunate", wo sich die Hauptgruppe der Expedition befindet.

17. August 1805: Die Expedition hält mit den Shoshonen eine Versammlung ab. Sacajawea erkennt, dass Cameahwait ihr Bruder ist, den sie seit ihrer Entführung um 1800 nicht mehr gesehen hat. Lewis und Clark kaufen 29 Packpferde für den Transport ihrer Ausrüstung über die Rocky Mountains. Als Führer engagieren sie den Shoshonen-Indianer „Old Toby".

18. August 1805: Captain Lewis feiert seinen 31. Geburtstag. In sein Tagebuch trägt er ein, er sei träge und faul, und schwört, den Rest seines Lebens damit zu verbringen, anderen zu helfen.

26. August 1805: Captain Lewis und die Hauptgruppe der Expedition überqueren erneut am Lemhi Pass die „Kontinentale Wasserscheide" („Continental Divide"). Nun verlassen sie das neu erworbene Territorium der USA und kommen in das Oregon Country.

1. September bis 6. Oktober 1805: Die Expedition überquert die Bitterroot Mountains zwischen Idaho und Montana.

4. September 1805: Die Expedition trifft Flathead-Indianer und kauft ihnen 13 Pferde ab.

13. September 1805: Die Expedition reist auf dem Lolo Pass in den nördlichen Rocky Mountains weiter, leidet Hunger und isst Pferde, Trockensuppe und Kerzenwachs.

6. bis 9. Oktober 1805: Die Expedition begegnet Nez Percé-Indianern in Clearwater. Sie stellt Pferde und Waren unter und baut fünf Einbaum-Kanus für die Weiterreise zum Ozean.

9. Oktober bis 7. Dezember 1805: Die Expedition fährt auf dem Clearwater River, Snake River und Columbia River zum Ozean.

18. Oktober 1805: Captain Clark erblickt den Mount Hood und glaubt irrtümlich, sie seien in bereits erkundetes Gebiet zurückgekehrt.

25. Oktober bis 28. Oktober 1805: Die Expedition macht Halt in Rock Fort und trifft am Unteren Columbia River erstmals Chinook-Indianer.

7. November 1805: Captain Clark glaubt beim Anblick des Mündungstrichters des Columbia River irrtümlich, den Pazifischen Ozean (Pazifik) zu sehen. Hocherfreut schreibt er in sein Tagebuch: „Ocean in view! O! e joy."

18. Dezember 1805: Die Expedition trifft an der Mündung des Columbia River am Pazifischen Ozean (Pazifik) ein.

24. November 1805: Die Expedition stimmt darüber ab, wo man den Winter 1805/1806 verbringen soll. Dabei zählen auch die Stimmen der Indianerfrau Sacajawea und des schwarzen Sklaven York. Man entscheidet sich, auf der Südseite des Columbia River

ein Wintercamp zu errichten, das man später „Fort Clatsop" nennt.

7. Dezember 1805 bis 23. März 1806: In „Fort Clatsop" werden 338 Paar Mokassins genäht.

25. Dezember 1805: Das Wintercamp „Fort Clatsop" ist errichtet.

1806

1. Januar 1806: Das neue Jahr wird in „Fort Clatsop" mit einer Salve von Schüssen eingeläutet. Mehrere Mitglieder der Expedition errichten nahe des heutigen Ortes Seaside in Oregon aus Steinen eine Anlage, mit der sie Salz herstellen.

22. März 1806: Die Expedition verlässt „Fort Clatsop" und setzt die Heimreise nach Osten fort.

23. März 1806 bis 14. Mai 1806: Die Expedition reist weiter nach „Camp Chopunnish".

11. April 1806: Der Hund „Seaman" von Captain Lewis wird von Indianern gestohlen, aber kurz danach zurückgegeben. Captain Lewis warnt den lokalen Häuptling, jedes weitere Fehlverhalten würde den sofortigen Tod der Übeltäter zur Folge haben.

14. Mai bis 10. Juni 1806: Die Expedition sammelte in „Camp Chopunnish" 65 Packpferde für die Überquerung der Berge. Weil in den Bitterroot Mountains hoher Schnee liegt, können diese nicht überquert werden.

10. Juni bis 30. Juni 1806. Die Expedition reist über Lolo Creek nach Traveler's Rest (Lolo, Montana). Mit von der Partie sind fünf Führer der Nez Percé-Indianer.

30. Juni bis 3. Juli 1806: Die Expedition lagert in

Traveler's Rest (Lolo, Montana), heute ein „National Historic Landmark".

3. Juli 1806: Die Expedition teilt sich in zwei Gruppen. Die Gruppe von Captain Lewis reist über den Blackfoot River, diejenige von Captain Clark über den Bitterroot River.

3. Juli bis 28. Juli 1806: Die Gruppe von Captain Lewis mit Sergeant Patrick Gass sowie Thompson, McNeal, Joseph Field, Joseph Reuben, William Werner, George Drouillard und Silas Goodrich kommt zurück zu den „Großen Wasserfällen" („Great Falls") des Missouri River.

6. Juli 1806: Die Gruppe von Captain Clark überquert am Gibbon Pass die „Kontinentale Wasserscheide" („Continental Divide").

7. Juli 1806: Die Gruppe von Captain Lewis überquert über den „Lewis and Clark Pass" ebenfalls die „Kontinentale Wasserscheide" („Continental Divide").

13. Juli 1806. Sergeant John Ordway trennt sich von der Gruppe von Captain Clark und reist zum Missouri River, um sich dort mit Captain Lewis und Sergeant Patrick Gass zu vereinen.

13. Juli 1806: Die Expedition erreicht White Bear Island. Beim Öffnen eines unterirdisch angelegten Depots stellt man fest, dass viele der darin aufbewahrten Gegenstände ruiniert sind. Nur der Eisenrahmen für das Boot hat nicht gelitten.

15. bis 26. Juli 1806: Captain Lewis erforscht mit drei Männern (George Drouillard sowie die Field-Brüder Joseph und Reubin) den Marias River. Dabei erkennt er,

dass dieser Fluss nicht – wie erhofft – weit nach Norden führt. Am nördlichsten Punkt seiner Erkundungsfahrt errichten sie das „Camp Disappointment" („Camp der Enttäuschung"). In diesem Camp hält sich Lewis vom 22. bis 26. Juli 1806 auf.

20. Juli 1806: Die kleine Gruppe von Sergeant John Ordway, die sich von der Gruppe von Captain Lewis getrennt hat, trifft sich mit der Gruppe von Sergeant Patrick Gass wieder an den „Großen Wasserfällen" („Great Falls") des Missouri River.

27. Juli 1806: Blackfeet-Indianer stehlen Gewehre und Pferde der Gruppe von Captain Lewis. Bei einem Kampf verlieren zwei Blackfeet ihr Leben.

28. Juli 1806. Captain Lewis trifft wieder auf Sergeant Ordway und Sergeant Gass.

1. August 1806: Captain Clark feiert seinen 36. Geburtstag.

8. August 1806: Sergeant Pryor und die Soldaten George Gibson, Hugh Hall und Richard Windsor erreichen Captain Clark und trennen sich dann wieder.

11. August 1806: Captain Lewis wird bei der Bisonjagd von dem einäugigen Soldaten Pierre Cruzatte angeschossen und kann danach wochenlang nicht gehen.

12. August 1806: Zwei Gruppen der Expedition vereinen sich wieder am Missouri River in North Dakota.

18. August 1806: Captain Lewis feiert seinen 32. Geburtstag.

14. August 1806. Die Expedition erreicht die Dörfer der Mandan-Indianer. Der Trapper und Pelzhändler Toussaint Charbonneau verabschiedet sich mit seiner

Frau Sacajawea und seinem Sohn Jean Baptiste von der Expedition. Mit Einwilligung der Captains Lewis und Clark trennt sich auch der Soldat John Colter von der Expedition und schließt sich den Trappern Hancock und Dickinson an. Der Rest der Expedition fährt auf dem Missouri weiter nach Saint Louis.

22. September 1806: Die Expedition trifft nach zwei Jahren, vier Monaten und zehn Tagen in Saint Louis ein. Sie hat rund 7.000 Meilen (umgerechnet 11.265 Kilometer) hinter sich gebracht.

Literatur

BATAINEH, Burtchen: Ein leiser Stern. Das ungewöhnliche Leben der Indianerin Sacajawea, Berlin 2005

CLARKE, Charles G.: The Men of the Lewis and Clark Expedition: A Biographical Roster of the Fifty-one Members and a Composite Diary of Their Activities from All Known Sources, Lincoln und London 2002

CORPS OF DISCOVERY UNITED STATES ARMY. MEMBERS OF THE EXPEDITION
http://www.history.army.mil/LC/The%20People/privates.htm

GASS, Patrick: A Journal of the Voyages and Travels of a Corps of Discovery under the Command of Capt. Lewis and Capt. Clarke of the Army of the United States, from the Mouth of the River Missouri Through the Interior Parts of North America, to the Pacific Ocean During the Years 1804, 1805, & 1806 and an account of its inhabitants, soil, climate, curiosities and vegetable and animal productions, Pittsburgh 1810

HAWTHORNE, Hildegard: Kurs westwärts. Geschichte der Lewis- und Clark-Expedition 1803–1806 (Ins Deutsche übertragen von Günther Reubel und Thea Staedler, Nürnberg 1949

HEBARD, Grace Raymond: Sacajawea: Guide and Interpreter of Lewis and Clark (Native American), Minneola 2002

HEMBUS, Joe: Westerngeschichte 1540–1894. Chronologie, Mythologie, Filmographie, München 1981

JACOB, John G.: Life and Times of Patrick Gass. Wellsburg 1859

KLÜVER, Reymer: Bis an den Rand der Neuen Welt, Geo Epoche, Nr. 10/03, Hamburg 2011

LEWIS, Meriwether / CLARK, William / BIDDLE, Nicholas / ALLEN, Paul: History of the expedition under the command of Captains Lewis and Clark, to the sources of the Missouri, thence across the Rocky mountains and down the river Columbia to the Pacific ocean: Performed during the years 1804-5-6. By order of the government of the United States, Band 1, Philadelphia 1814

LUTTIG, John C.: Journal of a fur-trading expedition on the Upper Missouri, herausgegeben von Stella M. Drumm, Saint Louis 1920.

NEHL, Stefan: Zur Bedeutung Sacagaweas im interkulturellen Gefüge der Lewis & Clark Expedition von 1804–1806, München 2009

ÖSER, Rudolf: 500 Indianerbiografien Nordamerikas: Eine biografische Enzyklopädie, Norderstedt 2005

OTTOSON, Dennis R.: Toussaint Charbonneau, A Most Durable Man, South Dakota State Historical Society, o. J.

PROBST, Ernst: Superfrauen 1 – Geschichte, Mainz-Kostheim 2003

STAMMEL, H. J.: Indianer. Legende und Wirklichkeit von A-Z, München 1992

THE LEWIS AND CLARK TRAIL
http://lewisandclarktrail.com

THEO CORPS (Text von Irwing W. Anderson, ehemaliger Präsident der „Lewis and Clark Trail Heritage Foundation")
http://www.pbs.org/lewisandclark/inside/idx_corp.html

THWAITES, Reuben Gold (Herausgeber): Original Journals of the Lewis and Clark Expediton 1804–1806, Cambridge 1969

WASSER, Hartmut (Herausgeber) / LEWIS, Meriwether / CLARK, William: Der weite Weg nach Westen: Die Tagebücher der Lewis und Clark Expedition 1805–1806, Wiesbaden 2013

WIKIPEDA, Lewis-und-Clark-Expedition
http://de.wikipedia.org/wiki/Lewis-und-Clark-Expedition

WIKIPEDIA, Sacajaweja
http://de.wikipedia.org/wiki/Sacajawea

Bildquellen

Antje Püpke, Berlin, www.fixebilder.de: 136
Reproduktion eines Porträts des amerikanischen Malers
Charles Willson Peale (1741–1827) um 1807: 142
Reproduktion eines Porträts des amerikanischen Malers
Charles Willson Peale (1741–1827) um 1810 143
Reproduktion einer Zeichnung aus dem 1807 erstmals
erschienenen Werk „A Journal of the Voyages and
Travels of a Corps of Discovery under the Command
of Capt. Lewis and Capt. Clarke of the Army of the
United States, from the Mouth of the River Missouri
Through the Interior Parts of North America, to the
Pacific Ocean During the Years 1804, 1805, & 1806"
von Patrick Gass (1771–1870): 153
Reproduktion eines Gemäldes von Janis Lang, Ab-
druck mit freundlicher Genehmigung des United Sta-
tes Department of Agriculture (USDA) – Natural
Resources Conservation Service, Lincoln, Nebraska:
157
Reproduktion einer Zeichnung aus dem 1807 erstmals
erschienenen Werk „A Journal of the Voyages and
Travels of a Corps of Discovery under the Command
of Capt. Lewis and Capt. Clarke of the Army of the
United States, from the Mouth of the River Missouri
Through the Interior Parts of North America, to the
Pacific Ocean During the Years 1804, 1805, & 1806"
von Patrick Gass (1771–1870): 163
Reproduktion eines Gemäldes des amerikanischen
Künstlers George Catlin (1796–1872)von 1836: 167

Reproduktion eines Gemäldes von Janis Lang, Abdruck mit freundlicher Genehmigung des United States Department of Agriculture (USDA) – Natural Re-
sources Conservation Service, Lincoln, Nebraska: 175
Reproduktion einer Zeichnung aus dem 1807 erstmals
erschienenen Werk „A Journal of the Voyages and
Travels of a Corps of Discovery under the Command
of Capt. Lewis and Capt. Clarke of the Army of the
United States, from the Mouth of the River Missouri
Through the Interior Parts of North America, to the
Pacific Ocean During the Years 1804, 1805, & 1806"
von Patrick Gass (1771–1870): 183
Reproduktion eines Gemäldes des amerikanischen
Künstlers Edgar Samuel Paxson (1852–1919) im „Mon-
tana State Capitol": 189
Reproduktion eines Gemäldes des amerikanischen
Künstlers Charles M. Russel (1864–1926): 193
Reproduktion eines Gemäldes von Janis Lang, Abdruck
mit freundlicher Genehmigung des United States De-
partment of Agriculture (USDA) – Natural Resources
Conservation Service, Lincoln, Nebraska: 201
Reproduktion eines Gemäldes von Janis Lang, Abdruck
mit freundlicher Genehmigung des United States De-
partment of Agriculture (USDA) – Natural Resources
Conservation Service, Lincoln, Nebraska: 209
Reproduktion einer Zeichnung aus dem 1807 erstmals
erschienenen Werk „A Journal of the Voyages and
Travels of a Corps of Discovery under the Command
of Capt. Lewis and Capt. Clarke of the Army of the
United States, from the Mouth of the River Missouri

Through the Interior Parts of North America, to the Pacific Ocean During the Years 1804, 1805, & 1806" von Patrick Gass (1771–1870): 215

Reproduktion eines Gemäldes von Janis Lang, Abdruck mit freundlicher Genehmigung des United States Department of Agriculture (USDA) – Natural Resources Conservation Service, Lincoln, Nebraska: 244

Library of Congress, Prints and Photographs Division, Washinton. Gravierung von Charles Balthazar Julien Fevret de Saint-Mémin (1770–1852) von 1807, Reproduction Number: LC-USZ6-633 (b&w film copy Call Number: PGA – St. Mémin, no. 30 (A size) [P&P] Published in: Saint-Mémin and the Neoclassical profile portrait in America / Ellen G. Miles. Washington, D.C.: National Portrait Gallery, 1994, no. 166: 246

Reproduktion aus: „The centennial history of Oregon, 1811–1912", Vol. 1, von Joseph Gaston und George H. Himes von 1912: 250

MONGO: 262 (via Wikimedia Commons), Lizenz: gemeinfrei (Public domain)

Reproduktion einer Zeichnung aus dem 1807 erstmals erschienenen Werk „A Journal of the Voyages and Travels of a Corps of Discovery under the Command of Capt. Lewis and Capt. Clarke of the Army of the United States, from the Mouth of the River Missouri Through the Interior Parts of North America, to the Pacific Ocean During the Years 1804, 1805, & 1806" von Patrick Gass (1771–1870): 275

Ausschnitt aus einem Gemälde des schweizerischen Künstles Karl Bodmer (1809–1893): 286

Reproduktion eines Gemäldes des schweizerischen
Künstles Karl Bodmer (1809–1893): 287
Reproduktion eines Gemäldes des amerikanischen
Künstlers Edgar Samuel Paxson (1852–1919), Original
im „State Museum of Fine Arts": 288
Reproduktion eines Fotos eines unbekannten Fotografen
vor 1866: 290
Reproduktion eines Gemäldes von Janis Lang, Abdruck
mit freundlicher Genehmigung des United States De-
partment of Agriculture (USDA) – Natural Resources
Conservation Service, Lincoln, Nebraska: 297
Reproduktion eines Gemäldes des schweizerischen
Künstlers Karl Bodmer (1809–1893): 310
Reproduktion eines Gemälde des amerikanischen
Künstlers Thomas Burnham (1818–1866) um 1838,
Original im „Buffalo Bill Historical Center", Cody
(Wyoming): 312
Reproduktion einer Zeichnung aus dem 1807 erstmals
erschienenen Werk „A Journal of the Voyages and
Travels of a Corps of Discovery under the Command
of Capt. Lewis and Capt. Clarke of the Army of the
United States, from the Mouth of the River Missouri
Through the Interior Parts of North America, to the
Pacific Ocean During the Years 1804, 1805, & 1806"
von Patrick Gass (1771–1870): 316

Gemälde „Mohongo, an Osage Woman"
des amerikanischen Künstlers
Charles Bird King (1785–1862) von 1830.
Das Bild zeigt die Osage-Indianerin Mohongo
mit ihrer Tochter Maria-Elizabeth

Mohongo

Die Indianerin, die in Europa tanzte

Mit umjubelten exotischen Auftritten als Tänzerin erregte die junge und attraktive Indianerin Mohongo (auch Myhangah, Mihonga oder „Sacred Sun" genannt) ab 1827 in Frankreich und in anderen Ländern Europas großes Aufsehen. Sie war die Ehefrau des Anführers (Sachem) Kihegashugah („Little Chief") der Osage, einer westlichen Gruppe der Sioux-Indianer. Wie Mohongo aussah, verraten zu Lebzeiten von ihr angefertigte Bilder, die heute noch existieren.

Als Sachem bezeichnete man einen vom Volk gewählten Anführer, der nach dem Willen der Mehrheit handeln musste. Solche Sachems anstelle von Häuptlingen gab es bei den politisch hochentwickelten Gesellschaften der Indianer des Nordostens und Südostens in Nordamerika. In populärwissenschaftlicher Literatur werden Sachems aber oft als Häuptlinge bezeichnet.

Ursprünglich bezeichneten sich die Osage als „Ni-U-Kon-Ska" („Volk des mittleren Wassers"). Ab dem späten 17. Jahrhundert nannten sie sich „Wah-zah-zhe" oder „Wa-sha-seh" („Volk des Wassers") nach dem Namen ihres dominanten Originalstammes. Später schlossen sich weitere sprachlich und kulturell verwandte Stämme den „Wah-zhe-zhe" an und es entstanden die Osage.

Laut Online-Lexikon „Wikipedia" entwickelte sich die heutige Stammesbezeichnung Osage durch fehlerhafte Aussprache und Orthografie früher französischer Siedler sowie falsche Übersetzung der Engländer. Die Franzosen sprachen von „Wa-Sa-gee". Um den Laut des Buchstabens „W" wiederzugeben, verwendeten sie die Buchstaben „Ou", weswegen sie schließlich den Namen als „Ouasages" schrieben. Engländer und Amerikaner sprachen dies als Osages aus.

Die Osage lebten im Gebiet von Kansas, Missouri und Illinois. Sie waren nomadisierende Jäger und wohnten zeitweise in Dörfern mit Langhäusern. Im April pflanzten sie in ihren Gärten, danach zogen sie in den Westen, jagten dort ab Juni Bisons und kehrten im August wieder zurück. Im September folgte die Jagd auf Hirsche. Um 1673 begegneten die Osage erstmals Weißen. Als die Amerikaner am 30. April 1803 für 15 Millionen US-Dollar von den Franzosen das westlich des Mississippi River liegende Louisiana-Territorium kauften, gelangte auch die Heimat der Osage in neuen Besitz.

Kurz bevor Mohongo geboren wurde, schloss der Indianer-Agent William Clark (1770–1838) am 10. November 1808 einen Vertrag mit den Osage („Treaty of Fort Clark", „Treaty with the Osage" oder „Osage Treaty" genannt), durch den die USA in den Besitz von knapp 30 Millionen Hektar Land gelangten. Als Gegenleistung versprach man den Indianern Schutz, Handelsrechte und jährliche Zahlungen von 1.500 US-Dollar. Clark prahlte später, wie billig man so viel Land für so wenig Geld bekam. Er war neben Meriwether

Lewis (1774–1809), einer der beiden Anführer der berühmten „Lewis-und-Clark-Expedition" (1804–1806) zum Pazifik gewesen. An den Vertragsverhandlungen von 1808 war der Dolmetscher Paul Loise (um 1755–1832) beteiligt, der zeitweise den Namen Paul Chouteau trug und ab 1827 bei der Reise von sechs Osage-Indianern nach Europe eine Rolle spielte.

Mohongo kam vermutlich 1809 in dem Indianerdorf Chouteau am Neosho-River (heute Oklahoma) zur Welt. Ihr Geburtsort lag in der Gegend des jetzigen Saline County. Wenn ihre Mutter zusammen mit anderen Frauen verschiedene Arbeiten ausführte, schnallte sie Mohongo in eine Kindertrage.

Bei den Osage führten Frauen ein Leben, das Weißen wie „halbe Sklaverei" erschien. Sie mussten die schwersten Arbeiten erledigen, bebauten das Land, säten Korn und Kürbis, pflanzten Kartoffeln, ernteten Feldfrüchte, begleiteten ihre Männer zur Jagd und trugen dabei Geräte und die erlegten Tiere.

Den Männern der Osage war die Vielweiberei erlaubt. Verheiratete Männer hatten Rechte auf die jüngeren Schwestern ihrer Frauen. Sie durften sich so viele Geliebte nehmen, wie sie wollten. Alten Menschen brachte man großen Respekt entgegen. Gastfreundschaft gegenüber Fremden wurde bei den Osage groß geschrieben.

Vor dem erwähnten Wechsel des Louisiania-Territoriums an die USA hatten die Indianer mit französischen Händlern rege Tauschgeschäfte betrieben. Sie erhielten für Pelze mancherlei europäische Waren. Nach den Franzosen kamen amerikanische Jäger, Siedler und Soldaten und errichteten Häuser, Siedlungen und Forts. Die Franzosen waren in kleiner Zahl im Gebiet der Osage erschienen und ihnen freundlich gesonnen. Dagegen drangen die Amerikaner zu Hunderten ein und verdrängten immer mehr die Indianer. Die Osage bezeichneten die Amerikaner zunächst als „Long Knives" („Langmesser") und später als „Heavy Eyebrows" („schwere Augenbrauen").

Wenn die männlichen Osage-Indianer im Sommer und Herbst zur Jagd gingen, ließen sie ihre Dörfer meistens unbewacht zurück. Dieses Verhalten rächte sich im Oktober 1817 fürchterlich, als der Häuptling Claremore (Gra-mo'n oder „Arrow Going Home") von den südlichen Osage mit den meisten seiner Männer zur Bisonjagd aufgebrochen war. Während der Abwesenheit von Claremore griffen rund 500 Cherokee sowie einige Choctaw, Chickasaw und Deleware unter Führung von Häuptling Too-an-tuh („Spring Frog") das Osage-Dorf an. In der „Schlacht von Claremore Mound" („Battle of Claremore Mound") am Fuß des Hügels Claremore Mound wurden Häuser zerstört, 38 Frauen, Kinder und alte Männer getötet, 104 gefangengenommen und versklavt.

Bei Vertragsverhandlungen der Osage im Jahre 1818 diente der Pelzhändler Pierre Chouteau (1758–1849) als ihr Agent und Paul Loise, der zeitweise den Namen Paul Chouteau trug, wieder einmal als Dolmetscher. Die Herkunft von Loise (auch Loese oder Louise) ist umstritten. Mal war er – laut www.ancestry.com – der

Sohn von Alexis und Elizabeth Loise, geborene Beaugenoux, mal der im „Fort Louis" geborene Sohn eines Franzosen und einer Osage-Indianerin, mal der Sohn eines in Saint Louis lebenden Franzosen und einer Französin. Außerdem wird spekuliert, Loise sei der uneheliche Sohn von Auguste Choteau (um 1750–1825) oder seines Bruders Pierre Chouteau (1758–1849) und einer Osage-Frau gewesen.

Der Osage-Stamm teilte sich nach der erwähnten Zusammenkunft von 1818 in zwei Gruppen. Eine davon lebte am Osage River, einem rechten Nebenfluss des Missouri-River im Missouri-Territorium, die andere zog nach Arkansas.

1821 überfielen Cherokee-Indianer ein Jagdlager der Osage, in das man auch alte Männer, Frauen und Kinder mitgenommen hatte. Bei dieser Attacke wurden ein Dutzend Krieger getötet, die das Lager bewacht hatten. Außerdem verloren 29 Frauen und Kinder ihr Leben, weitere 90 kamen in Gefangenschaft. Ein Missionar berichtete später, die Cherokee hätten eine junge Frau, deren Kind und ein junges Mädchen bestialisch ermordet und ihre Körper den Hunden vorgeworfen. Als dies geschah, war Mohongo etwa zwölf Jahre alt.

Nach ihrer Pubertät hat Mohongo – wie bei den Osage üblich – in einer feierlichen Zeremonie geheiratet. Ihr Ehemann wurde der um 1789 geborene Häuptling Kihegashugah (auch „Little Chief" genannt), der rund 20 Jahre älter als sie war. Kihegashugah soll der Enkel eines bedeutenden Osage-Häuptlings gewesen sein, der rund ein Jahrhundert zuvor 1725 mit dem französischen

Entdecker Étienne de Bourgmont (1679–1734) und anderen Indianerhäuptlingen nach Frankreich reiste. Der amerikanische Autor John Joseph Matthews (um 1894–1979) dagegen behauptete, der zweite Häuptling Washinka Sabe („Black Bird") sei der Ehemann von Mohongo gewesen. Während ihrer Zeit als Ehefrau eines Indianers soll Mohongo die Geliebte eines Mitglieds oder Mitarbeiters der Pelzhändler-Familie Chouteau gewesen sein. Aus dieser Beziehung sei ein Mischlings-Mädchen namens Amelia hervorgegangen. Mutter und Kind seien in einem Vertrag vom 30. Dezember 1825 erwähnt.

Manche Osage hatten viel von Frankreich gehört, das bis zum Verkauf des Louisiana-Territoriums 1803 an die Amerikaner ihr Bundesgenosse gewesen war. Das 2,1 Millionen Quadratkilometer große Louisiana-Territorium erstreckte sich zwischen New Orleans im Süden und Kanada im Norden sowie zwischen dem Mississippi River im Osten und den Rocky Mountains im Westen. Einige Osage hatten Lust, etwas Neues und Unbekanntes zu sehen und eine Reise über das „große Wasser" nach Frankreich zu unternehmen. Mancher von ihnen hatte gehört, Franzosen, vor allem Pariser, würden gern Geld dafür zahlen, um einen Menschen, der eine Stirn, Augen, eine Nase, einen Mund, Arme und Beine wie ein Indianer hatte, dessen Haut nicht weiß oder gelb, sondern rot sei, zu betrachten. „Sind die Franzosen solche Narren, uns unsere Reisekosten zu zahlen und überdies noch einen ansehnlichen Gewinn zuwenden zu wollen", fragten sich reiselustige Osage.

1827 kam der französische Abenteurer David Delaunay (auch De Launay) aus Saint Louis in das Dorf von Mohongo. Der unbekannte Autor des Werkes „Remarks About the Six Indians" (1827) berichtete, Delaunay sei vor 1792 ein Offizier von König Ludwig XVI. von Frankreich (1754–1793) gewesen, der während der „Französischen Revolution" (1789–1799) abgesetzt und enthauptet wurde. Bevor Delaunay 1800 nach Amerika kam, hatte er 1799 in Frankreich hohe Schulden von 9.000 Francs hinterlassen. Während der Herrschaft von Spanien über das Louisiana-Territorium, das 1800 an Frankreich und 1803 an die USA ging, erhielt er großen Landbesitz. Anschließend diente er in der Miliz. Manche Autoren bezeichneten ihn als Colonel Delaunay. Zeitweise besaß er eine Pension und ein Sägewerk bei „Fort Bellefontaine", das vorfabrizierte Holzhäuser herstellte. David Delaunay gehörte zu den „Gentlemen", mit denen die Captains der „Lewis-und-Clark-Expedition" am 21. Mai 1804 zu Beginn ihrer Forschungsreise an den Pazifik in Saint Charles am Missouri River speisten. An dem Essen hatten Kaufleute, ein französischer Wissenschaftler und zwei Richter teilgenommen. Einer der beiden Richter war Delaunay aus dem nahen Saint Louis und ein Bekannter des einflussreichen Pelzhändlers Auguste Chouteau. Es heißt zuweilen, Delaunay sei eine widerwärtige Person mit einer Vorliebe für Show und Titel gewesen.

1812 berief man Delaunay in ein Regierungs-Komitee. Zu diesem zählte auch Alexander McNair (1775–1826), der 1821 erster Gouverneur des neuen US-Staates Missouri wurde. Ebenfalls 1812 kümmerte sich Delaunay um den Nachlass des Gouverneurs Meriwether Lewis, der 1809 Selbstmord begangen hatte.

Der verschuldete Delaunay bot sich 1827 als Manager und Führer für die Reise von zwölf Osage, darunter Mohongo und ihr doppelt so alter indianischer Ehemann, nach Frankreich an. Damals hatten bereits andere Osage weite Reisen nach Washington D. C. und Frankreich unternommen.

25 reiselustige Osage jagten vier Jahre lang Wildtiere und stellten Pelze her, um ihre geplante große Reise nach Frankreich bezahlen zu können. 1827 war ein Dutzend von ihnen bereit, das Unternehmen zu wagen. Nachdem zwölf Osage ihre Pelze auf ein Floß verladen hatten, fuhren sie damit auf dem Missouri River nach Saint Louis. Diese Stadt wurde von den Osage als Chouteau Tah Wan bezeichnet. Kurz vor ihrer Ankunft am 29. April 1827 in dieser Stadt wurde das Floß zertrümmert. Bei diesem Unglück gingen alle Pelze der Indianer verloren.

Eine Hälfte der zwölf Osage entschloss sich, in ihr Heimatdorf zurückzukehren. Die übrigen sechs Indianer wollten ihre geplante Reise fortsetzen. Dabei handelte es sich um den Häuptling Kihegashugah (auch Kishagshugah, Ke-He-Kah Shinkah, Cashungia oder „Little Chief" genannt), seine Frau Myhangah („Sacred Sun") und die Cousine Gretomih (Grothomil, Gthedo'n-Wi'n oder „Hawk Woman), den zweiten Häuptling Washingsaba („Black Bird" oder „Black Spirit") sowie zwei männliche Begleiter namens Marcharthitatoongah (um 1775–1844, „Big Soldier") und Minkchatahooh (1805–1830, Mo'n-Sho'n A-ki-da Tonkah, „Young Soldier" oder „Little Soldier").

In der Literatur werden die Verwandtschaftsbeziehungen der Frauen zu den erwähnten Männern unterschiedlich geschildert. Beispielsweise heißt es über Gretomih, sie sei die Cousine und/oder die Frau von „Little Chief" oder die Frau von „Young Soldier" gewesen. Viele andere Autoren/innen dagegen betrachten „Little Chief" als Gatten von Mohongo.

David Delaunay, sein Assistent und Dolmetscher für die Sprache der Osage, Paul Loise (um 1775–1832), der Amerikaner François Tesson (vielleicht 1770 geboren) sowie die sechs Osage bestiegen in Saint Louis den Raddampfer „Commerce" und fuhren damit auf dem Mississippi River abwärts nach New Orleans.

Paul Loise war 1827 bereits 52 Jahre alt. Er könnte von dem erwähnten Pelzhändler Pierre Choteau adoptiert worden sein, der ihn später auf seine Gehaltsliste nahm. Loise begleitete 1806 eine Delegation der Osage nach Washington und Philadelphia. Damals zeichnete der amerikanische Maler Charles Willson Peale (1741–1827) eine Silhouette von ihm. Von David Delaunay und François Tesson liegen keine Bilder vor. 1808 ernannte Meriwether Lewis, der damalige Gouverneur des Missouri-Territoriums, Loise zum Dolmetscher für die Osage. Zwischen 1815 und 1825 diente Loise im Auftrag von Gouverneur William Clark als Dolmetscher bei Vertragsverhandlungen mit den Osage und genoss dessen Wertschätzung.

Über François Tesson ist nur sehr wenig bekannt. Er soll ein Amerikaner gewesen sein und sein Bruder soll den Vornamen Michael getragen haben. 1827 lebten in Saint Louis mindestens vier Männer, die François Tesson hießen. Der jüngste von diesen Männern war mehr als 20 Jahre alt, der älteste 57 Jahre alt. Ob Tesson nach der Tour mit den sechs Osage in Europa starb oder nach Amerika zurückkehrt, ist unklar.

Vor einem Notar in New Orleans unterzeichneten David Delaunay und die sechs Osage einen Vertrag. Dieser beinhaltete, dass Delaunay die Osage begleiten, für ihren Unterhalt sorgen, sie für Geld sehen lassen und den Gewinn mit ihnen teilen sollte. Außerdem erklärten sie dem französischen Konsul François Guillemin (um 1777–1832/1836) in New Orleans den Zweck ihrer Reise nach Frankreich und erhielten die hierfür erforderlichen Pässe.

In New Orleans stachen die sechs Osage am 29. Mai 1827 mit ihrem Führer Delaunay sowie dessen beiden Begleitern Loise und Tesson mit dem Schiff „New England" unter dem Kommando von Kapitän Hunt in See. Bei der Abfahrt mit den sechs Osage aus Missouri hatte Delaunay mehr finanzielle Probleme als je zuvor. Seine alten Schulden von 1799 in Frankreich waren immer noch nicht beglichen. Zudem bereiteten ihm und seiner Ehefrau Eleanore eine 1828 fällige Hypothek große Sorgen.

Zu Beginn der Schiffsreise rief der Krieger „Big Soldier" dem Ozean zu, dessen Wasser könne die sechs Osage nicht erschrecken. Sie hätten ihre Dörfer verlassen, um

344

ihre Brüder, die Franzosen, und alle Menschen auf der anderen Seite des großen Sees zu besuchen. Nur der Tod könne sie von dieser Reise abhalten. Während der Fahrt über den Atlantik konnten die Osage riesige schwimmende Wale bestaunen.

Die Reisegruppe kam am 27. Juli 1827 wohlbehalten in Le Havre (Frankreich) an, wo sie von einer Schar begeisterter Franzosen begrüßt wurde. Bei ihrer Ankunft in Frankreich war Mohongo bereits im zweiten Monat schwanger. In zwei Kutschen, die von einer militärischen Eskorte begleitet wurden, fuhren die Indianer vom Schiff zum „Hotel Holland". Zwei Gläser mit süßem Wein, den „Big Soldier" dort beim Essen trank, bekamen ihm nicht gut. Im Speiseraum schüttelten die Indianer etlichen Franzosen die Hand. Nachmittags besichtigten sie Bäume und andere Pflanzen in Gärten sowie Gemälde in einer Galerie. Am Tag darauf standen in Le Havre ein Besuch des Hafens und des Theaters auf dem Programm. Für die sechs Osage waren zwei Logen auf dem ersten Balkon des Theaters reserviert. Aufgeführt wurde die Oper „Blaise und Babet" von Jacques-Marie Boutet de Monvet (1745–1812), wobei die Osage natürlich so gut wie nichts verstanden.

Während ihrer Tour in Frankreich sahen die Osage noch weitere Opern und Theaterstücke. Eines Tages hatten sie genug von solchen Aufführungen und erklärten ihren weißen Führern, sie wollten nicht mehr zu solchen Shows gehen.

Bei Ange Hyacinthe Maxence Baron de Damas (1785–1862), dem Minister für Auswärtige Angelegenheiten,

Die sechs Osage-Indianer 1827 in der Oper von Rouen.
Zeichnung von Luther Brand
in dem 1827 in Leipzig erschienenen Werk
„Die sechs kupferrothen Indianer von dem Stamme
der grossen Ossagen, welche von dem Missuri
den 27. Juli 1827 zu Havre de Grace
in Frankreich auf dem amerikanischen Schiffe,
New-England, Capitain Hunt, angelangt sind"

holte Delaunay die Genehmigung ein, die sechs Osage sollten als freie Menschen nach Paris kommen und in dieser Stadt auf dieselbe Weise wie Schauspieler und Künstler „jeder Art Vortheil von der öffentlichen Neugier ziehen dürfen".

Am 7. August 1827 erfolgte die Abreise aus Le Havre nach Rouen. Dort besuchten die sechs Osage eine Opernaufführung. Dabei richteten sich die Augen der übrigen Besucher/innen mehr auf die Osage im Zuschauerraum als auf die Sänger auf der Bühne. In der Tat boten die Indianer in der Tracht ihres Stammes einen ungewohnten Anblick. Wann kommen schon mal vier Männer mit nacktem Oberkörper und mit nackten Füßen in die Oper?

Die Ankunft der sechs Osage-Indianer am 13. Juli 1827 in Paris war für Wochen das Tagesgespräch in der französischen Hauptstadt. Dort stiegen sie im Hotel „Terrace Hotel" an der Rue de Rivoli ab. Am 19. August 1827 frühstückten die Osage mit dem Minister für Auswärtige Angelegenheiten und 40 Gästen.

Zwei Tage später durften die Osage am 21. August 1827 um elf Uhr vormittags in der malerischen Tracht ihres Stammes im Palast von Saint Cloud vor dem König Karl X. von Frankreich (1757–1836) ihre Künste zeigen. Aus diesem Anlass hatte Häuptling „Little Chief" sein Gesicht mit blauen und roten Streifen bemalt. In seiner rechten Hand hielt er einen mit Bändern geschmückten Zauberstab. Mit dem Besuch beim König erfuhren die sechs Osage eine Ehre, die ansonsten Botschaftern und anderen Würdenträgern vorbehalten war. Der König sagte zu Häuptling „Little Chief", er sei sei glücklich, ihn zu sehen. Der Stamm der Osage sei immer treu gewesen, als deren Land noch unter der Herrschaft von Frankreich gestanden habe. Auch mit David Delaunay wechselte der König einige Worte. Die Schwiegertochter des Königs und Thronerbin Marie-Thérèse Charlotte (1778–1851), Herzogin von Angouleme, stellte den Besuchern die „Kinder von Frankreich", wie die Kinder des Königs genannt wurden, vor. Marie Thérèse Charlotte war das älteste Kind von König Ludwig XVI. von Frankreich und seiner Gemahlin Königin Marie Antoinette von Österreich. Als einziges Kind des hingerichteten Königspaares überlebte sie während der „Französischen Revolution" die Gefangenschaft. Häuptling „Little Chief" erzählte dem König, in seiner Kindheit habe sein Vater über die französische Nation gesprochen. Dies hätte seinen Wunsch geweckt, Frankreich zu sehen, wenn er erwachsen sei. Nun sei er ein Mann und verwirkliche seinen Wunsch. Er und seine Begleiter liebten Frankreich. Nachdem sich der König zurückgezogen hatte, führte man die Osage in einen Salon, in dem sich der Generalmajor der königlichen Garde, Claude Victor-Perrin (1764–1841), Herzog von Belluno, und Damen des Hofes aufhielten. Dort reichte man auch Erfrischungen. Insgesamt hielten sich die sechs Osage etwa anderthalb Stunden in Schloss Cloud auf, bevor sie nach Paris zurückkehrten. Der Besuch beim König hat sich für die Osage auch finanziell gelohnt, weil ihnen der Herrscher 2.000 Francs schenkte.

Kurz nach dem Empfang der sechs Osage beim König in Saint Cloud erschien in Paris die Broschüre „History of the Tribe of the Osages" (1827). Bei dem Autor „M. P. V." des nahezu 15.000 Wörter umfassenden Büchleins handelte es sich um „Monsieur Paul Vissier". Die Auflage dieses Werkes war klein, weswegen heute nur noch wenige Exemplare existieren.

In Paris präsentierten sich die sechs Osage zunächst in den besten Gesellschaftskreisen. Sie empfingen in ihrer Wohnung viele Männer und Frauen, die für dieses Vergnügen bezahlen mussten. Anfangs entrichtete jede Person 20 Francs. Standespersonen zahlten nach Belieben. Später reduzierte man den Preis auf zehn und schließlich auf fünf Francs. Außerdem zeigten sich die Osage in Theatern und an öffentlichen Vergnügungsorten.

Mit ihren langen, schwarzen Haaren, die in der Mitte mit einem roten Streifen verziert waren, ihren großen, lebhaften Augen und ihrer schlanken Figur wirkte Mohongo besonders attraktiv. Ihre Garderobe bestand aus einem knielangen Kleid, darüber einer roten Tunika und Gamaschen aus Biberhaut über ihren Schuhen. Am Hals trug sie Muschelschmuck.

Das Interesse, die sechs Osage zu bewundern, war anfangs so groß, dass man einen „starken Posten" vor ihre Unterkunft stellen musste. Wer mehr sehen wollte, konnte die Indianer zum Mittagsessen, Tee- oder Kaffeetrinken einladen. Dabei saßen die Osage auf Ehrenplätzen. Man bestaunte die Tracht der Halbnackten, ergötzte sich an ihren Grimassen und ihren Späßen, obwohl man keines ihrer Worte verstand. Die sechs Osage waren sehr zufrieden darüber, dass man ihnen gut zu essen und zu trinken gab, sie liebkoste und bewunderte und zudem noch Geld und Geschenke gab. Französische Zeitungen berichteten über die exotisch aussehenden Osage, druckten Zeichnungen von ihnen ab und machten sie weithin bekannt. Der Ruhm der indianischen Besucher hatte auch Schattenseiten. Als sich die Osage mal nicht in ihrem Hotel aufhielten, stahl man ihnen Geschenke, die sie bei ihren Auftritten erhalten hatten.

Bereits 1827 erschienen in Frankreich (Le Havre, Paris), Belgien (Brüssel) und Deutschland (Leipzig) fünf Ausgaben des Werkes „Six Indiens rouges" (zu deutsch: „Sechs rote Indianer") über die sechs Osage in Europa. Vier davon waren in französischer, eines in deutscher Sprache verfasst. In Paris und Brüssel erschienen jeweils zwei Ausgaben. Der Umfang dieser kleinen Werke reichte von zwei bis 32 Seiten. Als Verfasser dieser Publikationen vermutet man Delaunay.

Über David Delaunay heißt es in der Literatur, er sei kein guter Manager und Führer für die sechs Osage gewesen. Vielleicht tat man ihm dabei unrecht. Schließlich war es nicht leicht, immer wieder neue Einnahmequellen zu finden, um die beträchtlichen Kosten für die Reise und Unterbringung in Hotels bezahlen zu können. Mancher Auftritt der Osage war sehr spektakulär. Einmal stieg Häuptling „Little Chief" in Paris zusammen mit einem Luftfahrtpionier namens Depuis mit einem Ballon in die Luft, während die übrigen Indianer auf dem Erdboden tanzten. Für

Delaunay spricht, dass er den sechs Osage Zugang zu höchsten Kreisen in Frankreich verschaffte und wahrscheinlich sogar Publikationen über sie schrieb und veröffentlichte.

Marc-Antoine Jullien (1775–1848), der geistreiche Direktor der „Revue encyclopédique", lud die sechs Osage zum monatlichen Bankett der „Revue encyclopédique" am 9. Oktober 1827 in der großen Hütte („la Grande-Cauníere") des Mont Parnasse ein. Bei diesen seit neun Jahren stattfindenden monatlichen Mahlzeiten begegneten sich Persönlichkeiten „von allen Zungen, allen Religionen und Meinungen". An jenem Fest mit rund 130 Gästen aus 18 verschiedenen Nationen nahmen nur die vier männlichen Osage teil. Die beiden Frauen waren erkrankt und konnten nicht kommen.

Der Anblick der vier exotisch gekleideten und geschmückten Osage-Krieger faszinierte die Teilnehmer des Banketts der „Revue encyclopédique". Osage-Männer scherten sich das Haupt und ließen nur ein Haarbüschel am Hinterkopf stehen. Als Haarschmuck trugen sie eine Feder und eine silberne oder blecherne Röhre. Ihre „Hose" hatte Gamaschen aus Rehleder. Der Oberkörper und die Füße waren nackt. Gelegentlich warfen sie sich eine weiße oder blaue Wolldecke über die Schultern. Außerdem besaßen sie einen Mantel aus Bären- oder Büffelhaut, in den sie sich nachts hüllten. Das Gesicht bemalten sie mit verschiedenen Farben, vor allem Zinnober und Grünspan, was wie eine Tätowierung wirkte. Augenbrauen und Barthaare rissen sie sorgfältig aus. Die Ohrringe waren so groß, dass man mehrere Löcher durch die Ohren bohren musste, um sie aufhängen zu können. Am Hals hingen Ketten mit bunten Glasperlen oder anderen Anhängern sowie eine runde Platte oder mehrere Platten, welche die Brust zierten. Tapfere Krieger besaßen eine Keule mit Schellen. Von den vier nach Frankreich gekommenen Osage hatten drei eine solche Keule.

Nachdem eine junge weiße Frau beim Bankett zwei Romanzen gesungen hatte, bat man die Osage, eines ihrer Lieder vorzutragen. Sie erfüllten diesen musikalischen Wunsch und stießen mehrere seltsame, scharf betonte Laute aus, wozu sie mit ihren Schellenkeulen den Takt schlugen. Paul Loise, der Dolmetscher der Osage, übersetzte den Text, den einer der übrigen Gäste am selben Abend in französischen Versen nachahmte. Einer der Osage-Krieger stimmte bei der Revue ein Kriegslied an, das er durch energische und drohende Bewegungen gegen einen fiktiven Feind untermalte. Der Krieger, der dieses Lied sang, behauptete, er habe mindestens doppelt so viele Feinde getötet, als bei der Revue zu Gast waren. Wenn dies wahr gewesen wäre, hätte er mehr als 250 Menschen das Leben genommen. In der Literatur über die sechs Osage heißt es, der zweite Häuptling „Black Spirit" habe viele Skalpe genommen, „Big Soldier" (genannt „The Orator", „Der Redner") drei und „Young Soldier" einen. Zwei Ärzte namens Gall und Fossati erkannten bei der Revue, kein Europäer hätte einen so breiten Kopf wie dieser Krieger unmittelbar über seinen Ohren.

Später besuchten die Osage den französischen Politiker und General Marie Joseph Motier Marquis de La Fayette (1757–1834) in seinem Landhaus „La Grange" bei Meaux. La Fayette hatte im Amerikanischen Unabhängigkeitskrieg (1775–1780) auf seiten der Kolonisten gekämpft. Am 11. Juli 1789 legte er in Frankreich den Entwurf einer Menschenrechtserklärung vor, die er mit Unterstützung von Thomas Jefferson (1743–1826), einem der Verfasser der Unabhängigkeitserklärung der USA und damals Botschafter in Paris, erarbeitet hatte. Beim Besuch von La Fayette sprachen die Osage diesen als „Großvater" an, womit sie eine große Liebe und Ehrfurcht bezeugen wollten. Außerdem erklärten sie: „Wir haben Ohren, und Dein Name ist zu ihnen hereingegangen. Wir haben ein Herz, und Dein Name ist darin geblieben. Dein Name ist überall, aber Deine Person ist hier. Wir kannten Deinen Namen. Wir wünschen auch Deine Person zu kennen, und hier sind wir, in Deiner Gegenwart. Wir sind froh und zufrieden, Dich zu sehen, und wohl aufgenommen zu werden von Dir". Die sechs Osage wurden auf zahlreichen Gegenständen abgebildet. Dazu gehört beispielsweise ein aus Tierhaut angefertigter französischer Biedermeier-Fächer. Er zeigt sechs exotisch gekleidete Osage, die im „Journal des Debats" als Häuptling Kihegashugah (38), seine Frau Myhangah (Mohongo) und die Cousine Gretomih (beide 18), als zweiter Häuptling Washingsaba (32) sowie zwei Begleiter namens Marcharthitatoongah und Minkchatahooh erwähnt wurden. Kurz vor dem Eintref-

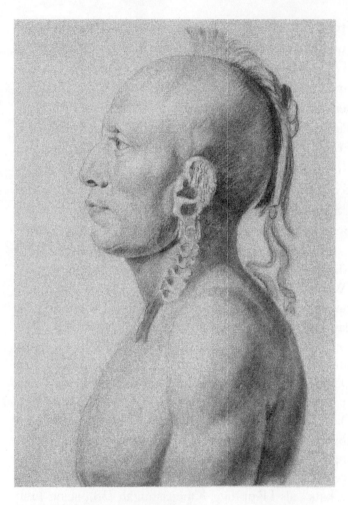

Osage-Häuptling „Little Chief",
Porträt des französischen Künstlers
Charles Balthazar Julien Fevret de Saint-Mémin (1770–1852)
aus dem Jahre 1804

354

Osage-Krieger „Big Soldier",
Porträt des französischen Künstlers
Charles Balthazar Julien Fevret de Saint-Mémin (1770–1852)
aus dem Jahre 1805

fen der Osage trug die Pariser Damenwelt noch Fächer „à la giraffe", nachdem man am 30. Juni 1827 die erste Giraffe im „Jardin des Plantes" bestaunen konnte.

Viele Franzosen glaubten irrtümlich, die sechs Osage seien nicht aus eigenem Antrieb, sondern auf Betreiben der französischen Regierung in ihr Land gekommen, um von unerfreulichen Angelegenheiten abzulenken. Ähnliches vermutete man auch vom nahezu zeitgleichen Präsentieren der Giraffe „Zarafa" in Frankreich. Diese war ein Geschenk von Muhammad Ali Pascha (um 1770–1849), des Vizekönigs von Ägypten, für den König Karl X. von Frankreich, traf im Oktober 1826 in Marseille ein und marschierte 1827 von Marseille nach Paris. Unmittelbar danach führte man angeblich in Frankreich den unbeliebten „Presszwang", der das Gegenteil von Pressefreiheit ist, wieder ein.

Was die sechs Osage in Frankreich erlebten, interessierte auch anderswo. Deswegen erschien in Nordamerika so mancher Bericht über sie. Am 8. November 1827 beispielsweise befasste sich die Zeitung „Missouri Republican" mit ihnen.

Im Dezember 1827 reisten die sechs Osage nach Belgien. Dort traten sie in Brüssel, Verviers und Ghent auf. An Heiligabend, 24. Dezember 1827, bestaunten die Osage in Louvain (Belgien) erstmals einen Elefanten im Zoo. Zurück nach Brüssel ging es am 1. Januar 1828. Am 2. Januar 1828 waren die Osage bereits wieder in Ghent. Dort klagte David Delaunay vor einem Gericht gegen den Herausgeber der Zeitung „La Sentinelle", die unwahre Behauptungen über die Behandlung der sechs Osage veröffentlicht hatte. In dem Prozess erklärte „Black Spirit“, dass Delaunay die sechs Osage nicht in Knechtschaft hielte, wie ein Zimmermädchen behauptet hatte. Außerdem versorge er sie gut mit Nahrung. Als Dolmetscher fungierte der Missionar Charles de la Croix. Paul Loise sagte als Zeuge aus, Delaunay erhielte zwar alle Einnahmen für die Auftritte der Osage, würde diese aber nach der Rückkehr der Osage in ihre Heimat mit ihnen teilen. Der Zeitungsherausgeber wurde vom Gericht zu sechs Wochen Gefängnis verurteilt. Außerdem musste er 300 Florin zahlen und verlor seine Bürgerrechte für fünf Jahre.

Ein halbes Jahr nach ihrer Ankunft in Europa brachte Mohongo am 10. Februar 1828 in einem Hotel in Belgien zwei Mädchen zur Welt. Diese Zwillinge erhielten die Namen Maria-Theresia und Maria-Elizabeth. Maria-Theresia wurde von einer wohlhabenden Belgierin adoptiert, vielleicht auch von den Osage an diese verkauft, starb aber bereits im Folgejahr 1829. Manche Autoren spekulierten, der Dolmetscher Paul Loise könnte der Vater der Zwillinge gewesen sein. Eines der Zwillingsmädchen soll eine hellere Haut als das andere gehabt haben.

Ungefähr im März 1828 kamen die Osage nach Deutschland, wo sie in Frankfurt am Main, Dresden und Berlin auftraten. Danach ging es in die Schweiz (Genf) und nach Italien.

Eines Tages musste David Delauny, der Manager und Führer der sechs Osage, wegen seiner alten Schulden von 1799 in Paris eine Zeitlang ins Gefängnis. In der

Haft bemühte er sich um seine Freilassung und um die Fortsetzung der Tour mit den Osage. Nach einer Übereinkunft mit seinem Geldgeber kam er wieder frei.

Im Januar 1829 trat die Hälfte der Osage in der Schweiz (Freiburg bzw. Fribourg) und in Preußen (Breslau) auf, die andere Hälfte in Italien. Damals soll Delaunay die Osage verlassen haben. Sein Verschwinden gilt als eines der größten Rätsel der insgesamt 37 Monate langen Tour der sechs Osage in Europa. Nach Amerika kehrte Delaunay nicht mehr zurück. Mit den Osage teilte er nicht – wie vereinbart – die Einnahmen ihrer Auftritte.

Während ihres Aufenthaltes in der Schweiz versuchten die Osage vielleicht Geld oder Geschenke zu bekommen, indem sie Gürtel aus roter Wolle flochten, mit Glasperlen verzierten und verkauften. Zwei solcher Gürtel von ihnen sollen sich im „Bernischen Museum" befinden.

Später teilten sie sich die sechs Osage im Juni 1829 in Frankreich in zwei Gruppen auf. Eine Gruppe kehrte im November 1829 nach Paris zurück. Die andere Gruppe reiste nach Montauban in Frankreich. Beide Gruppen waren mittellos, litten oft unter Hunger und gingen in zerlumpter Wildlederkleidung durch die Straßen. Es heißt, sie seien zu stolz gewesen, um nach Essen zu betteln.

Auf die hoffnungslose Lage der Osage-Tänzer wurde der bereits erwähnte französische Politiker und General Marie Joseph Motier Marquis de La Fayette vermutlich durch einen Zeitungsartikel aufmerksam. Er bezahlte Mohongo, ihrer Tochter Maria-Elizabeth, dem zweiten

Häuptling „Black Spirit" und dem Krieger „Young Soldier" die Rückfahrt in ihre Heimat. Die Abfahrt der ersten Gruppe nach Amerika per Schiff in Le Havre erfolgte am 13. November 1829, die Ankunft im Januar 1829 in Norfolk (Virginia). Der zweite Häuptling „Black Spirit" und der Krieger „Young Soldier" starben während der Seereise an Pocken. Häuptling „Little Chief", die Squaw „Hawk Woman", der Krieger „Big Soldier" sowie Paul Loise und sein Sohn verließen im Januar 1829 Bordeaux. Als die zweite Gruppe in Le Havre ihr Schiff nach Amerika bestieg, eignete sich der Kreditgeber von David Delaunay das Gepäck und die Geschenke an. Er nahm ihnen auch Medaillen mit dem Bild von La Fayette ab, schickte sie aber später zurück. Die zweite Gruppe kehrte mit Hilfe des Bischofs Louis William Valentine DuBourg (1766–1833), der von 1817 bis 1826 in Saint Louis gelebt hatte, in die USA zurück. Im März 1829 stieg diese Gruppe in New York City vom Schiff an Land. Es sei nicht verschwiegen, dass in der Literatur unterschiedliche Angaben über die Zusammensetzung jeder der beiden Gruppen kursieren. In Washington D. C. trafen sich die Heimkehrer aus Europa später wieder.

Auf dem Boden der USA lebten Mohongo und der Rest der kleinen Osage-Gruppe von der Hand in den Mund, bis eine mitfühlende Gastwirtin den Colonel Thomas Loraine McKenney (1758–1859), Direktor des „Bureau of Indian Affairs" von 1824 bis 1830, auf das traurige Schicksal der Indianer aufmerksam machte und dieser ihnen half. 1830 traf Mohongo den ame-

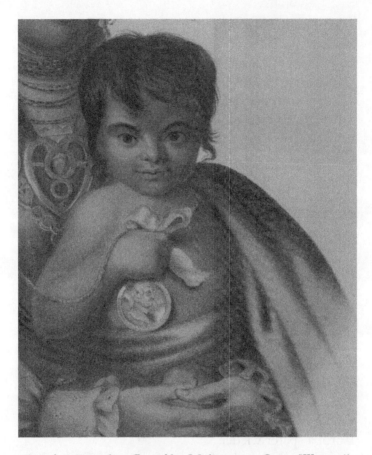

Ausschnitt aus dem Gemälde „Mohongo, an Osage Woman"
des amerikanischen Malers Charles Bird King (1785–1862)
aus dem Jahre 1830.
Das Bild zeigt Maria-Elizabeth,
eine der am 10. Februar 1828 in Belgien geborenen
Zwillingstöchter der Osage-Indianerin Mohongo.

360

rikanischen Präsidenten Andrew Jackson (1767–1845) und erhielt von ihm die Friedensmedaille.

Bevor Mohongo zu ihrem Stamm zurückkehrte, fertigte 1830 der amerikanische Maler Charles Bird King (1785–1862) im Auftrag von Colonel MacKenney für 20 US-Dollar ein Porträt von ihr und ihrer Tochter Maria-Elizabeth an. Mohongo ist reich geschmückt in einem roten Kleid und das Kind mit Friedensmedaille dargestellt.

Der Maler King, der selbst nie im Wilden Westen gewesen war, porträtierte in seinem Atelier insgesamt mehr als 140 Indianer, die Washington besucht haben. Er verlieh ihnen idealisierte Gesichtszüge in der Art des „Edlen Wilden". Bei der Wahl der Hautfarbe hat er nach Meinung von Experten etwas zu kräftig in den Rottopf gegriffen. Echte Indianer sahen anders aus.

Im Mai 1830 verließen die vier überlebenden von einst sechs Osage die Hauptstadt Washington. Am 6. Juni 1830 kam Mohongo nach Saint Louis am Missouri River zurück, wo die Schiffsreise der sechs Osage 1827 begonnen hatte. Mit ihrer Tochter Maria-Elizabeth reiste sie zu ihrem Stamm zurück. Die aus Europa zurückgekehrten Osage lebten ab 1830 nicht mehr in Missouri, sondern bei „Fort Gibson" im Oklahoma-Territorium.

„Little Chief" und Mohongo wurden 1833 beim Abschluss eines Vertrages in „Fort Gibson" gesehen. Sechs Jahre lang lebte Mohongo wieder bei ihrem Stamm, bevor sie im Alter von nur rund 27 Jahren früh starb. 1836 informierte Thomas McKenney den Indianer-Agenten William Clark darüber, Mohongo sei an Pocken gestorben.

Köpfe von „Hawk Woman", „Little Chief"
und „Young Soldier",
Lithographie des französischen Malers und Lithographen
Louis-Léopold Boilly (1761–1845) von 1827

Das Bild mit dem Titel „Mohongo, an Osage Woman"
von Charles Bird King wurde in der „National Portrait
Gallery" in Washington aufbewahrt und 1865 bei einem
Brand zerstört. Vorher hatte man Kopien von diesem
und anderen Werken in der Gallerie angefertigt. Jene
Kopien wurden in dem dreibändigen Werk „The Indian
Tribes of North America" (ab 1848) von Thomas
McKenney und James Hall veröffentlicht.

Charles Bird King war beileibe nicht der einzige
Künstler, der die sechs Osage oder einen Teil von ihnen
porträtiert hat. Lange vor der Reise der sechs Osage
nach Europa schuf der französische Künstler Charles
Balthazar Julien Fevret de Saint-Mémin (1770–1852) um
1804 ein Porträt von Häuptling „Little Chief" und um
1805 eines von „Big Soldier". Alle sechs Osage bei ihrem
Besuch in der Oper von Rouen sind auf einem Werk
von Luther Brand abgebildet. Ein in Paris entstandenes
Bild von Guillaume-François Colson (1785–1860) zeigt
ebenfalls alle sechs Osage. Auf einer von Louis-Léopold
Boilly (1761–1845) angefertigten Montage aus dem Jahre
1927 sind die Köpfe von „Hawk Woman", „Little Chief"
und „Young Soldier" zusammen mit ihren indianischen
Namen zu sehen. Wohl am bekanntesten ist das erwähnte, 1830 von Charles Bird King geschaffene Porträt von
Mohongo und ihrer Tochter Maria-Elizabeth. 1834 malte
George Catlin (1796–1872) in „Fort Gibson" im „Indian
Territory" (Indiana) den Häuptling „Little Chief" einmal
mit Wasserfarben und einmal mit Ölfarbe. 1843 ver-
brachte John Mix Stanley (1814–1872) eine Woche bei
„Big Soldier" und malte ihn.

An die tanzende Häuptlingsgattin erinnerte der Name „USS Mohongo" amerikanischer Kanonenboote, die zwischen 1865 und 1870 in New Jersey gebaut wurden. Diese Raddampfer waren 255 Fuß lang und 15 Fuß breit, erreichten eine Geschwindigkeit von 13 Knoten, hatten eine Besatzung von 190 Mann und waren mit zahlreichen Geschützen bewaffnet.

Literatur

ANONYMUS: Six Indiens rouges de la Tribu des Grands Osages, arrivés du Missouri au Havre, le 27 juillet 1827, sur le Navire américain New-England, Cap. Hunt, Brüssel 1827

ANONYMUS: Die sechs kupferrothen Indianer von dem Stamme der grossen Osagen, welche von dem Missouri den 27. Juli 1827 zu Havre de Grace in Frankreich auf dem amerikanischen Schiffe, New-England, Capitain Hunt, angelangt sind. Nach dem Französischen der dritten vermehrten und verbesserten Ausgabe, Leipzig 1827

CHRISTENSEN, Lawrence / FOLEY, William E. / KREMER, GARY: Dictionary of Missouri Biography, Columbia 1999

FLETCHER, Alice C.: The Osage Indians in France. American Anthropologist, volume 2, no. 2, April–Juni 1900, S. 395–400

HEAT-MOON, William Least / WALLACE, James K.: An Ossage Journey to Europe, 1827–1830, Norman 2013

HODGE, Frederick Webb: Handbook of American Indians North of Mexicio, Washington 1912
KENNEY, Thomas / HALL, James: History of the Indian Tribes of North America, Philadelphia 1838–1844
MCMILLEN, Margot Ford / ROBERSON, Heather: Into the Spotlight. Four Missouri Women, Columbia und London 2004
MOHONGO, OSAGE WOMAM
http://www.accessgenealogy.com/native/mohongo-osage-woman.htm
NATIVE PEOPLES A TO Z: A REFERENCE GUIDE TO NATIVE PEOPLES OF THE WESTERN HEMISPHERE, Band 8, 2009
PROBST, Ernst: Superfrauen aus dem Wilden Westen, München 2008
WIKIPEDIA Charles Bird King
http://en.wikipedia.org/wiki/Charles_Bird_King

Bildquellen

Reproduktion des Porträts „Mohongo, an Osage Woman" des amerikanischen Malers Charles Bird King (1785–1862) von 1830: 334
Reproduktion einer Zeichnung von Luther Brand aus dem 1827 in Leipzig erschienenen Werk „Die sechs kupferrothen Indianer von dem Stamme der grossen Ossagen, welche von dem Missuri den 27. Juli 1827 zu Havre de Grace in Frankreich

auf dem amerikanischen Schiffe, New-England,
Capitain Hunt, angelangt sind": 346
Reproduktion eines Porträts des französischen Malers
Charles Balthazar Julien Fevret de Saint-Mémin (1770–
1852) von 1804: 354
Reproduktion eines Porträts des französischen Malers
Charles Balthazar Julien Fevret de Saint-Mémin (1770–
1852) von 1805: 355
Ausschnitt aus dem Porträt „Mohongo, an Osage
Woman" des amerikanischen Malers Charles Bird
King (1785–1862) von 1830: 360
Reproduktion einer Lithographie des französischen
Malers und Lithographen Louis-Léopold Boilly
(1761–1845) von 1827, Original in der „National
Portrait Gallery", Washington, Object number:
S/MPg.2011.5: 362

Lozen, zu deutsch: „geschickte Pferdediebin",
Prophetin, Medizinfrau und Kriegerin der Apachen,
Zeichnung von Antje Püpke, www.fixebilder.de

Lozen

Die tapfere Kriegerin der Apachen

Zu den wenigen Frauen bei den Apachen, die als tapfere Kriegerinnen zu Ruhm und Ehre gelangten, gehörte Lozen, zu deutsch: „geschickte Pferdediebin". Als ihr Geburtsjahr werden um 1840, 1843 oder 1848 angegeben, als ihr Todesjahr 1887 oder 1889. Lozen war Stammesmitglied der Chihenne-Apachen (auch Warm-Springs-Apachen genannt), die jüngere Schwester des Kriegsschamanen Victorio (um 1825–1880) und tat sich als Prophetin, Medizinfrau und Kriegerin hervor. Victorio rühmte sie einmal mit den Worten: „Lozen ist meine rechte Hand, stark wie ein Mann, tapferer als die meisten, listig in der Strategie und ein Schild für ihr Volk."

Die Chihenne („Volk der roten Farbe") mit den Bedonkohe („Volk, das an der Grenze zum Feind lebt"), Chokonen („Volk von den Berghängen") und Nednhi („Volk, das Ärger bereitet") werden häufig zusammenfassend als Chiricahua bezeichnet. Der Begriff Chiricahua („Großer ‚Berg" oder „Berg der wilden Truthähne") beruht auf dem Namen des Gebietes, in dem diese Indianer lebten, nämlich der Chiricahua-Bergkette im südöstlichen Arizona. Die Chihenne bildeten die östliche Chiricahua-Gruppe und agierten vollständig unabhängig von den anderen Gruppen der Apachen.

Der Geburtstag und der Geburtsort von Lozen sind nicht bekannt. In der englischsprachigen „Wikipedia" wird „um 1840" als Geburtsjahr genannt. Dagegen erwähnen der deutsche Autor Alfred Wallon 1843 und die Autorin Gladys L. Knight 1848 als Geburtsjahr. Lozen kam irgendwo im Gebiet von New Mexico/ Arizona/North Mexico zur Welt. Diese Gegend hieß damals Apacheria. Womöglich wurde Lozen in Sichtweite des „Heiligen Berges" bei Ojo Caliente („Heiße Quellen") in New Mexico geboren.

Einige Jahre vor der Zeit, in der Lozen das Licht der Welt erblickte, war Juan José Compas (um 1786–1837) der Anführer der Chihenne-Apachen. Die Chihenne hielten sich oft in den Animas Mountains auf. Zu ihnen kamen zeitweise Mexikaner mit indianischen Sklaven, die nach Gold suchen mussten.

Weil die Apachen von 1820 bis 1835 bei Überfällen schätzungsweise 5.000 Mexikaner töteten, rund 100 Siedlungen zerstörten und mehr als 4.000 Siedler zwangen, die gefährdete Region in Mexiko zu verlassen, setzte der mexikanische Staat Sonora eine Prämie auf Apachen-Skalps aus. Für den Skalp eines männlichen Indianers ab 14 Jahren gab es 100 Peso, für den einer Frau 50 Peso und für den eines Kindes 25 Peso.

Im April 1837 verloren beim so genannten „Johnson Massaker" in New Mexico rund 20 Apachen, darunter der Anführer Juan José Compas sowie Frauen und Kinder, ihr Leben. Weitere 20 Apachen erlitten Verletzungen. Dieses blutige Ereignis wird von Historikern sehr unterschiedlich geschildert.

Das „Johnson-Massaker" ist nach dem weißen amerikanischen Pelzhändler John Johnson aus Missouri benannt, der ab 1827 in Oposura im mexikanischen Staat Sonora lebte und als „Johnson von Oposura" bekannt wurde. In der Literatur wird Johnson manchmals als Skalpjäger und Gesetzloser bezeichnet.

Der Ort Oposura änderte 1828 seinen Namen in Moctezuma um. 1835 heiratete Johnson die Mexikanerin Delfina Gutiérrez. Aus der Ehe gingen vier Söhne hervor.

Im Frühjahr 1837 überfielen von Juan José Compas angeführte Apachen einen Ort etwa 30 Meilen nördlich von Moctezuma. Darüber gerieten auch die Einwohner von Moctezuma in helle Aufregung, als eine Gruppe von Händlern aus Missouri einritt. Die Händler waren Freunde von John Johnson und beklagten sich bei diesem über den Diebstahl ihrer Pferde und Maultiere durch die Apachen.

Johnson schlug vor, die entwendeten Tiere von den Apachen zurückzuholen und erhielt hierfür die Erlaubnis der Regierung. In Moctezuma zogen 17 weiße Amerikaner und fünf mexikanische Maultiertreiber in Richtung Norden los. Beim Militär in Fronteras gab man diesem Trupp zwar keine von den dort stationierten 100 Soldaten mit, lieh aber ein Artilleriegeschütz aus, das zerlegt und auf Maultiere gepackt wurde.

Bald erkannte Johnson an Signalfeuern auf Hügeln, dass die Apachen über die Anwesenheit seines Trupps wussten. Deswegen rastete der Trupp und beriet, was zu tun sei.

Als sich Juan José Compas mit seinen Kriegern näherte, erklärte man ihm, bei dem Trupp handle es sich um Händler, die mit ihren Waren ins rund 75 Meilen entfernte Rita del Cobre unterwegs seien und bot ihm an, mit den Apachen zu handeln.

Juan José Compas ging auf diesen Vorschlag ein. Die Beratungen zwischen den Händlern und den Apachen zogen sich drei Tage dahin. Während dieser Zeit bemerkte Johnson, dass sich die Apachen für einen Angriff auf seine Truppe vorbereiteten.

In der Not kam jemand aus der Truppe von Johnson auf die Idee, den Apachen mit einem Überfall zuvorzukommen. Als ungefähr 80 indianische Männer, Frauen und Kinder erfreut Mehl, Decken, Sättel und Whyskey betrachteten und aufteilten, feuerten die Weißen mit dem Artilleriegeschütz und ihren Gewehren auf sie. Unter den rund 20 Toten waren außer dem Anführer Juan José Compas auch dessen Bruder Juan Diego und der Anführer Marcelo.

Als Beweisstücke für die Tötung der Apachen nahm Johnson mehrere Skalps der Indianer mit. Für ihn war dieses Massaker aber kein gutes Geschäft, wie oft fälschlicherweise behauptet wird. Er erhielt eine Belohnung von insgesamt 100 Peso und den offiziellen Dank der Regierung in Sonora. Keineswegs aber strich er 100 Peso für den Skalp eines jeden getöteten Indianerkriegers, 50 Peso für jede Indianerfrau und 25 Peso für jedes Indianerkind ein. Dafür hatte die stark verschuldete Regierung in Sonora damals gar nicht genügend Geld, heißt es.

Stattdessen verlor Johnson seine Waren, musste seine Leute bezahlen und die Rache der Apachen fürchten. Ungeachtet dessen überwiegt in Schilderungen des „Johnson-Massakers" die Empörung über den feigen weißen Mann und die Sympathie für die bemitleidenswerten Apachen.

Neuer Anführer der Chihenne-Apachen nach dem „Johnson-Massaker" wurde der hünenhafte Mangas Coloradas (um 1793–1863), zu deutsch „rot gefärbte Ärmel", der angeblich mehr als zwei Meter groß gewesen sein soll. Er beschloss, Rache an jenen „Weißaugen" zu nehmen, die seine Stammesgenossen beim „Johnson-Massaker" ermordet hatten. Mehr als 100 seiner Krieger gingen auf den Rachefeldzug und nahmen dabei weiße Amerikaner und Mexikaner gefangen. Die Gefangenen wurden von den Müttern, Ehefrauen und Töchtern der ermordeten Chihenne-Apachen getötet, unter Pferdehufen zermalmt, erschlagen oder mit Messern in Stücke gehackt.

Von 1846 bis 1848 tobte der „Mexikanisch-Amerikanische Krieg", bei dem die Truppen der USA verschiedene Schlachten im Norden von Mexiko gewannen. Durch den „Vertrag von Guadalupe Hidalgo" fielen die nördlichen mexikanischen Provinzen an die USA. Die Chiricahua-Indianer betrachteten die Amerikaner zunächst als ihre Befreier, Freunde und Verbündete gegen die verhassten Mexikaner. Doch als man in Arizona Gold und Silber entdeckte und ein Run der Amerikaner auf diese Edelmetalle einsetzte, gab es immer mehr Spannungen.

1861 löste die so genannte „Bascom-Affäre" den letzten Krieg des Apachen Cochise gegen die US-Armee aus. Der zwischen 1810 und 1823 geborene Cochise, auch Cheis oder A-da-tli-chi („Hartholz") genannt, war ein Anführer (Nantan) der Chihuicahui-Lokalgruppe der Chokonen. Cochise wurde von dem jungen, karrieresüchtigen Lieutenant George Bascon fälschlicherweise beschuldigt, Vieh gestohlen und einen weißen Jungen entführt zu haben. Doch Cochise gelang eine dramatische Flucht. Weil ein Teil seiner Familie in Geiselhaft kam, nahm Cochise im Gegenzug einige Weiße gefangen. Als Lieutenant Bascom einen Gefangenenaustausch ablehnte, töteten die Apachen ihre weißen Geiseln. Bacon ließ daraufhin drei männliche Verwandte von Cochise aufhängen. Diese Vorfälle lösten eine neue Kriegsphase zwischen Chokonen und Amerikanern aus.

Anfang 1863 erschien der rund 70 Jahre alte Häuptling Mangas Coloradas im „Fort McLane" im Südwesten von New Mexico zu Friedensverhandlungen. Der dortige Befehlshaber Colonel Joseph R. West (1822–1898) befahl, dafür zu sorgen, dass Mangas Coloradas die Nacht nicht überlebe. In der Nacht des 18. Januar 1863 folterte man den alten Häuptling mit erhitzten, glühenden Bajonetten an den Beinen und Füßen und erschoss ihn anschließend „auf der Flucht". Der Leichnam wurde skalpiert und außerhalb des Forts verscharrt. Am nächsten Tag ließ der Feldarzt, Captain David B. Sturgeon, die Leiche exhumieren und enthaupten. Den Kopf präparierte er für den Phrenologen

Orson Squire Fowler (1809–1887) in New York. Nach dem Tod von Mangas Coloradas war Cochise einer der einflussreichsten Anführer der Chiricahua. Er führte rund ein Jahrzehnt lang Krieg gegen die Amerikaner. Dank Vermittlung des amerikanischen Postreiters und ehemaligen Scouts Tom Jeffords, mit dem Cochise freundschaftlich verkehrte, kam es 1872 zu Friedensverhandlungen mit General Oliver Otis Howard (1830–1909). Howard hatte den Ruf, fair mit Indianern umzugehen. Er handelte mit Cochise einen Friedensvertrag aus, der den Bedonkohe ein eigenes Reservat zuerkannte. Der bei Freund und Feind als aufrichtiger Mann geachtete Cochise starb im Juni 1874. Zwei Jahre nach seinem Tod löste man 1876 das den Chokonen zugesagte Reservat auf. Wie andere Apachenstämme wurden auch sie in die „San Carlos Apache Reservation" im südöstlichen Arizona umgesiedelt. Naiche (zwischen 1856 und 1858–1919), einer der beiden Söhne von Cochise, widersetzte sich zusammen mit anderen Apachen dieser Umsiedlung und schloss sich Geronimo, dem Schamanen und Kriegshäuptling der Bedonkohe, an. Unter Geronimo führten die wenigen noch kämpfenden Apachen einen aussichtslosen Guerillakampf gegen die US-Truppen.

Bereits im frühen Alter zeigte Lozen keinerlei Interesse daran, Aufgaben zu übernehmen, wie sie damals andere Mädchen oder Frauen ihres Stammes hatten. Von ihrem Bruder Victorio lernte sie schon mit sieben Jahren das Reiten und war bald einer der besten Reiter im Stamm. Es heißt über sie, sie habe die rauen Spiele der Jungen geliebt. Schon im Kindesalter lernte sie, mit dem Gewehr, Pfeil und Bogen sowie mit dem Messer umzugehen. Mädchen und junge Frauen sollten ihren Stamm vor Angreifern schützen, wenn sich die männlichen Krieger auf einem Raubzug befanden und das Lager von anderen Feinden attackiert wurde.

Viele indianische Krieger wollten angeblich die junge Lozen als Squaw gewinnen. Sie schickten Boten zu Victorio und baten diesen, seine Schwester zur Frau nehmen zu dürfen. Doch die stark Umworbene erhörte keinen von ihnen. Als sie etwa 16 Jahre alt war, kam – laut Legende – ein Fremder in ihr Dorf, der im Westen geeignetes Land für seine Leute suchte und in den sich Lozen unsterblich verliebte. Doch der Fremde verließ das Dorf wieder und die enttäuschte Lozen schwor, nie zu heiraten und brach diesen Schwur nie.

Beim Umgang mit Pferden, Wettlauf, Lassowerfen und Pferdestehlen war Lozen vielen Kriegern ihres Stammes überlegen. Beim Pferdediebstahl sollen ihr die Tiere sofort gefolgt sein, wenn sie mit ihnen sprach. Lozen trug Männerkleidung und machte sich keine Sorgen um ihr Aussehen. An ihrer Aufmachung konnte man nicht auf den ersten Blick erkennen, dass sie eine Frau war.

Für ihren Stamm leistete Lozen als weise Schamanin, tüchtige Medizinfrau und tapfere Kriegerin wertvolle Dienste.

Angeblich konnte Lozen in die Zukunft sehen. Sie prophezeite ihrem Stamm nicht nur Schlachtenglück gegen die Weißen, sondern auch Niederlage und Untergang voraus. Außerdem besaß sie die Gabe, den

Standort von Feinden vorherzusagen. Wenn sie kurz vor einem Kampf auf einem Hügel stand, ihre Arme ausbreitete, singend um den Beistand des Gottes Usen betete und sich im Kreis drehte, bis ihre Hände zitterten, wusste sie, wo sich der Feind aufhielt. Die Chihenne-Apachen verehrten Lozen als heilige Frau und nahmen sie in den Rat der Krieger auf. Sie beteiligte sich an den Tänzen, Gesängen und Gebeten der Krieger.

Als erfahrene Medizinfrau verfügte Lozen über ein umfangreiches Wissen über die heilenden Eigenschaften bestimmter Pflanzen und Mineralien. Wenn sie an der Seite ihres Bruders Victorio mit den Kriegern in den Kampf zog, warnte sie vor Hinterhalten und heilte verwundete Stammesbrüder. Angeblich konnte sie feindliche Angriffe sogar Tage im Voraus spüren. Eines Tages soll sie den Angriff amerikanischer Truppen vorhergesagt und so zahlreichen Stammesangehörigen das Leben gerettet haben.

Lozens Bruder wurde nur von den Weißen als Victorio (spanisch: „Der Sieger" oder „Der Siegreiche") bezeichnet. Er selbst dagegen nannte sich Bidu-ya oder Beduiat. Victorio galt als ein Befürworter des Friedens, bis die US-Armee 1877 seinen Stamm in die unwirtliche „San Carlos Apache Indian Reservation" im südöstlichen Arizona umsiedelte. Die „San Carlos Apache Indian Reservation" lag direkt in der Wüste, dort gab es kein Wasser und keine Nahrung. Deshalb waren die in der Reservation lebenden Chihenne-Apachen stark von unregelmäßigen Lebensmittellieferungen der US-Armee abhängig.

Kriegsschamane Victorio (um 1825–1880)
auf einem Foto um 1875

1880 flüchtete Victorio mit halbverhungerten Chihenne-Apachen aus der „San Carlos Apache Indian Reservation“. Die Flucht soll mit Pferden erfolgt sein, die Lozen gestohlen hatte. Ab dieser Zeit wurde Victorio zum Rebellen und zum Anführer von etwa 250 Kriegern, unter denen sich neben Chihenne auch Bedonkohe und einige Comanchen befanden. Außerdem schlossen sich Victorio rund 250 Mescalero-Apachen, von denen rund 60 bis 80 Krieger waren, unter ihrem alten Häuptling Caballero an.

Von sicheren Stützpunkten in Mexiko aus unternahm Victorio mit seinen Kriegern immer wieder Kriegszüge nach New Mexico und Texas. Bei diesen Unternehmungen wurde geplündert, getötet und grausam gefoltert. 2.000 amerikanische Soldaten, 2.000 mexikanische Soldaten, Hunderte von Freiwilligen sowie indianische Hilfstruppen der Tarahumara, Pima und Chiricahua-Scouts jagten erbarmungslos die Apachen. Bei einem Kampf der Indianer mit verfolgenden amerikanischen Kavalleriesoldaten führte Lozen verängstigte Frauen und Kinder mutig durch das tosende Wasser des Grenzflusses Rio Grande. Dabei saß sie auf ihrem Pferd, hielt ihr Gewehr hoch über ihrem Kopf und feuerte die Frauen und Kinder an, über den reißenden Fluss zu fliehen. An dieser Stelle war der Rio Grande zwar nicht sehr tief, aber seine Strömung sehr stark. Ein alter, ermüdeter Indianer konnte sich nicht mehr auf dem Rücken seines Pferdes festhalten und wurde von der Strömung mitgerissen. Nur noch kurz ragte eine Hand aus dem Wasser, dann tauchte sein

Körper unter und verschwand in den Fluten. Das andere Ufer des Rio Grande lag auf mexikanischem Boden, wohin sich die amerikanischen Verfolger nicht wagten. Bei der abenteuerlichen Flucht über den Rio Grande fiel Lozen bei einem Blick nach hinten die hochschwangere Tashea auf, die sich über den Rücken ihres Pferdes krümmte und laut stöhnte. Tashea war zu diesem Zeitpunkt bereits Witwe, weil ihr Mann bei Kämpfen mit amerikanischen Soldaten in einem zerklüfteten Canyon sein Leben verloren hatte. Um ihr zu helfen, wendete Lozen ihr Pferd und begleitete sie langsam durch den Fluss.

Kurz nachdem sie am anderen Ufer in Mexiko angekommen waren, brachte Tashea mit Hilfe von Lozen einen Jungen zur Welt, den die junge Mutter Delshay nannte.

Lozen kannte das Land der Mexikaner jenseits des Rio Grande von früheren Überfällen auf Ranchos, Viehdiebstählen und Plünderungen her. Unter allerlei Abenteuern setzte sie die Flucht mit der jungen Mutter und deren neugeborenem Kind fort. Über ihr Ziel gibt es in der Literatur unterschiedliche Angaben. Laut einer Version zogen sie durch die Chihuahua-Wüste von Mexiko in die „Mescalero Apache Reservation". Nach einer anderen Version wollten sie zu den Bergketten der Sierras und dort Victorio und die anderen Stammesangehörigen suchen. Ihr gefährlicher Weg führte durch ein Gebiet, in dem mexikanische Grenzpolizisten (Rurales) und amerikanische Freiwilligen-Milizionäre unterwegs waren. Weil ein Schuss ihre Anwesenheit

380

verraten hätte, tötete Lozen ein Rind mit ihrem Messer und schlachtete das Tier, um Fleisch zu beschaffen. Als ein Puma eines ihrer beiden Pferde tötete und danach sogar Tashea und ihr Baby angriff, erschoss Lozen diese Raubkatze. Danach fing sie das in Panik vor dem Puma geflohene zweite Pferd wieder ein. In einer Nacht schlich sich Lozen in ein Lager von Mexikanern, die in Arizona etliche Pferde gestohlen hatten, riss einen Wächter nieder, presste ihm eine Hand auf den Mund, hinderte ihm am Schreien und stach ihm ihr Messer in den Hals. Dann stahl sie eines der Pferde und jagte die übrigen davon.

Kurz vor dem Wiedersehen mit Tashea und Baby erkannte Lozen zwei gedrungene Gestalten mit jeweils einem Gewehr in der Hand. Davon bemerkten die junge Mutter und ihr Kind allerdings nichts, weil sie fest schliefen. Bei den beiden Männern handelte es sich um zwei Krieger der Chihenne-Apachen, die Victorio als Späher ausgesandt hatte. Kurz danach gab es ein freudiges Wiedersehen zwischen Lozen, Tashea, Baby Delshay und dem Stamm der Chihenne. Von Lozen erfuhren Victorio und andere Krieger, dass sie von mexikanischen Soldaten und einem Trupp von „Weißaugen" verfolgt wurden.

Am 14. Oktober 1880 erlitten die Chihenne-Apachen beim Kampf mit mexikanischen Soldaten unter Kommandant Joaquin Terrazas (1829–1901) und Tarahumara-Indianern in den Tres Castillos Hills in der Provinz Chihuahua in Mexiko, bei dem Lozen nicht anwesend war, eine schwere Niederlage: Victorio und

Scout Jacob Kaytennae (um 1858–1918, rechts)
mit Ehefrau Gouyen (1857–1903, links) und Kind (vorne)

78 seiner Krieger verloren ihr Leben, ältere überlebende Indianer wurden erschossen, 68 junge Frauen und Kinder gerieten in Gefangenschaft und wurden in Mexiko als Sklaven verkauft.

Nur 17 von den Apachen, welche die letzten Tage von Victorio erlebt hatten, konnten entkommen. Darunter befand sich die heldenmutige Kriegerin Gouyen (1857–1903), zu deutsch: „Die, die klug ist". Deren erster Mann hatte in den 1870-er Jahren bei einem Überfall der Comanchen sein Leben verloren. Gouyen folgte dem Krieger, der ihren Mann getötet hatte, bis in sein Lager. Als sie ihn mit dem Skalp ihres Mannes am Gürtel beim Tanz um ein Lagerfeuer erblickte, reihte sich Gouyen verkleidet in den Kreis der Tanzenden ein. Ihr gelang es, den betrunkenen Comanchen an einen abgelegenen Ort zu locken, wo sie ihn mit seinem eigenen Messer tötete. Gouyen ritt zurück zu den Apachen und zeigte ihren Schwiegereltern triumphierend den Skalp und die Kleidung des getöteten Comanchen zum Beweis für ihre geglückte Rache. Zweiter Ehemann von Gouyen wurde später in der „San Carlos Apache Indian Reservation" der Apache, Anführer und spätere Scout Jacob Kaytennae (um 1858–1918), der in den frühen 1880-er Jahren Mitglied der „Bands" von Geronimo und Nana war.

Nach ihrer Ankunft mit der Mutter und deren Neugeborenem erfuhr Lozen in der „Mescalero Apache Reservation", ihr Bruder Victorio sei in einen Hinterhalt geraten und dabei gestorben. Gemäß der Tradition der Apachen sollen sich Victorio und seine Kampfgefährten lieber in ihr eigenes Messer gestürzt haben, als in die Hände der mexikanischen Soldaten zu fallen.

Lozen wollte ihren überlebenden Stammesangehörigen helfen, verließ sofort die „Mescalero Apache Reservation", ritt allein nach Südwesten durch die Wüste und musste darauf achten, nicht durch mexikanische oder amerikanische Militärpatrouillen entdeckt zu werden. In der Sierra Madre im Nordwesten von Chihuahua traf sie ihren dezimierten Stamm wieder, den jetzt der alte Patriarch Nana anführte. Mit Nana und einer Handvoll Krieger beteiligte sich Lozen 1881 an einem zweimonatigen blutigen Rachefeldzug („Nana's Raid") des rund 80 Jahre alten Häuptlings Nana (um 1800–1896) im südwestlichen Mexiko. Nana erklärte kurz vor Beginn dieser Kämpfe über Lozen, obwohl sie eine Frau sei, gebe es keinen Krieger, der mehr wert sei als die Schwester von Victorio.

1885 brach Geronimo (1829–1909), der Schamane und Kriegshäuptling der Bedonkohe, zusammen mit 140 Anhängern, darunter Naiche, der Anführer der Chiricahua-Apachen, sowie die Kriegerin Lozen, aus der „San Carlos Apache Indian Reservation" aus. Geronimo ist die spanische Form des Namens Hieronymus. Eigentlich hieß Geronimo aber Goklayeh, zu deutsch „einer, der gähnt". Diesen ungewöhnlichen Namen hatte sein Vater gewählt, da der Junge immer sehr müde war und oft gähnte. Vor dem Ausbruch aus der Reservation hatten Gerüchte die Runde gemacht, die Anführer der Apachen sollten in Alcatraz eingesperrt werden.

Zeitweise jagten mehr als 5.000 Soldaten, 250 Indianer-Scouts und der aus Deutschland stammende Chefscout Al Sieber (1843–1907) in Arizona und New Mexico den „Tiger der menschlichen Rasse" bzw. „das wilde Tier", wie Geronimo von Zeitungen genannt wurde. Mitte Juli 1886 erhielt Lieutenant Charles B. Gatewood (1853–1896) den Auftrag, Geronimo und seine Leute zu suchen. Zu seinen Begleitern gehörten der Dolmetscher George Wratten, die indianischen Scouts Kayitah und Martine sowie der Packer Frank Huston. Nach einigen Wochen kam der Lieutenant in ein Militärcamp der US-Arme in Fronteras (Sonora, Mexiko). Dort erfuhr er, zwei Indianerinnen aus dem Lager von Geronimo, bei denen es sich vermutlich um die Kriegerinnen Dahteste und Lozen oder Ejonah handelte, hätten eine Nachricht von Geronimo überbracht. Der Kriegsschamane sei zu einem Treffen bereit, hieß es.

Am 24. August 1886 trafen Lieutenant Gatewood und seine Begleiter im Lager von Geronimo am Ufer des Flusses Bavispe unweit von Fronteras an der mexikanischen Grenze ein. Gatewood besprach in den folgenden Tagen mit Geronimo die Bedingungen für eine Kapitulation. Der Kriegsschamane war dazu bereit, für zwei Jahre nach Florida ins Exil zu gehen und danach in seine Heimat Arizona zurückzukehren. Doch er wollte sich nur General Nelson Appleton Miles (1839–1925), ergeben, der die Kapitulationsbedingungen bestätigen sollte. Miles hatte einige Monate zuvor den bei der Verfolgung von Geronimo glücklosen General George Crook (1828–1890) abgelöst.

Zu einem Treffen zwischen General Miles sowie den Apachen Geronimo und Naiche kam es am 4. September 1886 im westlichen Abschnitt des Skeleton Canyon auf amerikanischem Gebiet, etwa 30 Meilen nördlich der mexikanischen Grenze. Der General bestätigte die Bedingungen und Geronimo kapitulierte. Auf Geronimo war inzwischen ein Kopfgeld von über 2.000 US-Dollar ausgesetzt worden. Zuletzt bestand seine Gruppe nur noch aus 20 Männern, 14 Frauen und zwei Kindern.

Das letzte Aufgebot von Geronimo bestieg am 8. September 1886 unter den Klängen einer amerikanischen Militärkapelle einen Zug, der die Kriegsgefangenen nach Florida brachte. Dort war „Fort Marion" in St. Augustine, das alte spanische „Castillo de San Marcos", als Internierungslager vorgesehen. Als Bewacher dienten 20 Soldaten der „4th Cavalry" unter dem Befehl von Captain Henry Ware Lawton (1843–1895). Während der Fahrt nach Florida entstand bei einer Pause am 10. September 1886 unweit des Nueces River in Texas ein Foto, das die gefangenen Indianer vor dem Zug sitzend zeigt. In der Literatur wird zuweilen behauptet, in der dritten Reihe hätten Lozen und rechts neben ihr die Kriegerin Dahteste (um 1860–1955) von den Mescalero-Apachen gehockt. Doch in der Beschreibung dieses historischen Fotos in dem Buch „27 Jahre Kriegsgefangenschaft. Geronimo und der Apachen Widerstand" von Gregor Lutz wird nur der Krieger Ahnandia erwähnt, dessen zweite Frau Dahteste nicht zu sehen ist. Dort, wo angeblich Lozen und

Dahteste sitzen sollen, werden in dem erwähnten Buch Biyaneta, die Frau des Kriegers Perico (um 1852–1934), und Nohchlon (1870–1888), die 15-jährige Frau des Kriegers und Geronimo-Sohnes Chappo (um 1867–1894), genannt. Merkwürdigerweise wird Dahteste in der Namensliste von Geronimos letztem Aufgebot, die am 12. September 1886 dem amerikanischen Kriegsministerium zuging, erwähnt, Lozen aber nicht.

Lozen soll mit der femininen und gut aussehenden Dahteste sehr eng befreundet gewesen sein. Obwohl sie Kinder hatte, nahm die als Scharfschützin bekannte Dahteste aktiv an Überfällen und Schlachten mit weißen Amerikanern und Mexikanern teil. Weil sie gut spanisch sprach, diente sie Geronimo oft als vertrauenswürdige Gesandte und Unterhändlerin. Später verstand sie auch Englisch. Während der Kriegsgefangenschaft in „Fort Marion" (Florida) trennte sich Dahteste von ihrem Mann Ahnandia (gestorben 1892). Dort überlebte sie auch eine Lungenentzündung und Tuberkulose. Nach dem Aufenthalt in „Fort Marion" kamen Dahteste und andere Kriegsgefangene nach „Fort Sill" in Oklahoma. Dahteste heiratete den Scout „Hugh" Coonie (Kuni) und zog 1913 mit ihm in die „Mescalero Apache Reservation" in New Mexico, wo beide erfolgreich Schafzucht betrieben.

Im Jahre 1886 geriet auch die Familie der erwähnten Apachenkriegerin Gouyen durch die US-Armee in Kriegsgefangenschaft. Wie andere Apachen aus der Gefolgschaft von Geronimo kam sie zunächst in das

Die beiden Fotos auf Seite 388 oben werden in der Literatur oft fälschlicherweise den Kriegerinnen Lozen (links) und Dahteste (rechts) zugeschrieben. Dabei handelt es sich um Ausschnitte aus einem Foto (siehe Seite 389), das gefangene Apachen bei einer Pause während der Fahrt nach Florida am 10. September 1886 unweit des Nueces River in Texas vor dem Zug sitzend zeigt. In Beschreibungen dieses historischen Fotos wird zuweilen behauptet, in der dritten Reihe hätten Lozen und rechts neben ihr die Kriegerin Dahteste von den Mescalero-Apachen gehockt. Dort, wo angeblich Lozen und Dahteste gesessen haben sollen, sind vermutlich Biyaneta, die Frau des Kriegers Perico (um 1852–1934), und Nohchlon (1870–1888), die 15-jährige Frau des Kriegers und Geronimo-Sohnes Chappo (um 1867–1894), abgebildet. Geronimo befindet sich in der ersten Reihe als Dritter von rechts.

389

„Fort Marion" in Florida" und später in das „Fort Sill" in Oklahoma, wo sie 1903 starb.

Florida war 1819 von Spanien an die USA abgetreten worden. Danach hatte man die Lagerräume von „Fort Marion" teilweise zu Gefängniszellen umgebaut. Ab 1837 wurden immer wieder gefangene Indianer in die feuchten und unterirdischen Kasemattenkammern gesteckt.

Für die Apachen war die Kriegsgefangenschaft in „Fort Marion" eine Qual. Erstmals schränkten dicke Mauern einer Festung ihre Freiheit ein. Als ungewohnt erwies sich dort auch das Klima. Die Apachen waren in ihrer Heimat in den Bergen im südwestlichen Arizona ein trocken-heißes Klima gewohnt. In Florida dagegen sind sie in einem feuchten und heißen Klima mit häufigen Gewittern ausgesetzt gewesen. Während der Hurrican-Saison zwischen Juni und September tobten tropische Stürme. Erschwerend kam hinzu, dass „Fort Marion" für die große Anzahl von zeitweise insgesamt fast 400 Chiricahua-Apachen nicht ausgerichtet war. Es gab zu wenig Toiletten, Latrinen und Waschgelegenheiten. Bald nach dem Eintreffen litten die ersten Apachen an Malaria oder Tuberkulose. Nicht zum Besten stand es mit der Verpflegung der Kriegsgefangenen. Die Essensrationen reichten nicht aus. Jungen Männern, die für Arbeiten an einem Leuchtturm auf einer nahegelegenen Insel eingesetzt wurden, servierte man kein Fleisch mehr. Statt dessen sollten sie sich mit selbstgefangenem Fisch ernähren, obwohl die Apachen nichts essen wollten, was unter Wasser heranwuchs. In „Fort Pickens" bei

Pensacola (Florida) gab es regelmäßig Schweinefleisch, was für Apachen eigentlich ein Tabu war.

Manche Apachenfamilien lebten monatelang getrennt, weil ihre Mitglieder an unterschiedlichen Orten gefangen gehalten wurden. Die in „Fort Pickens" zusammen mit Geronimo eingesperrten Männer beispielsweise führte man nach sechsmonatiger Trennung von ihren in „Fort Marion" untergebrachten Familien im April 1887 wieder in „Fort Pickens" zusammen. Am 13. Mai 1888 siedelte man die in „Fort Pickens" internierten Apachen in die „Mount Vernon Barracks" in Mobile (Alabama) um. Andere gefangene Apachen wurden 1887 aus „Fort Marion" in Florida direkt in die „Mount Vernon Barracks" befördert. Dort litten die Indianer ebenfalls unter dem ungewohnten Klima und schlechter Ernährung.

1887 brachte man auch Lozen als Kriegsgefangene in die „Mount Vernon Barracks" nach Alabama. Wie viele andere eingesperrte Apachen erkrankte sie an Tuberkulose und erlag dieser Krankheit in den „Mount Vernon Barracks". Der deutsche Autor Alfred Wallon bezeichnet 1887 als Todesjahr. Dagegen erwähnt der deutsche Autor Gregor Lutz den Juni 1889 als Todesdatum. In der englischsprachigen „Wikipedia" und von der Autorin Gladys L. Knight wird 1890 als Todesjahr genannt. Man beerdigte Lozen in einem nicht gekennzeichneten Grab. Ihre Freundin Dahteste trauerte um sie bis zu ihrem eigenen Tod im Alter von rund 95 Jahren.

Im März 1897 reiste der amerikanische Maler Elbridge Ayer Burbank (1858–1949) in den Wilden Westen, um im Auftrag seines reichen Onkels Indianerporträts anzufertigen. In Fort „Sill" freundete er sich mit Geronimo an, den er fortan mehrfach malte. Burbank beschrieb Geronimo als älteren, nur etwa 1,65 Meter großen, muskulösen Indianer mit kühnem, scharfsinnigen und von Furchen durchzogenem Gesicht. Der Maler konnte sich nicht vorstellen, dass dieser freundliche alte Herr, der sehr liebenswürdig zu seiner Familie sowie freundlich und großzügig zu seinen Stammesmitgliedern war, „Anführer einer Bande vergewaltigender Wilder" gewesen sein sollte.

Geronimo sattelte am 11. Februar 1909 sein Pferd, ritt von „Fort Sill" nach Lawton, verkaufte dort Bogen und Pfeile an einen Andenkenladen und beschaffte sich verbotenerweise von einem Teil seines Erlöses Whiskey. Am nächsten Morgen erblickte eine Frau ein gesatteltes Pferd ohne Reiter an einem Bach. Halb im Bach lag durchnässt und verfroren der greise Geronimo. Offenbar war er betrunken vom Pferd gefallen und hatte sich eine Lungenentzündung zugezogen. Weil sie sein Fieber nicht senken konnten, lieferten ihn seine Verwandten am 15. Februar 1909 in das kleine Krankenhaus eines Militärpostens ein. Dort starb Geronimo am 17. Februar 1909 gegen 6 Uhr morgens. Bis zum letzten Atemzug hatte ihm Asa Daklugie, der Sohn seines alten Kampfgefährten Juh (um 1820–1883), die Hand gehalten.

Zum ersten Mal in einem Buch erwähnt wurde Lozen von den amerikanischen Schriftstellern Eve Ball und James Kaywakla in dem Werk „In The Days of Victorio"

(1970). Darin ist mehrfach auf die geschichtliche Bedeutung von Lozen hingewiesen worden. Ein Grund für ihre relativ späte Entdeckung könnte das Tabu gewesen sein, dass eine Frau männliche indianische Krieger auf deren Raubzügen begleitete. Außerdem betrachteten die Apachen Lozen als heilige Frau und wollten sie vor Kritik und falschen Anschuldigungen beschützen. Nach der Veröffentlichung des Buches von Eve Ball haben sich auch andere Autoren und Autorinnen mit dem abenteuerlichen Leben von Lozen befasst.

Eine faszinierende Frau, die zu Unrecht in Vergessenheit geraten ist, lernt man in dem Roman „Blutige Grenze. Aus dem Leben der Kriegerfrau Lozen" (2007) von Alfred Wallon kennen. Der 1957 in Marburg an der Lahn geborene Autor veröffentlichte bisher mehr als 200 Romane in nahezu allen gängigen Sparten der Spannungs- und Unterhaltungsliteratur. Er gehört zu den wenigen Europäern, die bei den renommierten „Western Writers of America" aufgenommen wurden und ist Mitglied bei den „Western Fictioneers".

Peter Aleshire, der Autor des Buches „Warrior Woman. The Story of Lozen, Apache Warrior and Shaman" (2001), erklärte, Lozen habe an mehr Kämpfen gegen Mexikaner und Amerikaner teilgenommen als die großen Anführer der Apachen wie Cochise, Mangas Coloradas, Juh, Chihuahua (um 1822–1901), Geronimo und ihr Bruder Victorio.

Lucia Saint Clair Robson schrieb in „Die Schwester des Apachen" (2004), Lozen habe ihre große Liebe „Grauer

Geist" dem Überlebenskampf ihrer Brüder und Schwestern geopfert. Bei einer ihrer Visionen habe sie Feuer vom Himmel fallen sehen und geahnt, dass ihre Brüder längst auf den Pfaden des Todes wandeln.

Es sei nicht verschwiegen, dass auch darüber diskutiert wird, ob Lozen überhaupt eine reale oder nur eine fiktive Person ist. Peter Lutz weist in seinem Buch „27 Jahre Kriegsgefangenschaft. Geronimo und der Apachen Widerstand" (2012) darauf hin, dass Lozen in keinem offiziellen Bericht, keiner Rationenliste oder sonstigem Register erwähnt wird. Das angeblich einzige Foto von ihr ist – wie erwähnt – umstritten. Ein registriertes Grab von ihr kennt man nicht. Allerdings sind eine ganze Reihe von verstorbenen Apachen in einem Massengrab beigesetzt worden.

Literatur

ALESHIRE, Peter: Warrior Woman. The Story of Lozen, Apache Warrior and Shaman, New York City 2001
BALL, Eva / KAWAYKLA, James: In The Days Of Victorio. Recollections of a Warm Springs Apache, Tucson 1979
LUTZ, Gregor: 27 Jahre Kriegsgefangenschaft. Geronimo und der Apachen Widerstand, Norderstedt 2012
PROBST, Ernst: Superfrauen aus dem Wilden Westen, München 2008

394

ROBSON, Lucia Saint Clair: Die Schwester des
Apachen, München 2004
WALLON, Alfred: Blutige Grenze. Aus dem Leben
der Kriegerfrau Lozen, München 2007
WIKIPEDIA: Geronimo,
http://de.wikipedia.org/wiki/Geronimo
WIKIPEDIA: Lozen,
http://de.wikipedia.org/wiki/Lozen
WIKIPEDIA: Mangas Coloradas,
http://de.wikipedia.org/wiki/Mangas_Coloradas
WIKIPEDIA: Nana,
http://de.wikipedia.org/wiki/Nana
WIKIPEDIA: Victorio,
http://de.wikipedia.org/wiki/Victorio
WOLF, James Brave: Von nun an bin ich Kriegerin,
Berlin 1998

Bildquellen

Antje Püpke, Berlin, www.fixebilder.de: 368
Reproduktion eines Fotos eines unbekannten Fotografen
um 1875: 378 (via Wikimedia Commons), Lizenz: gemeinfrei (Public domain)
Reproduktion eines Fotos eines unbekannten Fotografen
vor 1903: 382
Ausschnitte aus der Reproduktion eines Fotos eines
unbekannten Fotografen vom 10. September 1886: 388
oben links, 388 oben rechts (via Wikimedia Commons),
Lizenz: gemeinfrei (Public domain)

Reproduktion eines Fotos eines unbekannten Fotografen vom 10. September 1886: 389
Reproduktion einer Gravierung eines unbekannten Künstlers: 397 (via Wikimedia Commons), Lizenz: gemeinfrei (Public domain)
Klaus Benz, Fotograf, Mainz-Laubenheim: 398

*Apachenkrieger beim Skalpieren
eines US-Soldaten*

Autor Ernst Probst

398

Der Autor

Ernst Probst, geboren am 20. Januar 1946 in Neunburg vorm Wald im bayerischen Regierungsbezirk Oberpfalz, ist Journalist und Wissenschaftsautor. Er arbeitete von 1968 bis 1971 als Redakteur bei den „Nürnberger Nachrichten", von 1971 bis 1973 in der Zentralredaktion des „Ring Nordbayerischer Tageszeitungen" in Bayreuth und von 1973 bis 2001 bei der „Allgemeinen Zeitung", Mainz. In seiner Freizeit schrieb er Artikel für die „Frankfurter Allgemeine Zeitung", „Süddeutsche Zeitung", „Die Welt", „Frankfurter Rundschau", „Neue Zürcher Zeitung", „Tages-Anzeiger", Zürich, „Salzburger Nachrichten", „Die Zeit", „Rheinischer Merkur", „Deutsches Allgemeines Sonntagsblatt", „bild der wissenschaft", „kosmos", „Deutsche Presse-Agentur" (dpa), „Associated Press" (AP) und den „Deutschen Forschungsdienst" (df). Aus seiner Feder stammen die Bücher „Deutschland in der Urzeit" (1986), „Deutschland in der Steinzeit" (1991), „Rekorde der Urzeit" (1992), „Dinosaurier in Deutschland" (1993 zusammen mit Raymund Windolf) und „Deutschland in der Bronzezeit" (1996). Von 2001 bis 2006 betätigte sich Ernst Probst als Buchverleger sowie zeitweise als internationaler Fossilienhändler und Antiquitätenhändler. Insgesamt veröffentlichte er etwa 300 Bücher, Taschenbücher und Broschüren sowie rund 300 E-Books.

Bücher von Ernst Probst

Malinche
Die Gefährtin des spanischen Eroberers

Pocahontas
Die Indianer-Prinzessin aus Virginia

Cockacoeske
Die Königin der Pamunkey

Katerí Tekakwitha
Die erste selige Indianerin in Nordamerika

Sacajawea
Die indianische Volksheldin

Mohongo
Die Indianerin, die in Europa tanzte

Lozen
Die tapfere Kriegerin der Apachen

Superfrauen aus dem Wilden Westen

Superfrauen 1 – Geschichte
Superfrauen 2 – Religion
Superfrauen 3 – Politik
Superfrauen 4 – Wirtschaft und Verkehr

Superfrauen 5 – Wissenschaft
Superfrauen 6 – Medizin
Superfrauen 7 – Film und Theater
Superfrauen 8 – Literatur
Superfrauen 9 – Malerei und Fotografie
Superfrauen 10 – Musik und Tanz
Superfrauen 11 – Feminismus und Familie
Superfrauen 12 – Sport
Superfrauen 13 – Mode und Kosmetik
Superfrauen 14 – Medien und Astrologie

Malende Superfrauen
Sofonisba Anguissola – Frida Kahlo –
Angelika Kauffmann – Paula Modersohn-Becker –
Séraphine Louis – Marianne von Werefkin
Schreibende Superfrauen in Deutschland

Königinnen der Lüfte von A bis Z
Königinnen der Lüfte
Drei Königinnen der Lüfte in Bayern
Thea Knorr – Christl-Marie Schultes – Lisl Schwab
(zusammen mit Josef Eimannsberger)
Königinnen der Lüfte in Deutschland
Königinnen der Lüfte in Frankreich
Königinnen der Lüfte in England, Australien
und Neuseeland
Königinnen der Lüfte in Europa
Königinnen der Lüfte in Amerika

Frauen im Weltall

402

Christl-Marie Schultes.
Die erste Fliegerin in Bayern
(zusammen mit Theo Lederer)
Sturzflüge für Deutschland
Kurzbiografie der Testpilotin Melitta Schenk
Gräfin von Stauffenberg
(zusammen mit Heiko Peter Melle)
Tony und Bruno Werntgen.
Zwei Leben für die Luftfahrt
(zusammen mit Paul Wirtz)

Liesel Bach. Deutschlands erfolgreichste Kunstfliegerin
Melli Beese. Die erste Deutsche mit Pilotenlizenz
Elly Beinhorn. Deutschlands Meisterfliegerin
Marga von Etzdorf. Die tragische deutsche Fliegerin
Luise Hoffmann. Die erste deutsche Einfliegerin
Thea Knorr. Eine frühe Fliegerin in München
Angelika Machinek. Eine Segelfliegerin der Weltklasse
Käthe Paulus. Deutschlands erste Luftschifferin
und Fallschirmspringerin
Thea Rasche. The Flying Fräulein
Wilhelmine Reichard. Die erste Ballonfahrerin
in Deutschland
Hanna Reitsch. Die Pilotin der Weltklasse
Lisl Schwab. Eine Kunstfliegerin
aus den 1930-er Jahren
Melitta Gräfin Schenk von Stauffenberg.
Deutsche Heldin mit Gewissensbissen
Beate Uhse. Deutschlands erste Stuntpilotin
Theo Lederer. Ein Flugzeugsammler aus Bayern

Königinnen des Films 1
Biografien berühmter Schauspielerinnen
von Lucille Ball bis zu Sophia Loren
Königinnen des Films 2
Biografien berühmter Schauspielerinnen
von Anna Magnani bis zu Mae West
Königinnen des Films in Italien
Gina Lollobrigida – Sophia Loren – Anna Magnani –
Giulietta Masina
Königinnen des Tanzes
Königinnen des Theaters

Elisabeth I. Tudor. Die jungfräuliche Königin
Maria Stuart. Schottlands tragische Königin
Zenobia. Eine Frau kämpft gegen die Römer

Rekorde der Urzeit. Landschaften, Pflanzen
und Tiere
Rekorde der Urmenschen. Erfindungen, Kunst
und Religion

Dinosaurier von A bis K
Dinosaurier von L bis Z
Dinosaurier in Deutschland
Dinosaurier in Baden-Württemberg
Dinosaurier in Bayern
Dinosaurier in Niedersachsen
Raub-Dinosaurier von A bis Z
Archaeopteryx. Die Urvögel aus Bayern
Gastornis. Der verkannte Terrorvogel

Der Ur-Rhein. Rheinhessen
vor zehn Millionen Jahren
Als Mainz noch nicht am Rhein lag
Der Rhein-Elefant. Das Schreckenstier
von Eppelsheim
Krallentiere am Ur-Rhein
Menschenaffen am Ur-Rhein
Säbelzahntiger am Ur-Rhein
Deutschland im Eiszeitalter
Höhlenlöwen. Raubkatzen im Eiszeitalter
Der Höhlenlöwe
Säbelzahnkatzen. Von Machairodus bis zu Smilodon
Der Höhlenbär

Affenmenschen. Von Bigfoot bis zum Yeti
Monstern auf der Spur. Wie die Sagen über Drachen,
Riesen und Einhörner entstanden
Nessie. Das Monsterbuch
Seeungeheuer. 100 Monster von A bis Z
Das Einhorn. Ein Tier, das nie gelebt hat
Drachen. Wie die Sagen über Lindwürmer entstanden
Riesen. Von Agaion bis Ymir

Der Schwarze Peter. Ein Räuber im Hunsrück
und Odenwald
Julchen Blasius. Die Räuberbraut
des Schinderhannes
Hildegard von Bingen. Die deutsche Prophetin
Johann Jakob Kaup. Der große Naturforscher
aus Darmstadt

Der Ball ist ein Sauhund. Weisheiten und Torheiten
über Fußball (zusammen mit Doris Probst)
Worte sind wie Waffen. Weisheiten und Torheiten
über die Medien (zusammen mit Doris Probst)
Schweigen ist nicht immer Gold. Zitate von A bis Z

Bestellungen bei: www.grin.com